2차 교육혁명

RETHINKING EDUCATION IN THE AGE OF TECHNOLOGY

애런 콜린스 · 리처드 핼버슨 지음 황기우 옮김

도서출판 원미사

RETHINKING EDUCATION IN THE AGE OF TECHNOLOGY
:The Digital Revolution and Schooling in America
by Allen Collins and Richard Halverson

추 천 사

산업혁명 이전의 교육은 대부분 가정이나 고작해야 원룸학교(oneroom school)에서 이루어졌다. 교직은 아직 완전한 직업이 아니었으며 학습은 다소 비형식적이었다. 아마 향수일지 모르겠지만 나는 아직도 원룸학교에 강한 매력을 느끼고 있다. 모순적이게도 나는 21세기 네트워크 시대의 학습은 산업시대의 학교보다는 오히려 원룸학교의 학습을 더욱 닮았을 것이라는 생각을 한다.

일반적으로 원룸학교의 학생들은 교사이며 학습자였다. 학생들은 어떤 시간에는 하급생들을 "가르치고" 어떤 시간에는 상급생들로부터 배우기도 했다. 교사는 전 학년 학생들을 모두 함께 가르쳤기 때문에 실제로 오늘날 생각하는 것처럼 가르칠 수 없었다. 교사는 학생들이 상호 배우고 가르치는 작은 학습 공동체의 관현악 편곡자(orchestrator)가 되어야 했다. 그처럼 학습은 가르치는 것이 아니라 사회적인 것이었다. 주지하다시피 사람들에게 무엇을 설명하고 가르치는 것보다 더 잘 배울 수 있는 방법은 이 세상에 없다.

거대한 이민의 물결과 함께 시작된 미국의 산업혁명은 교육에 새로운 것들을 요구했다. 공장은 당시 새로운 질서였기 때문에 공장과 비슷한 교육 모델이 발전하여 전문교사가 배치되었고 이것이 발전되어 고등교육을 제공할 수 있었다. 교육은 체계화되었다. 이런 공장 모델의 교육은 변화가 지속적이지 않아서 학습한 능력을 평생 동안 이용할 수 있는 세계에서는 비교적 매우 효과적이었다.

하지만 변화가 가속화되는 오늘날의 세계에서는 많은 능력들이 학습이 끝남과 동시에 거의 무용지물이 되기 때문에 학습과 학교교육은 심한 공격을 받고 있다. 공장 모델은 허덕이고 있으며 그런 징후가 농후한 컴퓨터 기반의 수업기술도 결코 우리의 기대에 부응하지 못했다. 그러나 만약 우리가 가르치는 것에서 배우는 것으로, 또한 일방적인 설명학습에서 창의적인 탐구학습으로 우리의 시각을 바꾼다면 새로운 사회적 매체와 사회적 네트워크는 오늘날 학생들의 세계에 또래를 중심으로 하는 대규모 형태의 사회 학습(social learning)을 제공하기 시작할 것이다. 나는 이런 종류의 학습이 학교교육을 대체할 것으로 보지 않는다. 그러나 형식적이고 비형식인 새로운 형태의 학습이 형식적인 학교교육의 주변을 중심으로 반드시 출현하게 될 것이다. 현재 창의적인 탐구학습은 어느 때보다 그 가능성이 더욱 높아지고 있다. 당신의 특별한 관심이 무엇이든지 당신이 참여할 수 있는 여러 가지 적절한 커뮤니티가 이미 네트워크상에 형성되어 있다. 인터넷은 시각적이며 텍스트적인 다양한 언어로 탐색이 가능한 거의 무한한 일련의 자원을 제공한다. 이런 자원은 단순히 사실만을 제공하지 않는다. 이것은 또한 당신이 가지고 놀기 위해서 손으로 만지고 되돌아보고 다른 사람들과 공유할 수 있는 것을 만들기 위해서 사용하는 도구들이기도 하다. 가장 중요한 사실은 당신이 다른 사람들의 비평과 그들이 당신의 창작물을 가지고 무엇을 실행하는지를 통해 학습할 수 있게 되었다는 점이다.

나는 이런 "주변 학습"이 상호 정보를 제공하고 영향을 주면서 발전하는 가운데 형식적인 학교교육의 핵심에 적합하게 통합될 것으로 예측한다. 운이 좋으면 우리는 이런 상호작용으로부터 21세기 학습의 기초를 확립하게 될 새로운 학습문화의 출현이나 이 책에서 아름답게 기술하는 2차 교육혁명을 보게 될 것이다.

존 실리 브라운(John Seely Brown)

감사의 말

우리는 노스 웨스턴 대학(Northwestern University)에서 교육개혁사 강좌를 공동으로 가르치면서 이 책의 아이디어를 진전시켰다. 우리는 수년간 애런(Allan)의 강좌를 수강했던 수많은 학생들이 본서의 이전 원고에 대해 훌륭한 비평을 해준 것에 감사한다. 특히 우리는 제5장을 수정하는 데 좋은 제안한 러 중(Le Zhong)에게 감사한다. 우리는 그것을 본서의 이후 원고에 포함시켰다. 우리는 초고에 대해 예리한 비평을 보내준 에리카 알 핼버슨(Erica R. Halverson)에게도 감사한다. 캐럴 카운츠(Carol Kountz)는 본서에서 추가 · 삭제할 자료를 선정하는 데 도움을 주었다. 셜리 브라이스 히스(Shirley Brice Heath)는 이전의 원고를 비평하고 수정할 것을 제안했는데 이는 매우 소중했다. 또한 우리는 본서가 일반 대중, 익명의 비평가들에게 어필할 수 있는 방법을 제안하고 격려해 준 도널드 에이 노먼(Donald A. Norman)과 본 원고를 크게 수정할 것을 조언한 제니트 콜로너(Janet Kolodner)에게 감사한다.

본 저서 시리즈의 편집자인 마르시아 린(Marcia Linn)은 본서를 교육대학 출판사(Teachers College Press)에서 출간하는 데 중요한 역할을 했으며 본서의 편집자인 매그 렘크(Meg Lemke)는 본서를 일반 대중들과 교사들에게 부끄럽지 않게 내놓기 위해서 매우 큰 고생을 했다. 친절하게도 존 실리 브라운((John Seely Brown)이 본서의 서문을 써 준 것에 대해 우리는 크게 감사한다. 끝으로 우리는 본서의 출간방식에 대해 조언을 해준 다비드 윌리엄슨 셰이퍼(David Williamson Shaffer)와 출판사를 구하는 데 도움을 준 래리 에리바움(Larry Eribaum), 다비드 퍼킨(David Perkins), 로이 피(Roy Pea), 그리고 바르바라 민스(Barbara Means)에게도 감사의 말을 전한다.

저자 서문

> 나는 이런 사회혁명이 인류에게 유익할 것인지 해로울 것인지를 판단할 의도는 조금도 없다. 나는 그 혁명은 불가항력적이었을 것으로 믿는다. 나는 이 혁명이 이미 완성되었거나 완성되기 직전의 사실을 인정한다. 그리고 그 혁명의 자연스런 결과를 평가하고 또한 가능하다면 인류에게 유익하게 만들 방법을 알아보기 위해 그 혁명을 겪은 국가 가운데서 가장 평화스럽고 가장 완벽한 전개과정을 보인 국가를 선택했다. 나는 미국에 머물면서 미국이 지닌 이상의 것을 보았다고 고백한다. 나는 미국에서 민주주의 자체의 이미지를 그 성향, 그 성격, 그 편견 그리고 그 정열과 더불어 고찰했다. 그것은 우리가 두려워하거나 바라는 것을 민주주의의 발전을 통해서 실현할 수 있는지를 알아보기 위한 것이었다[드 토크빌 23-24쪽].

우리는 드 토크빌(de Tocqueville)처럼 미국 혁명을 기술할 작정이다. 그것은 우리들을 도제교육에서 보편적인 학교교육으로 나아가게 한 혁명이 발발한지 거의 200년 만에 미국에서 일어난 2차 교육혁명이다. 이 혁명은 최근에 발명된 모든 신기술에 의해서 일어났으며 학습이 발생하는 중요한 장소인 학교교육에 도전장을 내밀었다. 드 토크빌이 미국을 방문했던 1831년에 미국의 민주주의가 완성된 것이 아니었던 것처럼 혁명은 결코 완성된 것이 아니다. 드 토크빌처럼 우리는 또 다시 모든 도전과 전망 속에서 이 혁명을 조사하고 있다. 이 혁명은 전 세계적으로 확대되고 있으나 미국은 민주주의 혁명기에 그랬던 것처럼 최선두에 서 있을 것으로 보인다.

이 혁명의 여파로 인해서 궁극적으로 누가 이익을 얻을 것인가? 현재 미국에는 성공의 경주에서 유리한 위치를 찾으려는 소비자들에게 교육상품을 판매하는 상업적인 공세가 매우 거세지고 있다. 이는 미국의 전 지역에서 기술 상품과 서비스가 갑자기 증가하는 추세를 보면 알 수 있다. 한때 모든 사람들에게 기회의 평등을 제공하는 공공재로 생각되었던 교육은 이제 특화된 서비스와 컴퓨터 프로그램을 구매할 여유가 있는 사람들에게 판매하는 상품이 되었다.

이런 변혁의 최선두에서 겪게 되는 고민은 그것이 변화에 대처하기를 꺼려하거나 대처할 수 없는 사람들에게 일어날 수 있는 문제들이다. 미국이 휘청거리며 나아가자 새로운 불평등과 상업화가 교육 시스템에 잠입해 들어왔다. 우리는 소득 불균형의 심화 때문에 기술의 이익이 부자들에게 더욱 유리해지는 것을 보게 될 것이다. 이는 기술이 내세우는 사회적 · 문화적 이익을 악화시키는 것으로서 이미 매우 명백한 사실이 되었다.

우리는 학교에서 기술의 사용을 앞당길 것을 주장해 왔다. 그러나 본서에서는 발전하는 기술 인프라의 영향 아래 급변하는 교육경험과 바로 그 의미를 어떻게 규정할 것인지에 관한 문제를 다룰 것이다. 우리는 미국 교육의 변화과정에서 보병의 신분으로 일하는 우리의 좁은 시야를 인정하지만 본서에서는 큰 그림을 그리기 위해 그런 생각에서 한 걸음 물러서기로 했다.

우리는 교육이 미국을 비롯한 전 세계에 크게 공헌해 왔다고 생각한다. 우리는 변화하는 세계에서 다양한 가정 배경의 아이들을 헌신적으로 가르침으로서 바르게 성장시키는 교사들에게 경의를 표한다. 우리는 학교가 세계의 발전에 지대한 공헌을 해왔기 때문에 미래의 학교도 여전히 그런 일을 훌륭하게 해낼 것으로 믿는다.

하지만 우리는 교육자들과 정책결정자들이 학교교육에서 벗어나 교육을 새롭게 보아야 할 때가 왔다고 생각한다. 학교교육은 대부분 5세에서 18세 또는 21세 사이의 사람들에게 단지 수년 동안 계속될 뿐이지만 교육은 평생 기업이다. 학생들이 학교에 다닐 때조차도 대부분의 교육은 학교 밖에서 일어나고 있다. 우리 모두는 기술이 우리 사회를 변화시키는 사실을 잘 알고 있다. 학교교육의 가장 중요한 관심이었던 읽기, 쓰기, 셈하기, 생각하기 등에서 기술이 가장 중요한 위치를 차지하게 되었음에도 불구하고 대부분의 기술은 기껏해야 특별 수업에만 사용될 뿐 학교의 주변부에 머물러 있다.

우리는 기술과 학교교육 사이에는 양립하기 어려운 깊은 간극이 있다고 주장한다. 그러므로 기술이 학습에 미치는 엄청난 영향이 학교 밖에서 일어나고 있는 사실에 대해서 크게 놀라지 않는다. 결론적으로 우리는 교육정책을 수립하는 지도자들이 학교 맥락의 안팎에서 일어나는 교육을 재고해야 할 시점이라고 믿는다.

가장 중요한 도전은 현재 우리 학교가 기술이 주도하는 학습의 새로운 영향력을 차세대의 공교육과 적절하게 통합 · 채택할 수 있을지 여부이다. 만약 교육자들이 신기술을 학교의 본질에 통합시키지 못한다면 지난 150년 동안 발전 · 유지해 온 교육과 학교교육의 동일시 현상은 새로운 학습능력과 방법으로 무장한 학생들이 공교육의 밖에서 자기 학습을 실행하게 될 세상에서는 사라지게 될 것이다.

목 차

C·H·A·P·T·E·R

01

교육은 어떻게 변화하고 있는가

CHAPTER 1

교육은 어떻게 변화하고 있는가

우리는 교육이 어떻게 변화하고 있는지에 대해 많은 이야기를 들어 왔다.

수학의 천재 아이를 둔 부모는 아이가 학교에서 아무 것도 배우지 않게 했다. 아이의 부모는 학교에서는 체육수업만 출석하게 하고 나머지는 집에서 그를 가르치기로 결정했다. AT&T에서 은퇴한 한 엔지니어는 자신을 교육용 소프트웨어의 대가로 소개할 것을 요청받았다. 그는 아이들에게 기하학자의 스케치북과 매스매티카(Methematica; 수리 해석용 소프트웨어)와 같은 매우 다양한 소프트웨어 프로그램을 소개했다. 아이들은 그런 소프트웨어 프로그램을 가지고 자기가 가지고 있는 수학 지식의 한계까지 가볼 수 있다. 그들이 성장하면 수학 올림피아드에서 미국을 대표하게 될 것이다.

기술 예언가인 시모어 페퍼트(Seymour Papert)는 자기 손자가 3살이 되었을 무렵에 그를 공룡광으로 만들 수 있는 방법에 대해 이야기했다. 그래서 그 아이의 부모는 그에게 공룡에 관한 수많은 비디오를 가져다주었다. 아이는 그것을 수없이 반복해서 보았다. 시모어가 말한 것처럼 "그는 읽을 수 있기도 전에 많은 것, 내가 공룡에 대해 알게 될 것보다 더 많이 배웠다!"

보험회사의 한 중견사원은 그의 상사에게서 만약 그가 MBA 자격을 얻게 되면 관리직의 승진 후보자가 될 수 있을 것이라는 말을 들었다. 그는 포이닉스 대학교(Phoenix university)에서 석사학위 과정을 밟기로 했다. 이 대학은 온라인 대학으로 현재 10만 명 이상의 학생들이 등록되어 있다. 그는 야간강좌를 수강하여 2년 후 MBA 학위를 마치고 관리직으로 이동할 수 있을 것이다.

미셀 크노벨(Michele Knobel)은 애니메이션 뮤직 비디오를 만드는 것이 자신의 열정이라고 말하는 한 십대에 관한 이야기를 했다. 그는 AnimeMusicVideo.org의 웹 커뮤니티에 열심히 참여하여 동료 회원에게서 프로그래밍 기술을 배웠다. 그는 애니메이션 뮤직을 일본 애니메이션 나루토(Naruto)의 장면과 리믹스하여 위의 온라인에서 많은 것을 얻고 있다. 이는 자신의 코노하 사인첩(Konoha Memory Book)의 유투브 사진이 상위 순위에 올라있는 것에서 알 수 있다. 그가 배우고 있는 기술은 그가 디지털과 음반예술과 관련된 직업을 준비하는 데 도움이 될 것이다.

한국의 십대들은 리니지와 같은 온라인 게임을 하기 위해서 인터넷 카페에 몰려들고 있다. 그들은 수익성이 좋은 가상 경제를 조장하고 가상 무역을 하며 씨족 중심의 전투에 참가한다. 한국 정부는 리니지 부족 갈등이 현실생활의 길거리 싸움으로 번지게 되자 큰 우려를 나타냈다.

브리지드 배런(Brigid Barron)은 버뮤다에 사는 자말(Jamal)이라는 한 소년의 이야기를 들려주었다. 그는 고등학교에서 컴퓨터 과목을 배우면서 몹시 흥분했다. 그는 웹 디자인에 관한 책을 몇 권 읽고 나서 인터넷을 통해 저자 중 한 사람과 연락을 취했다. 컴퓨터 과목을 다 이수한 후 그는 다이나믹 웹 디자인(Dynamic Web Design)이라는 사업을 하기로 결심했다. 나이가 든 한 친구가 자신의 사무실을 공동으로 사용할 것을 제안하자, 자말은 그에게 필요한 웹 페이지를 만들었다. 그 친구는 자말이 정말 재능이 뛰어나다고 생각하여 자말이 자신의 사업의 꿈을 이루도록 도와주었다.

한 십대는 학교 다니기가 너무 지루해서 고등학교를 중퇴했다. 그는 컴퓨터 프로그래머로 일하기 위해서 마이크로소프트사(microsoft)나 시스코사(Cisco)에서 실시하는 여러 가지 인증시험에 응하기로 했다. 그는 온라인 강좌로 시험을 준비하여 통과한 후 인증서를 획득했다. 이로 인해서 그는 그가 살고 있는 도시의 한 대형 은행의 프로그래밍 부서에서 일할 수 있게 되었다. 그는 거기서 은행이 직원들을 위해서 개발한 소프트웨어 모듈을 활용한 은행 업무에 관한 연구를 하고 있다.

은퇴한 한 회계사는 은퇴 후 그림공부를 시작했다. 그는 어려서부터 그림 그리기가 꿈이었다. 그는 통신강좌를 통해서 미술을 공부하고 이를 통해서 알게 된 미술 프로그램을 사용하여 컴퓨터 위에 그림을 그리기 시작했다. 2년 후 그는 자신이 판단하기에 판매할 가치가 있을 정도로 아름다운 컴퓨터 그림을 그리고 있다. 그는 웹사이트를 개설하여 자신의 작품을 세계에 광고하고 있다.

마이클 루이스(Michael Lewis)는 자신의 저서 넥스트(Next)에서 15세의 마르쿠스 아놀드(Marcus Anold)가 어떻게 Askme.com라는 웹사이트에서 법률조언을 제공하기 시작했는지를 이야기를 했다. 그 웹 사이트에는 전문가로 자칭하는 수많은 사람들이 세계 도처의 사람들이 보내오는 질문에 답해주고 있다. 15세난 소년은 결코 어떤 법률 서적도 읽은 적이 없었으나 그는 법률을 좋아했고 법률문제와 관련된 TV 프로그램을 많이 시청해 왔다. 그의 대답은 간단하고 명료해서 사람들은 사이트에 있는 다른 수많은 법률가들의 조언보다 그에게서 더 많은 도움을 받았다. 결국 그는 법률 조언 사이트 분야에서 최고로 평가되는 전문가로 올라섰다.

전 세계 사람들은 자신들이 언제, 무엇을 어떻게 학습할 것인지를 스스로 결정하여 학교 밖, 즉 가정, 도서관, 인터넷 카페, 일터 등에서 자기 교육을 실행하고 있다. 이런 이야기들은 교실 학습이라는 전통적인 교육 모델에 이의를 제기한다. 이런 새로운 학습장은 모든 연령대의 사람들이 기술을 이용할 수 있게 됨으로서 자기 조건에 부합하는 학습을 가능하게 해준다.

이런 추세와 맞물려 미국의 공교육이 위기상황에 처해있다. 일반 국민들은 학습기회의 다양성을 제한하는 K-12(유초중등) 학교의 정책에서 그 기준을 더욱 높일 것을 요구하고 있다. 학령기 자녀들을 둔 가정의 비율이 더욱 줄어들고 있는 상황에서 지역사회는 학교예산을 늘리기 위한 세금인상의 요구에 차가운 시선을 보내고 있다. 새로운 미디어 기술로 양육된 아동들은 학습지의 빈칸을 채우고 앉아서 받아적는 수업을 듣는 것을 좋아하지 않는다. 학부모들은 마약과 폭력이 난무하고 미디어 시장이 아이돌 스타를 추앙하고 학교공부를 경시하는 또래문화(peer culture)를 크게 우려한다. 이 가운데서 가장 심각한 문제는 최고의 유능한 교사들이 그들을 절실히 필요로 하는 빈곤 지역의 학교를 떠나는 사실이다. 이는 그들이 다른 지역이나 심지어 다른 직업에서조차도 지금보다 더 많은 보수와 존경을 받을 수 있기 때문이다. 많은 교사들은 학생들의 표준화 검사(성취도 검사)를 위해서 자기 시간을 사용하는 것을 거의 중요하게 여기지 않는다. 그들은 표준화 검사가 학생들이 배운 것을 정확하게 평가하는 것으로 보지도 않는다. 간단히 말하면 이런 스트레스는 대부분의 학교로 하여금 기술이 선택학습을 확대하는 시점에서 오히려 선택학습을 축소하는 방침을 따르도록 만들고 있다.

교육의 역사적 과정을 살펴보면 보편적인 학교교육이 성공을 거둠으로서 우리는 교육과 학습을 동일하게 인식하게 된 사실을 알 수 있다. 유치원에서 고등학교를 거쳐 대학으로 이어지는 일련의 과정은 수많은 미국인들에게 성공의 상징이 되었다. 우리는 학교교육과 학습의 동일시 현상이 불과 지난 150년 동안에 일어난 사실을 간과하고 있다. 아마 이는 학교교육의 보편화로 인한 결과일 것이다.

우리는 교육이 지향해야 할 과제를 학교교육과 학습의 분리라는 관점에서 살펴 볼 것이다. 우리는 지역 소재의 초등학교가 붕괴될 것으로 보지 않는다. 교육받은 사람을 만들기 위해서 젊은이들을 컴퓨터의 화면 뒤로 몰아가는 일은 더욱 일어나지 않을 것이다. 오히려 우리는 홈스쿨링, 학습센터, 일터 학습, 원격교육 등 새로운 대안학습의 급성장 속에서 싹을 틔우고 있는 새로운 교육 시스템의 씨앗을 조사해 볼 것이다. 현재 새로운 장소에서 많은 학습시간을 보내는 아동들과 성인들이 증가하기 때문에 이런 새로운 대안은 현재 K-12 공립학교를 중심으로 하는 교육의 역할을 재고하는 기회가 될 것이다.

학교교육과 신기술 간의 충돌은 미국의 보편적인 학교교육의 역사적인 출현에 뿌리를 두고 있다. 초기 미국 학교교육 제도의 역사는 연령에 따른 학년제, 초등학교와 중등학교의 분리, 입학과 졸업의 기대와 같이 안정적인 교수-학습 방침의 핵심을 보호할 수 있는 영속적인 조직방침의 네트워크를 만들어 냈다. 이 네트워크는 인구, 지역, 소득이나 학교규모의 변화에서부터 기본적인 교수-학습의 방침을 보장하는 데까지 실로 놀라운 적응력을 나타냈다.

본서의 제1장에서는 미국에서 공교육이 발달한 과정을 간단하게 살핀 후 19세기 산업혁명기 동안 교육 시스템의 변화과정을 밝힐 것이다. 공장에서 사람들이 일하기 시작하면서부터 전통적인 지식전달의 방식이었던 도제교육이 무너지게 되었다. 이렇게 되자 점증하는 비농업 가정의 수많은 학생들에게 표준화된 교육 프로그램을 제공하기 위해서 미국의 공립학교가 탄생했다.

학교교육의 대중 모델에서 교사는 수업, 암기, 훈련, 연습을 통해서 대규모 학생집단에게 자신들의 전문지식을 전달하는 전문가이다. 교육과정은 학생들이 무엇을 어떤 순서에 따라서 어떻게 학습할 것인지 상세하게 설명했고 시험은 학생들이 학습한 것을 이해했는지를 알아보기 위한 것이었다. 만약 학생들이 가르친 내용을 제대로 학습했다면 그들은 정해진 과목을 이수하고 필요한 점수를 얻어서 성적에 진전이 있었을 것으로 인정을 받을 수 있기 때문에 다음 학년으로 진급할 수 있었다. 이런 시스템을 뒷받침했던 기술에는 계열과 범위로 구성된 교과서, 교사의 설명을 보충하고 학생의 학습을 지원하는 칠판과 오버헤드 프로젝터, 학습지와 유인물을 재생하는 복사기, 가장 중요한 것으로서 학생들의 수행을 기록하고 평가하는 종이와 연필 등이 있었다. 이런 실천과 기술은 상호 강화되어 전반적인 방침을 보수화하게 만들었다.

이제 우리는 산업혁명에 못지않은 규모로 다가오는 또 다른 혁명을 목격하고 있다. 이는 정보혁명, 지식혁명 등 다양한 이름으로 불려지고 있으며 PC, 비디오 게임, 인터넷, 휴대폰 등을 통해서 더욱 가속화 되고 있다. 산업시대의 학습기술에서 핵심적인 것이 획일성, 교훈주의, 교사의 통제였다면 지식시대의 학습기술에서 가장 핵심적인 것은 맞춤식, 상호작용, 사용자의 통제라고 할 수 있다. 지식시대에서 기술은 사람들이 자기 관심과 목적을 추구하게 해주는 액세스(access)를 강조한다. 이제 사람들은 지식을 얻기 위해서 학교나 도서관 등을 직접 방문할 필요가 없게 되었다. 실제로 사람들은 모든 주제와 관련된 정보를 검색할 수 있을 뿐 아니라 그들이 어디에 있든지 다른 사람들과 커뮤니케이션이 가능하게 되었다. 또한 그들은 자기가 실행하는 일에 즉각적인 피드백을 제공해주는 게임이나 활동에 참여할 수 있다. 사람들은 온라인상에서 무엇을 수행하는지, 누구와 커뮤니케이션을 하는지, 심지어 그들이 누구인지까지도 통제할 수 있게 되었다.

20세기의 지식혁명은 직업을 점진적으로 변화시켰다. 기술, 의료, 법률, 금융업 종사자들의 수가 폭발적으로 증가했다. 쇼사나 주보프(Shoshana Zuboff)는 다양한 직업변화와 지식의 집중 과정을 설명했다.[1] 예를 들어 그녀는 펄프공장 기사의 작업이 나무토막으로 종이를 만들었던 증기실에서 어떻게 다양한 계기판의 정보를 읽고 현재 상황을 해석하는 에어컨 설비를 갖춘 제어실로 이동했는지 그 과정을 상세하게 설명했다. 작업은 수작업에서 추상적인 작업으로, 또는 구체적인 작업에서 추상적인 작업으로 변해왔다. 비슷한 맥락에서 많은 회사에서 비서의 업무는 상급자를 위한 단순한 문서 타이핑에서 회사 안팎의 많은 사람들과의 상호작용을 조정하는 업무로 변해왔다. 농부의 작업은 땅을 갈고 추수하던 것에서 기계 구입과 운영, 재무분석, 다양한 상품판매 등으로 변해왔다. 특히 작업의 전산화로 인해 정보를 액세스·평가·종합하는 능력이 중시되었다. 이에 따라 수십 년간 대졸자와 비대졸자 간의 임금격차가 더욱 벌어지게 되었다.[2] 앞으로 평균수준의 임금을 받기 위해서는 평생학습과 정보기술에 관한 전문지식을 갖추어야 할 것이다.

학교교육 시스템이 더욱 안정되는 것과 함께 학교 밖의 기술 중심 학습이 급속히 팽창했다. 특히 비디오, 컴퓨터, 네트워크 등 현대기술은 생산·소비·통신·사고방식을 크게 변화시켰다. 이는 우리 사회의 정치, 경제, 사회의 전반에 걸쳐 엄청난 영향을 미치고 있다.

동시에 그것은 우리의 학습방법에도 큰 변화를 가져왔다. 자세히 살펴보면 사람들이 정보를 획득하는 방법의 변화는 대부분 학교 밖에서 일어나는 것임을 알 수 있다. 아동들은 수 시간씩 TV를 시청하기 때문에 쎄세미 스트리트(Seame Street)에서부터 사우스 파크(South Park)까지 모든 것을 볼 수 있다. 가정에서 자녀를 가르치는 부모의 수는 지난 25년 동안 폭발적으로 증가해 왔다. 많은 부모들이 학교성적이나 대학입시에 대비하기 위해서 자녀들을 민간기업이 운영하는 학습센터에 보내고 있다.[3] 가정용 컴퓨터는 거의 전자레인지와 TV 만큼이나 보편화 되어 있어서 많은 아동들이 부모들에게 가정용 컴퓨터를 이용한 게임 · 학습 · 네트워킹의 방법을 부지런히 가르치고 있다.

학생들이 직업세계에 입문할 때 컴퓨터는 그들의 직업훈련을 다양한 측면에서 안내한다. 그들은 지역 소재의 대학이나 성인교육 프로그램을 수강하거나 웹을 통해서 기술을 더욱 향상시킴으로서 풍족한 삶을 영위할 것으로 보인다. 이런 일의 대부분은 정말 20세기 중반까지는 일어난 적이 없었다. 기술은 교육을 학교 밖, 가정, 일터, 취학 전과 졸업 후, 퇴근 후와 근무시간 이후로 이동시키고 있다.

신기술의 요구와 전통적인 학교 간에는 양립이 불가능한 깊은 간극이 있다. 기술은 교사의 생활을 더욱 힘들게 만든다. 그것은 종종 교사가 교원능력개발 연수에서 학습하지 않은 새로운 기술을 요구한다. 더구나 모든 교실의 동일 보조형 모델은 학습의 개인화를 중시하는 신기술의 영향력을 무력화시킨다. 교사들은 웹상에서 이용할 수 있는 무한한 양의 정보가 자신들의 수업 전문성을 훼손시킬 것으로 생각한다. 학생들이 웹에서 얻는 대부분의 지식은 신뢰성이 의심스럽고 그것의 평가방법에 대해 널리 합의된 규범도 거의 없는 실정이다. 휴대폰과 비디오 게임은 교실 수업에서 주로 학생들의 주의집중을 흩트리려는 도구 정도로 받아들여진다. 여기서 우리는 교사들은 적어도 구조화된 교육과정과 교과서만 있으면 학생들의 학습이 가능하다고 생각하는 것을 엿볼 수 있다. 수업시간에 신기술을 사용하는 교사는 종종 독불장군으로 간주되어 동료들로부터 고립되기 때문에 전문기술이나 교육과정 자료를 혼자서 해결해야 하는 난처한 입장에 처하게 된다. 학교가 기술의 도입을 재촉할 때조차도 전통적인 학교 교실은 이런 파괴적인 신기술을 매우 불편하게 대해왔다.

결국 학교는 새로운 디지털 기술을 핵심적인 교육방침의 주변부에 머물도록 계속 억류해 두었다. 학생들에게 기술을 가르치기 위해서 학교는 종종 컴퓨터 실습, 기술학습 과정, 컴퓨터 소양과 프로그래밍 과정을 제공하지만 정작 기본적인 교수-학습의 방침을 재고하려고 하지 않는다. 외부 세계에 있는 사람들이 읽고, 쓰고, 셈하고, 생각하는 방법을 이미 컴퓨터가 지배했을지라도 컴퓨터는 아직 학교의 핵심부에 들어오지 못하고 있다. 학교가 위험을 감수하면서까지 컴퓨터를 무시하는 것은 이런 방침이 전통적인 교육의 핵심을 차지하고 있기 때문이다.

지식혁명이 촉발한 변화는 모두가 선하거나 모두가 악한 것은 아니다. 우리는 예를 들어 자신이 관심을 갖는 주제를 스스로 찾아서 해결함으로서 자기 교육에 대해 책임지는 학습자의 능력과 같은, 기술이 제공하는 다양한 교육에서 많은 이익을 얻을 수 있다. 또한 우리는 전통적인 미국 공립학교의 성공적인 역사를 통해서도 많은 이익을 얻을 수 있다. 지난 200년 동안 미국의 공립학교는 수백만의 학생들에게 교육, 지위, 물질적인 성공으로 통하는 특별한 접근로를 제공함과 동시에 디스토피아로 가는 길도 열어 놓았다. 특히 신기술은 공공정책에 대해 합리적인 의사결정을 할 수 있는 시민을 교육하려는 제퍼슨(Jefferson)의 비전 뿐 아니라 공교육을 제공하여 모든 사람들을 성공할 수 있게 만들겠다는 만(Mann)의 사회적 비전을 모두 훼손할 수 있다. 이는 교육기회를 개인화 할 수 있는 능력이 증강되면 학습자는 개인의 이익에 열중하게 되어 결국 그런 서비스를 이용할 수 있는 여유 있는 사람들만이 이익을 얻는 것이 자연스럽게 되어버리기 때문이다.

우리가 가장 두려워하는 것은 공교육이 약속한 사회적 연대와 평등이 2차 교육혁명에 의해서 쇠퇴될 수 있다는 점이다. 학습의 평등에 더 많은 기회를 줄 것으로 생각되는 기술이 경제적인 격차를 더욱 심화시킬 것이라는 사실은 매우 역설적이다. 기술이 주도하는 학습기회의 시험은 액세스의 문제에 달려있다. 부유한 사람들은 컴퓨터 기술을 더 많이 구매할 수 있어서 새로운 미디어 문해자가 될 수 있다. 전통적인 학교 시스템의 위대한 약속 중 하나는 모든 학생들에게 공통적인 학습기술을 제공하는 것이었다. 가정에서부터 차이를 나타내기 시작하는 액세스는 새로운 학습기술의 액세스를 평등하게 배분하려는 학교의 역량에 제약을 가하고 있다. 우리는 현재 전개되고 있는 현상의 큰 움직임을 밝힘으로서 우리 사회가 위험을 피하여 신기술의 가능성을 이용할 수 있게 되기를 희망한다.

이 책의 구성

본서의 제2장과 제3장에서는 기술옹호론자들과 기술회의론자들 간에 전개되는 쟁점을 살펴 볼 것이다. 우리는 회의론자들의 주장은 학교교육과 기술 간에는 양립하기 어려운 깊은 간극이 있다는 점에서 타당하지만 지식혁명 이후 적절한 교육을 유지하기 위해서는 변화가 불가피하다는 점에서 역시 옹호론자들의 주장도 타당하다고 생각한다. 서문에서 언급했듯이 우리는 기술 주창자들이었다. 그러므로 우리는 회의론자들의 주장을 충분히 고려하는 가운데 독자들에게 학습기술의 가치와 기회를 확신시킬 수 있게 되기를 희망한다. 우리는 주로 학교 밖에서 일어나고 있는 신기술에 대한 반응이 현재 구체적으로 실현되고 있다고 판단하기 때문에 현재의 학교교육을 신기술의 관점에서 재고할 것을 주장한다.

제4장에서는 미국이 도제교육 제도로부터 학교교육 제도로 이동했을 때 일어났던 교육혁명을 고찰하여 현재의 논쟁을 맥락 안으로 끌어들일 것이다. 우리는 이런 초기의 교육변혁은 수많은 사건에 의해서 촉발되었으나 이미 산업혁명에 의해서 예견되었다는 것이 우리의 입장이다. 이제 우리는 이와 비슷한 규모의 사회혁명이라고 할 수 있는 지식혁명을 겪고 있으며 이는 평생학습을 지향하는 또 다른 교육혁명을 일으키고 있다. 제5장에서는 이미 우리 주변에서 형성되고 있는 새로운 교육제도의 씨앗에 대해 논의한다.

제6장에서는 미국 교육의 시대별 발달사에서 나타난 중요한 차이를 기술한다. 산업 혁명기에 진행된 도제교육 시대, 교육현장에서 서서히 퇴장하는 공교육 시대, 현재 진입하고 있는 평생학습 시대. 제7장에서는 우리가 미래의 새로운 교육과 만나게 될 때 얻을 수 있는 것과 잃을 수 있는 것을 살펴 볼 것이다. 제8장에서는 기술이 제공하는 기회를 학교가 가장 효과적으로 활용할 수 있는 방안을 기술하고, 제9장에서는 교육혁명의 의미를 사회적 측면에서 매우 일반적으로 기술할 것이다. 끝으로 제10장에서는 학교교육 중심의 교육시스템에서 사람들이 평생 동안 학습에 참여하는 교육시스템으로 이동할 때 우리가 재고해야 할 여러 가지 교육적 관점을 논의할 것이다.

우리는 본서를 통해 신기술에 대한 옹호자나 반대자로서의 어떤 입장을 표명하지 않는다. 오히려 우리는 학교교육, 학습, 기술의 관계에 대한 역사적 관점을 수용하여 현재 나타나는 현상을 관찰할 것이다. 교육과 컴퓨터의 관계에서 발생하게 될 일은 어떤 의미에서도 결코 예상 가능한 일이 아니다. 실제로 변화의 중대한 시점에서 특정 개인이나 집단의 행동은 가장 강한 영향을 미친다. 산업시대의 도래는 호러스 만(Horace Mann)과 그의 동시대의 사람들에게 현대 미국 교육제도를 형성하는 창을 열어 놓았다. 우리는 또다시 전통적인 학습장과 혁명적인 학습장 사이에서 치열한 전쟁이 벌어지고 있는 그런 기회의 창 앞에 서 있는 우리 자신을 발견하게 된다. 오늘날 수많은 교육의 선구자들이 생존해 있다. 그들의 모든 꿈이 성공하지는 않겠지만 그 중 소수는 합리적인 판단과 합리적인 접근의 순간을 포착하여 교육의 미래를 변화시킬 것이다.

C•H•A•P•T•E•R

02

기술옹호론자의 관점

변화하는 세계

사고방식의 변화

커뮤니케이션 방식의 변화

학습자의 능력제고

옹호론자의 학교비전

CHAPTER 2

기술옹호론자의 관점

기술의 발달은 사회적 · 제도적 변화를 일으키는 데 중요한 역할을 해왔다. 옹호론자들은 기업과 엔터테인먼트의 세계를 휩쓸었던 기술의 변화는 반드시 학교에서도 일어날 것으로 예상한다. 이에 따라 많은 교육자들과 기술자들은 새로운 정보와 기술에 의해서 변화하게 될 교수-학습의 과정에 대한 방안을 내놓았다. 기술옹호론자들은 신기술이 학교교육을 혁신해야 할 두 가지 이유를 주장했다. 하나는 세계가 변화하고 있기 때문에 학생들을 변화하는 세계에 적합하게 준비시키기 위해서 학교교육의 변혁이 불가피하다는 것이다. 다른 하나는 기술은 학습자들의 능력을 향상시킬 수 있기 때문에 학교는 이런 능력을 적극 수용할 수 있도록 교육을 개선해야 한다는 것이다. 옹호론자들은 이런 두 가지 의견을 받아들인다면 학교는 학생들을 가르치는 교육방식을 혁신적으로 변화시킬 수 있을 것이라고 주장한다.

변화하는 세계

신기술은 모든 직무의 영역을 변화시키고 있다. 즉 읽기 및 웹과 상호작용하기, 메모작성과 전자우편 보내기, 스프레드시트와 통계분석 프로그램으로 컴퓨팅하기, 데이터 시각화 도구로 문제 분석하기, 소셜 네트워크 사이트 제작하기. 디지털 비디오 도구 판매하기, 파워포인트로 프레젠테이션 만들기 등. 교육의 본질이 읽기, 쓰기, 셈하기, 생각하기 등이지만 학교는 책, 칠판, 종이, 연필 등과 같은 19세기의 기술사용에서 큰 변화를 보이지 않고 있다. 컴퓨터는 학교교육에서 핵심부를 차지하지 못하고 있다. 그것은 프로그래밍, 방과후 기술학습, 컴퓨터 기초 활용, 업무용 등 주로 주변부에서 학교의 특별프로그램으로 사용되고 있을 뿐이다. 현대식 사무실과 공장의 근로자와는 달리 학생들은 대부분 컴퓨터의 지원이 충분하지 않은 환경에서 학습하고 있다.

옹호론자들은 19세기 기술로 21세기의 학생들을 준비시키는 것은 자전거를 타고 우주비행을 하도록 가르치는 것과 다르지 않다고 주장한다. 최근 학교와 일터에서 사용하는 기술 간의 차이가 점점 더 커지고 있다. 따라서 옹호론자들은 이런 옛 기술과 신기술 간의 격차 때문에 학교는 불가피하게 새로운 교육방법을 조정하여 핵심적인 교수-학습의 방침에 통합시킬 것으로 생각한다.

사고방식의 변화

수세기 동안 진화해 온 기술은 보통 사람들이 정교한 작업에 더욱 쉽게 접근할 수 있는 길을 열어 주었다. 바퀴와 쟁기 등 일부 초기의 도구는 농작물을 경작하고 옷을 짓는 데 사용했다. 산업혁명은 새로운 동력 장치(엔진과 기계)에 의해서 추진되었으며 이런 도구를 사용하여 인간의 육체 노동력을 향상시킬 수 있었다. 현재의 지식혁명은 인간의 육체보다는 정신을 강화하는 일련의 새로운 컴퓨터 도구에 의해서 추진되고 있다. 존 실리 브라운(John Seely Brown)이 주장한 것처럼 "도구는 과학을 움직인다. 그것은 이론도 아니고 실험도 아니다. 즉 그것은 도구다. 컴퓨터를 과학을 혁신시키는 그런 놀라운 능력을 갖도록 만든 것은 이것이다. 예를 들어 믿을 수 없을 정도로 어마어마한 양의 정보를 고속으로 처리하고, 정밀기계류를 설계하여 제작하고, 다양한 기술을 네트워크로 연결하고, 새로운 속성으로 신물질을 만들고, 복잡하고 지속적인 상호작용을 시각화 할 수 있는 컴퓨터의 성능은 혁신의 특성과 속도를 완전히 바꿔 놓았다."[1] 이런 새로운 도구는 정교한 상징체제를 가지고 상호작용하기 때문에 육체 노동자의 의존으로부터 보통 사람들의 지적 능력의 배양으로 작업의 특성을 바꿔놓고 있다.

브라운(Brown)과 같은 옹호론자들은 유능한 성인들이 미래의 과업을 수행하기 위해서 컴퓨터 도구의 활용능력을 숙달시킬 것을 주장한다. 인간의 수많은 지식은 이미 웹에 탑재되어 있다. 사람들은 자기가 원하는 정보를 찾고 그 유용성과 특성을 평가하고 그것이 위치하는 상이한 소스에서 얻은 정보들을 종합하는 기술을 발달시킬 필요가 있다. 기본 편집은 텍스트, 그래픽, 사진, 비디오, 애니메이션, 시뮬레이션, 데이터의 시각화를 포함하는 멀티미디어의 문서 제작 등으로 대치되고 있다. 노동자들은 이런 다양한 커뮤니케이션 미디어를 모두 이해하고 제작하는 방법을 학습할 필요가 있다. 계산 작업은 이미 펜과 종이에서 스프레드시트로 디자인하여 복잡한 데이터베이스를 관리하고 통계분석 프로그램을 사용하는 방식으로 옮겨갔다. 하나의 복합적인 도구인 매스매티카(Methematica)는 대학원

과정을 통해서 배웠던 모든 알고리즘을 학생시절보다도 훨씬 더 효과적으로 실행한다. 실제로 비행기표 예약, 비행기 통제, 고장이 난 복잡한 장비의 수리, 새로운 인공물의 설계, 유형을 발견하기 위한 거대한 데이터집합, 예술작품의 제작 등 세상의 거의 대부분의 정신 능력은 컴퓨터 도구에 의해서 확장된다. 그것은 사고와 학습의 가장 중요한 모든 활동을 지원하는 도구이다.

산업혁명 시대에 동력의 도구가 보통 사람들의 육체적 능력을 확장시킨 것처럼 컴퓨터 도구는 보통 사람들의 정신 능력을 크게 확장시킨다. 미래의 세계에서는 어느 누구도 디지털 기술을 사용하지 않고서는 복잡한 문제를 해결할 수 없게 될 것이다. 작업장에 출현한 신기술은 기술 의존과 혁신문화의 창조로 인해 예상치 못한 방향에서 생산이 이루어지도록 촉진했다. 작업장의 통합된 신기술은 그 이후에 신기술을 채택하는 데 필요한 조건을 설정하는 주기를 만들어 냈다. 인쇄기에 의해서 독서가 필요했고 돈이 출현하여 계산이 필요했던 것처럼 컴퓨터 기술은 우리가 세상에 대해 생각하고 이해하는 방식을 변화시키고 있다.

커뮤니케이션 방식의 변화

역사상 가장 오랫동안 계속된 경향 중 하나는 지역 공동체에서 이익 공동체로 이동한 것이다. 전통적으로 공동체는 우리가 살고 있는 이웃이나 도시를 의미하며 이것이 지역 공동체의 개념이다. 그것은 1600년대까지 대부분의 사람들이 상호작용을 하며 지냈던 유일한 공동체이다. 예를 들어 중세 사람들은 거의 여행을 하지 않았기 때문에 자신이 태어난 곳에서 10마일 이상 떨어져 살고 있는 사람들과 접촉한 적이 거의 없었다. 사람들은 상호 잘 알고 지냈으며 평생 동안 세상에 대한 동일한 경험, 가치, 신념을 공유하는 사람들과 함께 생활했다. 지역 공동체는 커뮤니케이션을 풍부하게 만들고 지방색을 허용하는 민속 문화와 환경의 친숙성에 의존했다.

과학자 협회, 교사노조, 난초 애호가, 록 뮤직 펜클럽과 같은 이익 공동체는 새로운 커뮤니케이션을 기반으로 하여 크게 부상했다. 그것은 전 세계적인 회원을 거느릴 만큼 정말로 지역성의 제약을 받지 않는다. 기술은 지역을 기반으로 한 공동체의 경계를 느슨하게 만들었다. 말과 등자는 사람들을 먼 곳으로 이동시키기 시작했고 마차, 선박, 자동차, 비행기 등은 계속해서 거리를 확장시켜 나갔다. 책과 편지는 새로운 사상과 여행에 대한 동경심을 불러일으키면서 먼 곳에 있는 더 많은 사람들에게 지식을 전달하기 시작했다. 전화, 라디오, TV는 지식을 엄청나게 확장하여 세계의 많은 사람들과 접촉할 수 있게 해주었다. 최근 수십 년 간 인터넷은 지역 공동체를 뛰어넘어 세계와 사람들 간의 접촉을 더욱더 확장시키고 있다.

21세기의 전환기에 살고 있는 전형적인 한 미국인 전문가를 상상해 보자. 예를 들어 케이트(Kate)는 엔지니어이지만 변호사, 연구자, 컨설턴트가 될 수 있다. 그녀는 기업, 파트너십, 대학, 또는 비영리기구 등에서 일한다. 우리는 케이트가 세계가 나아가는 방향을 잘 보여준다고 생각한다. 그녀는 종종 먼 거리에 있는 사람들과 전화, 전자우편, 비디오 컨퍼런스를 통해 소통하는 가운데 다양한 문화에 속한 다수의 사람들(핀란드, 중국, 레바논)과 함께 일한다. 그녀는 자기 웹 사이트를 개설하고 자기 업무에 필요한 많은 정보를 웹에 액세스하여 얻는다.

케이트는 협회의 동료들과 특별한 일을 하기 위해서 여러 지역을 여행하면서 대부분의 시간을 보낸다. 그녀는 전문가 협회에 속해 있기 때문에 정기적인 국내회의와 비정기적인 국제회의에 참석한다. 국제회의 참석 시 그녀는 방문하려는 지역의 일정 가운데서 잠깐 틈을 내어 여행하기도 한다. 그녀는 도시에서 도시로 옮겨 다니면서 수차례 직업을 바꿨다. 그러므로 그녀는 현재 세계 여러 지역에 많은 친구들을 두고 있으며 이들은 모두 우연히 알게 된 사람들이다. 실제로 그녀는 자기가 살고 있는 도시에서 알고 지내는 친구들보다 다른 지역에서 살고 있는 친구들과 더욱 가깝게 지낸다. 그녀는 먼 곳의 친구들을 방문하여 관계를 지속해 나간다. 예를 들어 비즈니스 컨퍼런스가 그녀의 친구 집 가까이에서 열리게 되면 그녀는 직접 그들을 방문하고, 마음이 꿀꿀할 때 전화통화를 하고, 페이스 북을 업데이트 하면서 계속적인 관계를 유지한다.

그러나 이런 것은 기술이 주는 이익을 반감시킬 수 있다. 즉 케이트가 세계 여러 나라 사람들과 커뮤니케이션을 하며 많은 시간을 보내게 되면 정작 지역 공동체에 참여하는 시간이 적어지기 때문이다. 그녀는 이웃들과 충분한 상호작용을 못할 뿐 아니라 어떤 지역 단체나 클럽에도 가입할 수 없을 것이다. 그녀는 원산지 상품과 오락을 구매하기 위해서 크랙리스트 사이트(Craigslist.org)를 이용하거나 가장 좋은 현지 클럽을 검색하기 위해서 당연히 웹을 사용할 것이다. 비록 그렇다고 할지라도 이런 도구들은 심지어 지역 공동체의 특성을 반영하는 공유 환경의 친밀성보다도 오히려 그녀의 관심을 더욱 중시하여 자신의 환경을 탐색하게 만든다. 간단히 말하면 그녀는 지역 공동체가 아닌 세계와 상호작용하는 글로벌 시민이 되었다. 이 점을 고려하면 그녀는 중세시대의 사람들과는 정반대의 삶을 살고 있다고 할 수 있다.

케이트는 다양한 미디어 뿐 아니라 면대면의 커뮤니케이션을 통해 사람들과 교류한다. 그들은 공통적인 관심거리를 가지고 있지만 동일한 배경을 공유하는 것은 아니다. 종종 실제로 그녀는 자기 작업 프로젝트를 완성하기 위해서 다른 문화권에 속한 사람들과 일해야 하는 경우가 있다. 동일한 배경을 공유하지 않을 경우 커뮤니케이션이 더욱 어려워 질 수 있고 가끔 면대면 커뮤니케이션과 비교했을 때 커뮤니케이션 매체가 더 나빠질 수 있다. 전자우편과 데이트 사이트에서 종종 오해가 발생하는 것은 사람들이 면대면 소통에서 의존했던 풍부한 암시를 제공받지 못하기 때문이다.

미미 이토(Mimi ito), 케빈 레안드로스(Kevin Leander), 게일 볼트(Gail Boldt) 등은 사람들은 자기 사업이나 사회적 교환을 위해서 현재 네트워크화 된 디지털 미디어를 사용한다고 주장한다.[2] 십대들은 새로운 디지털 미디어의 사용법을 선도하여 개인적인 커뮤니케이션, 작업, 학습 간의 경계를 모호하게 만들고 있다. 이런 저작자들은 디지털 미디어의 숙달은 새로운 미디어 문해를 발생시킨다고 주장한다. 새로운 문해는 비디오, 이미지, 음악, 애니메이션의 이해력을 통합하여 전통적인 인쇄 매체의 상징적 해석과 조정기술을 확장시킴으로서 새로운 종류의 생산을 유발한다. 십대들은 만화로 된 컴퓨터 그래픽과 사운드로 웹페이지를 만들고 음악 비디오를 제작하기 위해서 이미지를 혼합하고 웹 토론과 포럼에 참여하고 자기 블로그를 사용하고 있다. 이들은 학교에서 가르치지 않은 정교화 된 미디어 문해를 확장시킨다.

이런 새로운 세상에서 학생들에게 적합한 커뮤니케이션을 준비시키기 위해서는 단순히 전통적인 읽기와 쓰기를 요구할 것이 아니라 학생들이 다양한 미디어를 사용하게 함으로써 동일한 신념을 공유하지 않은 다양한 사람들과 커뮤니케이션을 할 수 있는 방법의 학습을 요구해야 할 것이다. 경우에 따라서 이것은 다양한 소스에서 나오는 멀티미디어의 문서 읽기를 의미할 수도 있고 디자인 프로젝트, 협상, 문제해결처럼 다양한 맥락에서 인터넷에 의한 사람들 간의 커뮤니케이션을 의미할 수도 있다. 인터넷을 통한 커뮤니케이션에는 전자우편, 사회적 네트워크 사이트, 대화방, 비디오 컨퍼런싱, 작업공간의 공유 등이 있다. 즉 학생들은 이런 모든 다양한 맥락의 커뮤니케이션을 학습할 필요가 있다. 많은 교사들은 이런 새로운 커뮤니티가 관심을 갖는 기술을 교실과 통합하기 위해 노력하고 있다. 교사들은 무들(Moodle: 자료실, 포럼, 퀴즈, 과제물, 교육목표, 설문조사, 여론조사, 데이터 수집, 강좌, 위키 및 프로젝트와 같은 도구를 교사들에게 제공하는 교육 관리 시스템)과 같은 학습관리 사이트를 사용하여 수업시간에 배운 것을 복습하게 하거나 블로그에 숙제를 탑재하게 하는 등 학생들에게 새로운 상호작용의 기회를 제공하고 있다. 기술옹호론자들은 학교 밖에서 일어나고 있는 신기술의 성능을 학교가 다방면에 걸쳐 수용하기를 바라고 있다.

학습자의 능력제고

옹호론자들은 컴퓨터 도구를 필요로 하는 복잡한 문제해결의 상황에 학생들을 투입하면 학교가 기본적인 수업방침을 변화시키기 시작할 것이라고 주장한다. 1980년대와 90년대처럼 단순히 컴퓨터를 학교에 투입하는 것만으로는 혁신이 어렵기 때문에 이제 옹호론자들은 상호작용적인 학습환경의 디자인 등 더욱 정교화 된 실행 모델로 선회했다. 학습환경은 학습자를 새로운 상황에 투입하여 적절한 도구를 제공함으로서 그런 상황을 해결하는 방법을 학습하도록 지원하는 컴퓨터 프로그램이다. 이런 프로그램은 개별화된 튜터 프로그램도 있고 경우에 따라서 몇 사람이 함께 학습할 수도 있다. 이런 상호작용적인 학습환경은 교육에 다양한 능력을 제공한다. 이는 학교가 쉽게 제공할 수 없는 것들이다. 우리는 기술자들이 교육발전을 어떻게 바라보는지 그 특성을 고려하여 이런 많은 것들을 논의할 것이다.

적기학습

"적기학습"의 개념은 과제를 완성하기 위해서 어떤 것을 배울 필요가 있을 때 알 필요가 있는 것을 언제든지 제때에 알아낼 수 있는 것을 말한다. 적기학습의 가장 기본이 되는 모델에는 정교하게 설계된 컴퓨터 지원 프로그램이 있다. 이것은 복잡한 과제를 해결하려고 할 때 필요한 조언을 즉석에서 제공한다. 이런 방식으로 지원방법을 알려주는 인터넷의 사례는 수없이 많이 있다. 예를 들어 우리는 증권시장과 관련된 웹 기반 미니 프로그램에 등록하여 증권시장에 투자하는 방법을 배울 수 있다. 만약 당신이 특정 과제를 해결하는데 스프레드시트를 사용할 필요가 있다면, 온라인상의 스프레드시트 튜터는 당신이 그 과제를 시작하도록 지원하여 마치 당신이 직접 수행하는 것처럼 그 과제를 해결하게 할 것이다. 만약 당신이 자동차를 구입할 계획을 가지고 있다면 수많은 웹 사이트들이 가격, 평가, 비교, 매장의 위치, 가격부담비율, 보상판매가 등을 제공할 것이다. 이런 사례는 학습자의 요구와 욕망에 따라서 대규모나 소규모의 적기학습이 일어날 수 있는 방법을 잘 설명한다.

옹호론자들은 적기학습은 사람들이 미래에 대비해 알 필요가 있는 것들을 모두 가르치려는 학교의 전략과 정면으로 배치된다고 주장한다. 수많은 미국인들은 훗날 사용 여부가 불투명한 것을 배우면서 15~20년을 보내고 있다. 실제로 지난 150년 동안 우리가 학교교육을 점차 확대해 온 결과 그동안 우리가 학습한 것은 그것이 실제 세계의 맥락에서 사용될 수 있는 시간으로부터 점점 더 멀어지는 것을 알 수 있었다.

최근에 성인들이 학교에서 배운 것의 대부분을 잊어버린다는 증거를 제시하는 연구결과가 속속 나오고 있다. 필립 새들러(philip Sadler)는 졸업을 앞둔 하버드 대학의 우수한 학생들에게 "달의 위상 때문에 어떤 일이 일어나는가?"라는 질문을 했다. 그 결과 24명 중 3명만이 정확한 대답을 했다. 또한 그가 "계절변화가 일어나는 이유가 무엇인가?"라는 질문에 대해, 이것은 초등학교 때 배운 것일지라도, 24명 중 단 한 명만이 정답을 알고 있을 뿐이었다.[3] 마찬가지로 많은 연구에 의하면 성인의 1/3만이 측정 단위 간의 전환법을 알고 시간 단위와 분 단위와 같은 혼합단위를 계산할 수 있는 것으로 나타났다.[4] 성인들은 거의 대부분 미국의 남북전쟁이 일어난 해를 기억하거나 분수의 덧셈과 곱셈을 하지 못했다. 이 모든 것들은 우리가 초등학교나 중학교 시절에 배운 것이지만 일상생활에서 이 지식을 사용할 이유가 없었기 때문에 우리들의 대부분은 이미 그것을 학습한 사실조차 잊고 있는 것이다. 적기학습은 학습한 내용을 실생활에서 사용하는 실제적인 것과 관련시킨다. 물론 그것은 다시 잊을 수 있는 것이지만 필요할 때마다 적기에 재학습이 가능한 것이다.

적기학습에 필요한 기술은 사실 중심이 아닌 더욱 기술 중심이 되어야 한다. 옹호론자들의 관점에서 보면 좋은 질문을 할 수 있는 능력(아마 구글 검색의 형태와 같은!)을 획득하는 것은 기본적인 사실을 많이 학습하는 것보다 더욱 중요할 것이다. 적기학습의 배후 개념은 학습자들이 어느 곳에서도 정확한 정보를 검색할 기술을 숙달시키는 것으로서 이는 교실에서 교사로부터 배우는 것과는 전혀 다른 개념이다.

기술은 적기학습자에게 필요시에 언제든지 도움을 주는 정보의 원천을 제공한다. 예를 들어 우리가 아는 한 대학 졸업생은 사망한 부모에게서 현금을 유산으로 물려받은 후, 모틀리 풀(Motley Fool) 웹 사이트의 튜터로부터 투자전략을 배웠다. 옹호론자들은 적기 전략을 학교교육과정과 통합하면 전통적인 교육과정의 경직성을 완화시켜 교실에 합리적인 학습기술의 공간을 만들 수 있을 것이라고 주장한다.

비기술적인 적기학습의 원리가 교실 학습의 설계에 영향을 주는 방식을 잘 보여주는 좋은 사례가 있다. 예를 들어 교과서의 디자인은 웹 페이지의 풍부한 혼합 미디어를 차용하여 개념, 역사적 인물, 사건을 심층적으로 설명하고 수업시간에 그 시점에서 논의되는 개념을 어떻게 사용할 것인지에 대한 실례를 제시한다. 그럼에도 불구하고 대부분의 교실수업은 디지털 미디어의 장비를 갖추지 않고 진행되기 때문에 적기학습의 교과서 활용은 모든 것을 한 번에 학습하는 거품형태의 학습이 될 수 있다. 옹호론자들은 컴퓨터 기술이 학교를 유비쿼터스화 하게 되면 적기학습 전략은 진가를 발휘할 수 있다고 주장한다.

맞춤식 학습

기술 확산의 중요한 효과 중 하나는 개인의 선호를 충족시키는 것이다. 사람들은 자기가 듣고 싶은 음악, 자기가 보고 싶은 영화나 비디오를 인터넷에서 내려 받을 수 있다. 그들은 웹상에서 자신들이 원하는 모든 정보를 거의 다 찾아낼 수 있다. 웹 사이트는 더욱더 정교한 자료 분석을 이용하고 "기술을 강요하여" 소비자의 온라인 계정에 서비스를 제공한다. 리스트서브(listservs; 특정 그룹 전원에게 메시지를 전자 우편으로 자동 전송하는 시스템)에서부터 RSS 뉴스 블로그와 이베이(E-bay)와 아마존닷컴(Amazon.com)에 이르기까지 수많은 사이트들은 사람들이 원할 때마다 원하는 것에 액세스할 수 있도록 안내한다. 주요 미디어 소스는 여전히 우리가 시청하는 것을 상당부분 통제하지만 인터넷은 사람들의 정보 선택에 대한 라디오, TV, 출판사, 극장의 영향력을 약화시킨다. 만약 기술이 당신의 관심과 능력을 알고 있다면 그것은 당신이 그것을 필요로 할 때, 당신이 관심을 갖는 뉴스와 정보를 선택하여, 당신이 이해할 수 있는 용어로 사건과 사물을 설명해 줄 수 있을 것이다.

정보기술은 틈새시장을 명시하여 활용하는 능력을 크게 향상시켰다. 이는 관심있는 상품과 커뮤니티를 사람들과 연결한다. 시장정보 회사인 클라리타스(Claritas)는 대부분의 미국인들이 "영 인플루엔셜"(Young Influential)이나 "스몰타운 다운타운"(Smalltown Downtown)과 같이 명확한 집단 즉 62개의 우편번호중 하나에 속하는 사실을 알아냈다. 예를 들면 2008년에 영향력 있는 영 인플루엔셜은 자녀가 없고 가계소득이 48,000달러이며 라켓볼을 좋아하고 분위기 있는 잡지를 읽고 킹 오브 더 힐과 패밀리 가이(King of the Hill and Family Guy) 재방송을 즐겨 시청하는 인종적으로 다양한 세입자 집단이었다. 이런 정보는 기업, 정치정당, 특수 이익집단 등이 소비자로 보이는 사람들에게 그들의 메시지를 전달하는 대상을 선정하는 데 유용하다.

또한 사람들은 정보기술을 사용하여 지식과 상품을 맞춤식으로 검색할 수 있다. 아마존닷컴(Amazon.com)은 다른 소비자들의 거대한 네트워크를 바탕으로 당신이 과거에 구매했던 품목의 색인표를 만들고 이것을 참고하여 당신이 관심을 보일 가능성이 있는 상품을 제안한다. 이베이닷컴(eBay.com)과 같은 사이트는 소비자가 전자상거래를 통해서 판매회사의 평판을 검토·평가하게 하고 판매회사는 이를 근거로 소비자의 신뢰도를 평가하게 한다. 이피니언즈닷컴(epinions.com)의 방문자는 다양하고 광범위한 주제에 대한 다른 사람들의 의견에 액세스하여 좋은 의견을 추천할 수 있다. 티보(Tivo)와 같은 쌍방형 비디오는 당신이 시청할 것으로 생각되는 프로그램을 추천하기 위해서 당신이 시청했던 프로그램을 기억한다. 사전 상호작용은 기술이 당신의 관심과 능력을 "파악해서" 당신이 그것을 필요로 할 때 당신이 관심을 갖는 뉴스나 정보를 선택하여 당신이 이해할 수 있는 용어로 설명할 수 있게 한다. 이런 종류의 네트워크 기술에 기반한 맞춤식은 아직 유아 단계에 있지만 신기술이 발달하면 더욱 확산될 것으로 보인다.

최근 수년간 웹은 상상할 수 있는 거의 모든 주제에 관한 조언, 정보, 의견 사이트를 개설할 정도로 크게 확장되었다. 블로그의 폭발로 인해 누구나 웹에 들어가 개인이나 시사문제와 관련된 의견을 발표할 수 있게 되었을 뿐 아니라 공통적인 관심을 가지고 있는 사람들이 정보를 공유할 수 있는 무대를 제공했다. 인터넷의 연결 속도가 빨라지면서 저작권 소유의 미디어에 액세스하는 종래의 규칙은 정보 액세스에 개방적인 인터넷의 전통과 갈등을 초래했다. 냅스터(Napster)와 같은 중앙집권적인 P2P 교환 사이트(Peer to Peer; 개인간 네트워크 프로그램, 인터넷에서 개인과 개인이 직접 연결되어 파일을 공유하는 방식)가 소송 끝에 문을 닫으면서 라임와이어(LimeWire)와 카자아(Kazaa) 같이 컴퓨터와 컴퓨터 간에 직접 파일을 공유하는 분권적인 사이트들이 우후죽순처럼 생겨나서 사용자들이 디지털 미디어를 교환할 수 있게 했다. 케이블과 텔리커뮤니케이션 회사는 책, 음악, 비디오 등 당신이 원하는 것이면 무엇이든지 내려 받기를 실행할 수 있는 시스템을 만들기 위해 빠른 걸음을 재촉하고 있다.

옹호론자들은 맞춤식이 학습을 향상시킬 수 있는 엄청난 가능성을 제공할 것으로 믿는다. 예를 들어 찰스 스탈라드(Charles Stallard)와 줄리 콕커(Julie Cocker)는 학습기술의 전망(The Promise of Technology in School) 이라는 저서에서 앞으로 10년 안에 사람들은 컴퓨터를 기반으로 하는 개인 학습 보조자를 소유하게 될 것이며 이는 개인의 학습 경력을 저장하여 개인 학습을 안내할 것이라고 상상한다.[5] 또한 그들은 디지털 세계에서 성장한 아이들은 자신들의 인생을 비 표준화 회귀계수하는 데 매우 익숙하기 때문에 개인화한 선택학습을 요구할 것으로 믿는다. 그런 이유로 그들은 표준화에 기반한 교육의 수명이 거의 다한 것으로 생각한다.

학교에 가해지는 맞춤식 학습의 압력은 또 다른 비기술적인 혁신 부문, 즉 특수교육에서 시작되고 있다. 특수교육의 개별화 교육계획(IEP; Individualized Education Plan)은 개별 학생의 욕구에 맞춰 학습을 개인화 하는 데 목적이 있다. 그러나 기술적인 관점에서 보면 IEP에는 몇 가지 문제점이 있다. 첫째, 맞춤식 학습(개인화 학습)은 이해관계가 있는 성인들이 학생들을 위해서 실시하는 것이다. 둘째, 맞춤식 학습에는 정규 학교교육 프로그램에서 선정한 것이 포함되어 있다. 간단히 말하면 IEP는 기술옹호론자들이 예상하는 것과 같은 학습자가 주도하는 맞춤식 학습의 목적을 성취하지는 못했으나 전통적인 교실의 표준화된 교수-학습의 방침에서 벗어나는 방향으로 향하는 단계를 나타낸다. 일단 기술이 학교에서 보편화 되면 교사들이 개입하여 더 많은 학생들에게 IEP와 같은 맞춤식 교육을 실행할 수 있는 기반이 마련될 수 있을 것이다.

성인교육의 원칙 중 하나는 성인들이 관심이 없고 학습해야 할 이유를 알지 못하는 것은 가르칠 수 없다는 것이다. 성인들처럼 어린 아이들도 다른 사람들이 최고라고 생각하는 것을 점점 더 더 이상 학습하지 않으려 한다. 그들은 자기에게 가치있는 것을 결정하기를 원한다. 그들은 자기가 학습할 필요가 있는 것을 자기가 결정할 것을 요구하기 시작했다. 옹호론자들은 맞춤식 기술의 궁극적인 효과는 학교교육과정의 획일성을 무너뜨릴 것으로 믿는다.

학습자 통제

맞춤식 학습과 학습자 통제의 강화는 쌍벽을 이룬다. 현대적 기술, 특히 웹은 중앙집권적인 정보원의 통제를 벗어나고 있다. 때때로 이것은 공중파 방송으로부터 유선 방송이 떨어져 나온 것에 비유하기도 한다. 타임(Time), 씨비에스(CBS), 뉴욕 타임즈(New York Time) 등 몇 개의 기업이 미디어의 제작과 배급을 통제했던 시대에 콘텐츠는 정보원의 통제 아래 널리 배급될 수 있었다. 이는 사람들은 대부분 단순한 미디어의 소비자로 전락시켰다. 그러나 지식의 정보원이 유통되면서 많은 사람들은 생산자와 소비자가 될 수 있었다. 예를 들어 2008년 선거방송에서 파이브써티에이트닷컴(fivethirtyeight.com), 데일리코즈닷컴(dailykos.com), 리얼클리어 폴리틱스닷컴(realclearpolitics.com) 등의 사이트는 전국의 후보자들을 따라다니는 수 천만 시민들의 의견을 종합하여 뉴스 스토리를 만든 후 네트워크 뉴스 시간에 보도했다. 이런 블로그와 뉴스 사이트는 참여자-통제 뉴스 방송의 새로운 가능성을 열었다.

정보기술은 정보의 액세스를 자유롭게 하기 위해서 오랜 굴곡의 역사를 거쳐야 했다. 루터는 가톨릭교회에 대한 저항 속에서 성경을 독일어로 번역함으로서 모든 사람들이 그것을 읽을 수 있게 했다. 그는 사람들이 스스로 성경을 해석할 수 있게 할 필요가 있다고 생각했다. 루터가 번역한 성경은 인쇄기의 발명에 크게 의존했으며 그것은 번역 성경이 사람들에게 널리 보급될 수 있게 했다. 실제로 인쇄기는 교회의 권위를 약화시켜 학습내용의 통제를 보통 사람들의 손으로 넘기는 대장정을 시작했다.

학교교육은 전통적인 지식을 공동체에 전달하는 제도로서 발전했다. 교육자들은 학교에서 규정한 교육과정에 의해서 학생들의 학습내용을 통제한다. 학업부진아방지법(No Child Left Behind Act)으로 극에 달한 표준화 운동과 평가 운동은 모든 사람들이 학습해야 할 내용을 규정한 최악의 조치로 볼 수 있다. 옹호론자들은 신기술이 도입되기 이전의 인쇄기가 그랬던 것처럼 신기술로 인해 사람들이 자기 학습을 통제할 수 있게 되면 그들은 자기에게 가치있는 학습과 자기가 원하는 학습을 결정할 수 있을 것이라고 주장한다. 사람들은 자기 학습에 얼마나 많은 시간을 보낼 것인지, 자기 생각에 필요한 도움이 무엇인지 등을 결정할 수 있다. 사람들은 크든지 작든지 자기 학습의 통제권을 더욱더 확보해 나가게 될 것이다. 그런 이유로 기술의 중요성은 자기 학습에 대한 더 많은 학습자의 통제를 지향할 것이기 때문에 학생들의 학습을 통제하는 학교는 패배적인 전쟁을 하고 있다고 할 수 있다. 기술옹호론자들은 사람들이 스스로 자기 교육의 통제를 결정할 수 있게 될 때 학교는 학습자의 통제를 가능하게 해주는 기술을 수용하라는 강한 압력에 직면할 것으로 보인다.

상호작용

새로운 미디어 기술의 상호작용성은 교육을 향상시킬 수 있는 다양한 능력을 제공한다. 컴퓨터 게임의 명성에서 증명된 것처럼 상호작용성은 매우 매력적일 수 있다. 실제로 타이핑 튜터(Typing Tutor)와 매스 블래스터(Meth Blaster) 같은 연습과 반복 게임이 아이들을 유인하여 그렇지 않았더라면 "지루하게" 생각했을 콘텐츠를 학습할 수 있게 만들 수 있었던 것은 바로 이런 이유 때문이었다. 옹호론자들은 컴퓨터를 기반을 하는 학습환경은 더욱 역동적이고 정교한 상호작용을 제공함으로서 교육을 더욱더 매력적으로 만들 것으로 믿는다.

또한 상호작용은 학습자가 자기 행동의 결과를 참조할 수 있게 해준다. 이렇게 함으로서 그들은 자기 기대와 자기 예상을 확신하거나 불신할 수 있기 때문에 상대적인 효과를 평가해 보기 위한 여러 가지 행동을 시도할 수 있다. 실제로 워드프로세서를 사용하는 아이들은 자기 손으로 쓴 것을 술술 읽기 힘든 반면, 자기가 타이핑한 것은 더욱 잘 읽을 수 있기 때문에 글을 더욱 잘 쓴다는 사실을 밝혀주는 콜레트 다이우트(Colette Daiute)의 연구가 있다. 이는 아이들이 워드프로세서를 사용하여 자기가 쓰고 있는 글에 대해 즉각적인 피드백을 받고 그것을 쉽게 수정할 수 있기 때문이다.[6] 펜 픽션 사이트(fan fiction sites; 영화나 쇼의 펜이 만든 허구적 이야기 사이트)와 같은 온라인 글쓰기 작업에 참여하는 것은 자기 작품을 향상시키기 위해서, 작가에 도전하는 진정한 관객들에게 액세스할 수 있는 기회가 될 수 있다.[7]

비디오 게임의 활용 학습에 관한 연구를 수행한 제임스 폴 기(James Paul Gee)는 컴퓨터 피드백은 보상이나 벌과 같은 단순한 행동 형태로 제공될 필요가 없다고 주장한다. 복합적인 게임은 사용자들에게 일련의 행동이나 상호작용적인 전략의 결과와 관련된 풍부한 피드백을 제공한다. 게임을 계속하기 위해서 사용자는 이런 피드백의 의미를 이해하여 자기 경험에서 얻은 교훈을 미래의 게임에 참작할 필요가 있다.[8]

기술옹호론자들은 학습자에게 자기 행동에 대해 즉시 피드백을 제공하게 되면 정확하게 수행해야 할 것을 훨씬 더 많이 학습할 수 있을 것으로 믿는다. 존 앤더슨(John Anderson)과 그의 동료들은 대수와 기하학의 튜터와 비슷한 컴퓨터 튜터를 개발했다. 이것은 학습자가 문제를 해결할 때 학습자를 유심히 관찰하고 있다가 그들이 어려움에 직면했을 때 즉시 피드백을 제공한다.[9] 이런 튜터들은 학습자들에게 즉시 피드백을 제공할 수 있는 컴퓨터의 능력 때문에 교실에서 가르치는 것보다 더욱 효과가 큰 것으로 밝혀졌다. 옹호론자들은 컴퓨터가 제공하는 상호작용은 학교가 반복하여 검증할 필요가 있는 학습에 대한 기대를 미묘한 방법으로 변화시킬 것으로 믿는다.

비계

성공적인 학습환경의 조성은 학습자가 어려운 과제를 해결하는데 적합한 발판을 제공함을 의미한다. 비계는 특정 시스템에 의해서 다양한 활동을 수행하는 학습자에게 도움을 제공하는 방법이다. 예를 들어 전자제품의 수리방법을 가르치기 위한 목적으로 제작된 시스템은 갈수록 과제가 점점 더 어려워지도록 구조화함으로서 학생들이 무엇을 해야 할지 알지 못할 때 힌트를 주도록 구성되어 있다.[10] 여러 자리 수의 덧셈과 뺄셈을 가르치기 위해서 설계한 또 다른 시스템은 소리를 탑재한 애니메이션을 이용함으로서 숫자를 올리고 빌릴 수 있도록 되어 있다.[11] 대수 조작을 가르치기 위해서 제작한 시스템은 단순한 수 계산과 같이 중요하지 않은 낮은 수준의 일을 처리하도록 설계되어 있어서 학습자는 무엇을 해야 할지를 결정하는 고급 수준의 중요한 일에 집중할 수 있다.[12] 비계의 형태는 매우 다양하며 학습자가 자기 능력을 상회하는 과제를 수행할 수 있게 한다. 가장 잘 만들어진 비계는 학생들이 점점 더 적은 도움을 필요로 하도록 만들어져 있기 때문에 마지막 단계에 가서 학생들이 혼자서 과제를 수행할 수 있을 정도가 되면 비계가 자연스럽게 사라지도록 되어 있다.

물론 컴퓨터 게임은 비계를 구축한 과제를 설계함으로서 참여자가 복잡한 과제를 쉽게 해결하도록 도움을 주는 점에서 단연 최고라고 할 수 있다. 예를 들어 라이징 오브 네이션(Rising of Nation)과 같은 게임은 참여자가 게임 플레이의 기본 동작을 익힌 후 숙달의 정도가 높아질 때마다 더 많은 선택을 할 수 있도록 하기 위해서 사용 중인 인터페이스를 제거하게 되어 있다. 옹호론자들은 매우 전통적인 학교 기반의 콘텐츠 학습을 구조화하기 위해서 그런 게임의 설계 원리를 채택해야 한다고 주장한다.

학교교육의 조직화를 통해서 이미 다양한 형태의 비계를 제공하고 있다. 예를 들어 연령별 학년제와 점점 더 복잡해지는 교육과정은 학습자의 능력을 고려한 것으로 볼 수 있다. 또한 교과서는 점점 더 복잡해지면서 학습 자료가 서서히 사라지게 되는 초기 피드백을 제공한다. 그러나 옹호론자들은 도움을 받아야 할 학생이 많은 것에 비해 정작 교사들은 학생들이 요구하는 개인적 비계를 제공할 시간적 여유가 부족한 것으로 생각한다. 최근 교사들 사이에서는 학생들의 요구 평가를 중심으로 다양한 종류의 수업을 실시해야 한다는 움직임이 일고 있다. 이런 움직임은 비계의 개인화를 지향하지만 그런 다양화가 원만하게 실행될 때조차도 교사는 다른 학생들과 과제가 요구하는 시간을 희생하고 개별 학생들과 학습할 시간을 찾아야 할 것이다. 학교에서 고전하는 학생들은 종종 학습 부진아로 낙인찍힐 것을 우려하여 도움을 요청하는 않는 경향이 있다.

컴퓨터는 비판하는 일도 없고 도움을 요청하는 것을 아는 사람을 소문내는 일도 없이 학습자를 방문하여 개인화 비계를 제공한다. 어려운 수업의 상당 부분을 탁월하게 설계한 컴퓨터 튜터에게 맡기면 학생들이 요구하는 수준이 어느 정도이든지 학습의 지원이 가능할 수 있다.

게임과 시뮬레이션

학습자가 필요로 하게 될 지식과 기술을 실현하는 시뮬레이션 환경에서 학습자가 과제를 수행하게 하면 기술자들은 컴퓨터를 활용하여 시나리오를 만들 수 있다. 플레이어들은 제한적인 실제 세계의 상황에서는 위험할 수 있는 행동을 시뮬레이션으로 연습할 수 있다. 시뮬레이션을 통해서 학습자는 질병을 진단하고 오작동하는 순환회로를 수리하거나 TV 뉴스 프로그램을 편집할 수 있다.

로저 생크(Roger Schank)와 그 동료들이 만든 이런 시뮬레이션 중 하나는 학습자로 하여금 부부들이 유전적 질병이 있는 아이를 임신했을 가능성이 있는지를 알아낼 수 있게 하여 유전학을 가르친다.[13] 부부들에게 조언을 제공하기 위해서 학습자는 상이한 유전적 결합이 어떻게 질병을 유발하는지를 찾아내서 부모의 유전적 성향을 알아내는 테스트를 해야 한다. 학습자를 지원하는 시스템에는 조언을 제공할 수 있는 것으로서 다양하게 녹음된 전문지식과 같은 비계가 구축되어 있다. 생크(Schank) 등이 구축한 또 다른 시뮬레이션은 환경문제를 해결하거나 역사적 사건에 관한 뉴스 방송을 편집하는 것과 같이 광범위하고 다양한 도전과제를 수행하는 학습자를 지원한다. 이런 시뮬레이션은 실제로 그들이 사용하게 될 맥락에 인지적 능력과 지식을 저장할 수 있게 만든다. 그러므로 사람들은 자기가 필요로 하게 될 기본 능력 뿐 아니라 이런 능력을 적용할 시기와 방법을 학습한다.

또 다른 종류의 시뮬레이션은 폴 호로비츠(Paul Horwitz)와 그의 동료들이 유전학의 기본과정을 가르치기 위해서 개발한 비올로지까(Biologica)에서 출현했다.[14] 비올로지까(Biologica)는 어떻게 상이한 생물학적 수준에서 상호작용이 일어나는지에 대한 추론을 포함하여 학습자가 해결해야 할 일련의 문제를 소개한다(유전자와 대립형질, 염색체, 날개와 같은 동물의 특성, 모집단밀도 등). 이 문제는 멘델(Mendel)이 최초로 완두콩에서 발견한 기본 규칙을 설명하는 가상의 용과 관계가 있다. 비올로지까(Biologica)는 간단한 문제에서 시작하여 점점 난이도가 높아지도록 구성되어 있다.

크리스 데데(Chris Dede)와 그의 동료들은 리버 시티(river City)라는 시뮬레이션 환경을 구축했다.[15] 그 곳에서 학습자들은 아바타를 도시 구석구석으로 안내하여 사람들이 질병에 걸리는 이유를 밝혀낸다. 이 도시에는 수계감염, 곤충감염, 공기전염 등 3가지 질병이 퍼져있다. 학습자는 사람들을 만나 아는 사실을 묻고, 병원기록을 조사하고, 보건요원들에게 질문하고, 곤충과 수질에 관한 자료를 수집하고 끝으로 문제를 조사할 때 발생할 수 있는 난점들을 알아보기 위한 테스트를 할 수 있다. 이런 일들을 하기 위해서 학습자는 자료를 체계적으로 수집하고 사람들에게 질병을 유발시킬 가능성에 대한 가설을 설정해야한다.

옹호론자들은 시뮬레이션은 학습자가 새로운 상황을 탐색하도록 만드는 비결이라고 주장한다. 시뮬레이션은 학습자가 여러 가지 행로를 탐색하여 선택의 결과를 알 수 있게 해준다. 즉 그들은 "~라면 어떻게 될까?" 라고 질문함으로서 여러 가지 가능한 문제해결을 탐색할 수 있다. 이렇게 하여 학습자는 만일의 사태에 대처하는 다양한 가능성과 유연성을 검증하는 능력을 습득한다. 이런 현실적인 과제는 학습자가 무엇을 해야 할지 알아내도록 채근한다. 그것은 학습자로 하여금 대개 학교에서 생략되는 생소한 상황에서 역할을 수행하게 만든다. 이런 상황은 어려운 과제에 앞서 더 쉬운 과제를 소개하도록 구조화 할 수 있다.

비디오 비 표준화 회귀계수는 계략과 역할이 담긴 이야기 장치를 사용하여 플레이어를 몰입 모드에 빠지게 만든다. 많은 게임은 실제 세계의 상황과 물리적 규칙을 이용하지만 플레이어들이 새로운 역할을 수행하게 함으로서 일상적인 경험 밖에서 모험을 할 수 있도록 허용한다. 제임스 폴 기(James Paul Gee)는 비디오 게임이 플레이어들을 일상적인 가치와 갈등을 빚는 역할에 끌어들임으로서 자신의 신념과 다른 사실을 알 수 있게 하는 방법을 기술했다. 예를 들어 매스이펙트(Mass Effect)와 커맨드앤컨커(Command and Conquer)와 같은 게임에서 플레이어들은 복잡하게 얽힌 전쟁에서 상대편의 역할을 수행해야 한다. 게임을 계속하기 위해서 플레이어는 갈등상태에 있는 상대편의 능력과 자원을 알아내고 편을 바꾸어 적의 입장에 서서 싸워보아야 한다. 그런 역할 교대는 플레이어들에게 다양한 입장에서 갈등을 바라볼 수 있는 보기 드문 기회를 제공한다. 커트 스콰이어(Kurt Squire)의 현실증강(augmentedreality;보는 현실세계에 컴퓨터를 통해 사용자가 눈으로 가상 물체를 겹쳐 보여주는 기술) 게임은 상호작용과 GPS의 안내학습을 혼합하여 더욱 차원 높은 수준의 상호작용을 한다. 현실증강의 환경은 플레이어들이 지역 환경이나 사회문제를 해결할 때 과학적이며 역사적인 추론을 과감하게 사용할 것을 요구한다.[16]

이런 시뮬레이션의 제약은 플레이어들이 온라인 경기에서 서로 다른 사람들과 상호작용을 하면서 새로운 차원을 만들어 냈다. 월드 오브워크래프트(World of Warcraft)와 스타워즈 갤럭시(Star Wars: Galaxies) 같은 다중온라인게임(MMOGs; Massively multiplayer online games)은 시장경제와 자율통제 공동체를 유지하는 정교한 시뮬레이션 세계에서 플레이어들이 캐릭터와 자원을 구축할 수 있게 되어 있다. 이런 게임의 활력은 그들의 거주 세계를 공동으로 건설해 가는 플레이어들에 의해서 좌우된다. 이런 상호 교환적인 "세계 건설"은 게임을 계속하기 위해서는 반드시 필요한 광범위한 사회적 행위를 요구한다. 다중온라인게임(MMOGs)에서 보여주는 사회적 역할과 상호작용의 출현은 경제와 사회제도의 발전을 연구하는 연구자에게 실험실을 제공한다.

콘스턴스 스텐퀄러(Constance Steinkuehler)의 연구는 이런 환경이 상급 플레이어들로 하여금 게임을 하기 위해서 어떻게 과학적 추론과 복합적인 리더십을 사용하도록 요구하는지를 지적한다.[17] 네오펫클럽펭귄(NeoPets Club Penguin)과 같은 사이트는 운동기능 조정과 패턴매칭(pattern matching; 두 패턴을 비교하여 양자가 동일한지 여부를 가늠하는 방법)을 관련시킨 단순한 비디오 게임을 제공함으로서 캐릭터의 특별 주문 제작을 기반으로 하는 가상 경제에 아이들이 몰입하게 한다. 다중온라인 게임(MMOGs)은 비디오 게임을 실제 세계의 상호작용에 더욱 가깝게 만듦으로서 가상 세계의 상호작용이 앞으로 어떻게 구성될 수 있을지 그 미래를 보여주었다.

생크(Schank), 호로비츠(Horwitz), 데데(Dede), 기(Gee)와 같은 옹호론자들은 시뮬레이션과 게임을 함께 사용하면 학습이 더욱 재미

있게 될 수 있다고 주장한다. 과제는 매우 매력적으로 만들어질 수 있을 뿐 아니라 지식을 적용하는 조건은 학생들에게 더욱 명확하게 소개될 수 있다. 옹호론자들은 이는 학교가 가지고 있는 하나의 문제점으로서 학생들은 적용방법을 알지 못하는 것을 학교에서 배우고 있다고 주장했다.

종종 혁신적인 교사들이 학습에 유의미한 과제를 저장하는 방법을 찾고 있을지라도, 대부분의 학교는 테니스 경기를 보여주거나 실제로 해본 적도 없이 규칙을 말해주고 포핸드, 백핸드, 서브를 연습시키면서 테니스를 가르치는 것과 비슷하다. 학생들은 대수와 구문 분석이 그들의 실생활에서 얼마나 유용할지에 대한 아무런 정보도 없이 대수와 문장의 구문 분석을 학습한다. 그것은 코치가 당신에게 테니스를 가르치는 방법이 아니다. 코치는 먼저 당신에게 라켓을 잡고 스윙하는 법을 보여주겠지만 당신은 금방 공을 치고 게임을 하게 될 것이다. 훌륭한 코치는 당신을 경기장과 특별한 기술을 연마하는 연습장 사이를 왕복하게 할 것이다. 기술을 가르치는 핵심적인 개념은 실제 세계의 과제를 성취하는 것과 과제를 수행하는 데 필요한 능력을 강조하는 것을 단단하게 결합시키는 것이다. 옹호론자들은 수학과 글쓰기에 대한 실제 세계의 과제를 학교에서 재창조하기는 어려울지라도, 시뮬레이션은 학생들에게 그것이 정치 캠페인이나 다리 건설에 관해 글을 쓰는 것과 비슷한 감정을 느끼게 할 수 있다고 주장한다.

기술을 실제적인 결과와 결합하는 것은 시뮬레이션 수업을 학습에 적용하는 한 가지 방법이지만 시뮬레이션은 복잡하고 어려운 환경에 몰입하는 것 그 자체가 소중한 학습기회일 수 있다는 것을 설명한다.

예를 들어 대부분의 비디오 게임이 갖는 고유한 매력은 실현 가능한 실제적인 결과가 아닌 오히려 규칙이 지배하는 세계에서 일어나는 지속적인 경쟁에 대한 도전과 환상을 기반으로 한다. 미하이 칙센트미하이(Mihaly Csikszentmihali)는 최적의 경험에 관한 심리를 설명하는 과정에서 매력적인 활동에 몰입하여 주아와 객아 간의 구별이 모호해지는 의식의 상태를 "흐름(flow)"으로 기술했다.[18] 학부모는 학생들이 비디오 게임을 하면서 수천 시간을 낭비한다고 비난하지만 플레이어들은 이런 시뮬레이션이 흐름과 같은 경험을 만들어 강력한 학습기회가 될 수 있다고 보고하고 있다.

한 중학교 학생이 수학숙제를 하는 것과 매든(Madden) 게임(축구 비디오 게임)을 하는 장면을 지켜보면서 두 가지 행동을 비교해 보자. 수학문제를 푸는 행동은 수학의 "큰 개념"에 대한 이해나 적용과 단절된 채 그저 끝없이 계속하는 힘든 일이다. 수학숙제의 주된 목적은 그것을 끝마치는 데 있다. 그러나 매든(Madden) 게임을 하는 학생은 축구팀의 명단을 모으면서 팀 연봉의 상한제를 유지하고, 미래의 성과기준을 예상하고, 우승 가능성을 계산하기 위해서 수많은 동일한 분석기술을 사용할 것이다. 불행하게도 게임 중 흐름의 상태는 게임을 계속하는 데 필요한 복잡한 능력을 깊이 숨기고 있는 완벽한 경험에 의해서 능력개발과 사용방법이 통합된다. 옹호론자들은 명백히 하위능력을 개발하는 학교가 복합적인 학습에 관여하기 때문에 학습환경은 흐름의 기회를 차단한다고 주장한다. 자기 주도적인 탐색을 통해 복잡한 세계의 한계를 학습하려는 자유는 현재 우리 학교교육의 시스템이 미치지 못하는 학습역량으로 볼 수 있다.

멀티미디어

인쇄, 비디오, 오디오를 하나로 묶은 멀티미디어 프레젠테이션은 정보를 유통하는 새로운 기회를 제공한다. 사회가 전통적인 구술문화에서 활자가 지배하는 문자문화로 이행하면서 인쇄기의 발명이 몰고 온 변화의 특징을 찾기 위해서 수많은 저작가들이 노력해 왔다.[19] 보편적인 교육은 인쇄기의 결과물이기 때문에 교육은 읽기, 쓰기, 역사, 수학, 과학 등 문해 사고의 주요 결과물을 중시했다.[20]

옹호론자들은 나날이 새롭게 발전하는 통신기술과 비슷한 모습으로 달라지는 현대사회의 전환에 주목한다. 비디오, 컴퓨터, 인터넷, 비디오 컨퍼런스 등 모든 것들은 어느 곳에서 누구에게도 도달할 수 있는 하나의 거대한 네트워크로 융합되고 있다. 헨리 젠킨스(Henry Jenkins)는 새로운 미디어가 어떻게 "문화융합(cultural convergence)"을 촉발했는지를 설명했다.[21] 문화융합은 사람들이 시민과 소비자의 역할을 통합하여 오락, 일, 학습과 상호작용의 방식을 새롭게 만드는 것을 말한다. 사람들은 미디어를 단순한 정보 수신자가 아닌 표현의 기술로 전환시키고 있다. 멀티미디어(multimedia)의 용어는 점점 매스 미디어(mass media)와 분리해서 사용되고 있다. 간단히 말하면 우리는 "소수에 의한 다수를 위한 미디어"에서 "다수에 의한 다수를 위한 미디어"로 확장시키고 있다.[22] 매스 미디어가 더욱 중앙 집중화 되고 있을지라도 인터넷 미디어는 더욱 다양해지고 있다. 블로그와 사회적 네트워킹 사이트의 확산에서 볼 수 있듯이, 사람들은 세상과 소통하는 새로운 표현과 새로운 방법을 증대시키고 있다. 우리가 디지털 문화로 이동해 갈 때 이런 새로운 미디어는 인쇄술이 그랬던 것처럼 특히 교육에 엄청난 영향을 미칠 것이다.

새로운 미디어는 각각 상이한 행동 유도성과 한계를 가지고 있다.[23] 예를 들어 비디오는 텍스트보다 감각과 감정을 더욱 용이하게 전달하지만 그것은 멈추거나 되돌아가지 못하고 항상 계속해서 시청해야 하기 때문에 학습교정의 효과를 떨어뜨린다. 반면에 컴퓨터는 텍스트와 비디오가 할 수 없는 방식으로 디자인과 시뮬레이션을 지원한다. 옹호론자들은 다양한 미디어는 모두 학습환경의 설계에서 중요한 역할을 하는 것은 당연한 것으로 생각한다. 이런 다양한 미디어는 학생들의 다양한 능력과 학습양식을 조사하여 학습내용에 가장 적합한 미디어를 사용하게 함으로서 학습을 향상시킬 수 있다.[24]

공표

학교에서 학생들의 작품은 항상 교실이라는 제한된 공간 안에서만 정당한 가치를 인정받는 인위적인 장벽에 부딪쳐 왔다. 오직 교사만 학생들의 작품을 볼 수 있다면 학생들은 실제 관객들에게 자기 작품을 노출시킴으로서 얻을 수 있는 진짜 피드백을 경험할 수 없게 될 것이다. 어떤 것을 처음으로 배울 경우 외부 비판으로부터 배우는 모욕은 의미가 있을 수 있다. 그러나 옹호론자들은 학생들이 작품을 충분히 성숙시켜 가면서 교실 밖의 공정한 맥락에서 자기 작품의 결과를 공표할 기회가 필요하다고 생각한다. 인터넷의 발달로 학생들의 작품을 전 세계적으로 널리 이용할 수 있게 되었다. 웹은 누구나 액세스할 수 있는 최초의 대중매체이기 때문에 모든 사람들은 세계의 관객들이 참여할 수 있는 가능한 장소에서 자기 작품을 공표할 수 있게 되었다. 이는 학생들이 유의미한 실제적인 작품을 커뮤니티에서 창작하게 만드는 강한 동기를 제공한다.

예를 들어 젊은이들에게 새로운 미디어를 통해서 시사 사건을 보도할 수 있는 기회를 제공한 공로로 상을 받은 유스라디오(YouthRadio.org) 사이트의 사례가 있다. 유스라디오는 미디어와 관련된 제작 및 경력에 대한 지원이 부족한 수천 명의 학생들을 훈련시켜 젊은이들의 눈높이에서 방송 콘센트를 제공한다. 이 사이트에는 사용자가 제작한 선거와 정치 방송, 현재의 화젯거리를 그래픽으로 연결하는 구글 매쉬업(Goolgle mash-up; 콘텐츠와 서비스가 융합하여 만든 웹 서비스), 중요한 사건의 인터넷 보도(즉 new viral YouTube.com videos), 유스라디오 방송국 3곳에 제공하는 오디오 등이 있다. 새로운 미디어의 제작 방식은 사용자가 제작한 작품을 합법적인 채널을 통하여 공개적인 공표와 심사를 받도록 되어 있다. 유스라디오 이야기는 내셔널 퍼블릭 라디오(National Public Radio), 아이튠즈(iTunes), 씨엔엔닷컴(CNN.com), 유스라디오(YouthRadio.org) 사이트를 통하여 매년 수 백만 명이 청취하고 있다.

이와 비슷한 또 다른 사례는 인터넷 기반 환경에서 만든 MUSE 프로젝트가 있다. MUSE는 멀티 사용자 시뮬레이션 환경(MultiUser Simulation Enviornment)을 의미한다. 이는 한 대학생이 아마존 열대우림을 방문하고 돌아와 누구나 열대우림을 탐험할 수 있도록 시뮬레이션으로 제작한 것이다. 열대우림의 정교한 묘사는 모두 언어적 서술로 되어 있어서 MUSE의 모든 것은 문자로 실행한다. 이것은 어드벤처 게임과 비슷하다. 당신은 그곳에서 다른 길로 내려갈 수 있고, 여러 가지 동물들과 만날 수 있을 뿐 아니라 세상에 영향을 주는 다양한 행동을 할 수 있다. 또한 5학년 학생이 만든 역사박물관 MUSE 프로젝트도 있다. 당신은 그곳에서 조지 워싱턴(George Washington), 토머스 제퍼슨(Thomas Jefferson), 아브라함 링컨(Abraham Lincoln)과 같은 여러 명의 대통령을 만날 수 있다. 역대 대통령들은 본인의 저서에서 발췌한 다양한 주제에 대해 여러 사람들에게 본인의 생각을 말할 것이다. 학생들은 누구든지 인터넷을 통하여 MUSE에 들어가서 탐험할 수 있는 환경을 만들 수 있다.

옹호론자들은 인터넷은 세상과 커뮤니케이션을 할 수 있는 수많은 장소를 제공한다고 주장한다. 학생들은 전 세계의 학생들과 성인들에게 전자우편을 보낼 수 있다. 그들은 수많은 다양한 지역의 참여자들이 가입해 있는 대화방과 커뮤니티에 참여할 수 있다. 당신 자신의 상징성을 공표하여 다른 사람들로 하여금 그것을 볼 수 있는 기회를 만드는 것은 블로그와 소셜 네트워크 사이트에 가입하려는 가장 중요한 동기라고 할 수 있다. 당신의 사상, 취향, 창의성을 공표하는 것은 다른 사람들이 당신이 친구가 될 수 있는지 여부를 알게 하게 하거나 당신과 취향이 다른 사람들의 비난으로부터 당신의 마음을 열게 할 수 있다. 두 경우 모두 참여자들은 진정으로 자신들의 진심을 알 수 있게 되기 때문에 자신의 상징성을 널리 공표함으로서 자기지각(self-awareness)을 할 수 있게 된다.

이런 다양한 장소는 자신과 직접적인 관련이 없는 외부인들과 커뮤니케이션을 할 수 있는 이유를 제공하기 때문에 그것은 읽고, 쓰고, 멀티미디어 프레젠테이션을 개발하는 유의미한 목적을 제공한다. 학생들의 작품을 외부에 공표하는 학교의 재량은 보안상의 문제로 부득이 제한받을 수밖에 없을지라도 옹호론자들은 외부 관객과 액세스를 가능하게 해주는 기술의 방법적 측면을 강조하는데, 이는 자신들의 창작물에 대한 타인의 비평을 통하여 학생들이 학습할 수 있는 공개적인 맥락을 외부 관객이 제공하기 때문이다.

옹호론자들은 학생들이 새로운 커뮤니케이션의 모델 개발을 선도하고 있기 때문에 신기술을 학교에 통합하려는 주도권을 학생들에게 주는 것은 바람직하다고 주장한다. 학교설계에서 관심을 기반으로 하는 커뮤니티를 강조하게 되면 새로운 연구 영역에 학생들의 기술을 적용할 수 있어서 학생들의 학습동기를 불러일으킬 수 있다. 마이스페이스나 페이스북과 같은 소셜 네트워크를 학교교육의 과정에 통합하거나 온라인 게임을 학교 콘텐츠에 도입하게 되면 학생들이 학교 밖에서 사용하는 기술을 학교교육의 세계로 끌어들일 수 있다. 옹호론자들은 학교가 그런 기술의 출현을 미봉책을 동원하여 사용을 제한할 것이 아니라 새로운 미디어의 해방 가능성을 포용하는 방향으로 나아가도록 촉구할 것을 주장한다.

반성

반성은 특정 상황에서 학습자가 자신이 실행한 것을 되돌아보고 그것을 일련의 기준이나 다른 사람들의 실행, 즉 자신이 이전에 실행한 것과 전문가들이 실행한 것을 비교할 때 일어난다. 반성은 아동과 성인이 수행하는 학습과정에서 하나의 중요한 측면으로서 주목의 대상이 되어 왔다. 도널드 숀(Donald Schon)은 실행에 대한 체계적인 반성이 복잡한 활동을 수행하는 전문가들에게 얼마나 중요한지를 보여준다.[25] 학습환경의 설계자들은 학생들에게 토론을 시키고 자신들의 행동을 유도하는 데 사용했던 전략을 반성하게 함으로서 과제를 반성하는 지원체제를 구축했다. 반성은 실행의 중요한 측면을 강조하여 좋은 실행에 도움이 되는 것과 앞으로 개선할 수 있는 방법에 대해 학습자가 생각해 보도록 촉진할 수 있다.

반성이 일어날 수 있는 형태는 3가지가 있으며 이 모든 것들은 기술에 의해서 향상된다. 즉 1) 자기 과정에 대한 반성, 2) 자기 실행과 전문가의 실행 비교, 3) 자기 실행과 실행평가기준과 비교 등.

- 자기 과정에 대한 반성: 기술은 실행을 기록할 수 있기 때문에 자기가 어떻게 과제를 실행했는지 그 과정을 되돌아 볼 수 있다. 이는 사람들이 자기가 결정한 내용의 특징을 반성하여 다음에 더 잘할 수 있는 방법을 생각하게 한다.

- 자기 실행과 전문가의 실행 비교: 컴퓨터 기반 학습환경은 학습자가 복잡한 문제를 해결할 때 자기가 판단한 것과 전문가가 해결한 것을 비교하여 어떻게 해야 더욱 잘 할 수 있을지에 대해 깨닫게 한다.[26]

- 자기 실행과 실행평가 기준과 비교: 컴퓨터 시스템은 학생들에게 미리 정해진 훌륭한 실행 기준과 비교하여 향상된 점을 스스로 평가하도록 요구할 수 있다. 예를 들어 바바라 화이트(Barbara White)와 존 프레드릭슨(John Frederiksen)은 8가지 과학 프로젝트 기준을 사용하여 학생들이 자기 실행을 평가하도록 했다. 이 학생들은 동일한 과제를 수행했으나 자기 실행을 반성한 학생들은 그렇지 않은 학생들에 비해서 더욱 향상된 결과를 나타냈다.[27]

옹호론자들은 기술은 학습환경을 반성할 기회를 제공하기 때문에 학생들은 시간이 지나면서 자기가 실행한 것을 향상시킬 진정한 기회를 갖게 된다고 믿는다. 기술을 사용하여 학생들의 학습을 추적하는 것은 학생들의 자기 실행에 대한 반성을 더욱 확실하게 해준다.

옹호론자의 학교비전

옹호론자들의 주장에 따르면 컴퓨터를 기반으로 하는 환경은 산업혁명이 문화변혁을 일으켰던 것과 비슷한 강도로 학교교육을 변혁시킬 것으로 보인다. 기술옹호론자들은 교사보다는 학생들이 학습의 대부분을 주도하여 실천하는 구성주의의 학습이론을 지지한다.

시모어 페퍼트(Seymour Papert)는 자신의 고전적인 저서인 마음의 폭풍(Mindstorms) 에서 어떤 학교가 되어야 할 것인지에 대한 비유로서 리오데 자네이로의 마디그라(Mardi Gras) 축제를 준비하는 삼바학교(Samba School)의 사례를 들어 설명했다.[28] 전체 공동체에는 아동들과 성인들이 모두 참여하여 한 달 동안 서로 협력하여 일하는 가운데 꽃수레를 만들며 축제를 준비한다. 아이들은 필요하면 어떤 일도 가리지 않고 성인들을 돕는다. 아동과 성인 간에 무수한 학습이 일어나며 좀 더 능숙한 전문가는 덜 능숙한 전문가들에게 여러 가지 작업방법을 가르친다. 이는 참여하는 모든 사람들이 경쟁에서 이기고 꽃마차를 구경하는 사람들을 기쁘게 하려는 목적을 공유하기 때문에 가장 훌륭한 형태의 도제교육이라고 할 수 있다. 이것은 페퍼트(Papert)가 기술이 풍족한 환경이 아닌 학교에서 실현될 것을 보고 싶어 했던 바로 그 학습의 비전이다.

기술옹호론자의 입장에서 보면 학교는 기술이 풍부한 작업장을 많이 닮은 것처럼 보일 수 있다. 학생들은 유의미한 학습과제를 강력한 컴퓨터 도구의 지원을 받아 협력하여 수행할 수 있다. 이런 많은 과제는 그들을 커뮤니티로 끌어들인다. 그들은 자전거 길을 설계하여 건설하고 지역 호수와 하천의 수질오염을 조사하고 사업용 웹페이지를 만들어 업데이트하고 지역사회 케이블 TV에 제공할 프로그래밍을 개발하거나 지리정보시스템(GIS)의 도구를 사용하여 도시를 계획할 수 있을 것이다.

또한 상호작용적인 학습환경은 학생들이 커뮤니티에서 수행할 수 있는 프로젝트의 범위를 넘어 실제 문제를 해결하는 맥락을 제공한다. 그들은 시사뉴스 방송을 편집하고, 유전성 질병을 조사하기 위해서 DNA 배열을 분석하고, 또래 학생들에게 뉴턴의 법칙을 가르치기 위해서 우주 공간에서 몸을 움직이는 방법 등에 관한 애니메이션을 만들 수 있다. 간단히 말하면 기술은 학생들이 복잡한 문제를 해결하는 데 필요한 도움을 제공할 수 있으며 이는 교사까지는 아니더라도 대부분 학생들의 능력을 능가하는 것이다.

많은 기술옹호론자들에게 가장 중요한 동기는 현재의 교육에 대한 불만족이다. 그들은 학생들이 좋은 성적을 얻기 위한 경쟁을 하기 위한 학습이 아닌 자기 지식을 다른 사람들과 공유하기 위한 학습에 능동적으로 참여해야 한다는 듀이의 교육사상에 동조한다. 20세기 진보주의 개혁자들처럼 기술 주창자들은 여전히 학생들이 앉아서 교사의 말을 듣고, 교사와 서책이 제공하는 정보를 암기하고, 시험을 통해 정보의 회상을 반복해야 한다고 생각하는 전통적인 학교교육관을 좋아하지 않는다. 그들은 이것은 학생들의 호기심과 학습의 열망을 파괴하는 것으로 생각한다.

기술자들의 입장에 따르면 그런 교육은 성공보다 실패를 양산한다. 실제로 이런 치열한 경쟁 시스템에서 잘 해내지 못하는 학생들은 어떤 식으로든지 자기가 할 수 있는 일임에도 불구하고 분명히 그것을 선택하지 않을 것이다. 수많은 진보주의 교육자들이 교육과정의 재설계와 전통적인 교사교육의 도구를 이용하여 교수-학습을 변화시키려고 했지만 기술옹론자들은 컴퓨터는 학교에서 실패한 아동들에게 도달할 수 있는 일종의 몰입형, 맞춤형, 조정학습의 기회를 제공할 수 있다고 믿는다. 기술옹론자들의 관점에서 보면 기술을 학교의 핵심 방침으로 구축하는 것이 도전과제이다.

기술옹론자들은 학생들은 실제 과제를 수행하고 성인들은 그들을 새로운 활동으로 안내하는 촉진자의 역할을 수행함으로서 학생들이 문제 상황에 직면하게 될 때 도움을 제공하는 학교를 상상한다. 그러나 우리 사회에는 학교교육을 변화시키려는 노력이 왜 그리고 어떻게 실패했는지에 대해서 오랫동안 많은 연구를 수행해 온 전통이 있다. 회의론자들은 학교는 교수-학습의 방침을 근본적으로 변화시키기 위한 자원, 훈련, 의지, 능력 등이 부족하다고 주장한다. 학교는 새로운 디지털 기술과 같은 매우 혁명적인 도구를 가지고 있으면서도 기존의 방침을 변화시키려는 시도에 완강하게 저항해 왔다. 다음 장에서 우리는 기술회의론에 눈을 돌려 강력한 기술과 교수-학습 간의 상호작용을 살펴볼 것이다.

C•H•A•P•T•E•R

03

기술회의론자의 관점

정체 시스템

교육개혁이 실패하는 원인

학교에서 사용하는 기술의 장벽

통합: 학교와 기술 간의 양립 불가능성

회의론자들의 학교교육 비전

CHAPTER 3

기술회의론자의 관점

정보기술이 교육을 어떻게 변화시킬지 그 가능성에 대해 몹시 흥분하는 교사, 연구자, 정책결정자들이 있는 반면, 학교에서 사용하는 기술의 가치나 그 가능성을 의심하는 회의론자들도 있다. 학교와 관계를 맺고 학교 안에서 일하는 많은 교직원들은 학교 시스템의 핵심 방침을 변화시키려는 노력에 대해 학교가 얼마나 완강하게 저항해 왔는지를 기억한다. "학교는 결코 변하지 않는다는 것이 아니다. 학교는 매우 천천히 변한다는 것이다!"

회의론자들은 학교가 컴퓨터를 도입하게 되면 교실의 다양하고 풍부한 교수-학습을 예측 가능한 암기학습의 형태로 변질시키고 상업적인 미디어의 무분별한 이익 추구로 학습경험을 왜곡시킬 위험이 있다고 주장한다. 어떤 경우이든지 학교의 보수적인 권력은 학생들의 주의집중력을 흩트리고 심지어 위험하기 짝이 없는 새로운 미디어의 영향으로부터 교수-학습의 핵심 방침을 보호한다.

선도적인 기술옹호론자들인 데이브 턴버그(Dave Thornburg)와 데이비드 드와이어(David Dwyer)는 미국교육의 역사를 통해서 신기술에 대한 저항의 특징이 잘 나타나 있는 몇 가지 인용문들을 모아서 편집했다.[1] 그들은 자신들이 학교개혁에 반대하는 문제에 대한 기술

옹호론자들의 입장을 반영했다. 그들은 변화가 분명히 학생들의 학습에 유익하게 될 때조차도 학교는 항상 변화에 저항했다고 생각한다.[2]

- 1815년 교장의 출판물: "오늘날 학생들은 종이에 지나치게 의존한다. 그들은 분필가루의 먼지를 몸에 묻히지 않고서는 석판 위에 글을 쓰는 법을 알지 못한다. 그들은 석판을 깨끗이 지우지도 못한다. 종이가 떨어지면 그들은 어떻게 할 것인가?"

- 1907년 교사 협의회의 회의록: "오늘날 학생들은 잉크에 지나치게 의존한다. 그들은 연필 깎기 칼을 사용할 줄 모른다. 펜과 잉크는 결코 연필을 대체하지 못할 것이다."

- 1927년 시골 미국인 교사: "오늘날 학생들은 잉크 가게에 의존한다. 그들은 잉크를 만드는 방법도 모른다. 그들은 잉크가 떨어지면 다음 외출에서 해결할 때까지 글이나 숫자를 쓸 수 없게 될 것이다. 이것은 현대교육에 대한 슬픈 기록이다."

- 1941년 가제트 학부모회(PTA Gazette): "오늘날 학생들은 이런 비싼 만년필에 의존한다. 그들은 더 이상 직선 펜을 가지고 쓸 수 없다. 우리 학부모들은 그들에게 사치스럽지 않은 실제적인 직업세계에 대처하는 방법을 가르치고 있는데 그들이 그들이 그런 사치에 빠지지 않도록 해야 한다."

- 1950년 연방 교사협회(Federal Teachers): "볼펜은 미국의 교육을 망칠 것이다. 학생들은 이런 필기구를 사용하고 나면 곧바로 던져 버린다. 근검절약이라는 미국의 가치가 버려지고 있다. 기업과 은행은 이런 비싼 사치품을 결코 허용해서는 안 된다."

- 1987년 미래의 애플 교실, 4학년 교사: "만약 학생들이 컴퓨터로 과제물을 작성하여 제출한다면 나는 과제물을 손으로 써서 제출하게 할 것이다. 왜냐하면 나는 그들이 단독으로 컴퓨터 작업을 한 것으로 믿지 않기 때문이다."
- 1988년 미래의 애플 교실, 과학 박람회 심사위원: "컴퓨터는 학생들에게 부당한 이익을 준다. 그러므로 자료를 분석하거나 전시물을 만들기 위해 컴퓨터를 사용하는 학생들은 과학 박람회에서 제외시켜야 할 것이다."

이런 특징은 교육자들이 현대기술과 싸워온 오랜 투쟁을 설명한다. 우리는 단순히 "교실이 승리했다"고 선언할 것이 아니라 학교가 과거의 기술과 왜, 어떻게 저항했는지, 그리고 제2장에서 논의했던 신기술에 대한 전망이 동일한 운명을 맞이할 것인지를 설명하는 창으로서 이런 투쟁을 살펴볼 것이다. 이 장에서 대강 살피게 될 선도적인 회의론자들의 주장은 TV와 같은 이전의 기술이 결코 옹호론자들이 상상했던 방식대로 학교에서 채택되지 않았던 것처럼 신기술도 결코 학교교육에서 핵심부를 차지하지 못할 것이라는 사실을 시사한다.

정체 시스템

오랜 기술의 역사를 통해서 기술옹호론자들은 기술혁명은 학교교육에 대변혁을 일으킬 것으로 예견해 왔다. 레리 쿠반(Larry Cuban)은 라디오, TV, 필립 스트립 등 모든 것들이 어떻게 학교교육을 변화시킬 것으로 상상해 왔는지를 설명한다.[3] 각각의 경우 이런 혁신은 학교 내 교수-학습의 핵심 방침에 거의 영향을 주지 못했다. 현재의 옹호론자들은 상호성과 개인화는 이런 이전의 기술과는 근본적으로 다른 종류의 혁신을 일으킨다고 주장한다. 그러나 쿠반(Cuban)은 최근 자신의 저서에서 컴퓨터는 학교의 교수-학습에 거의 영향을 주지 못한 사실을 밝혀냈다.[4] 그는 학교의 일상생활과 조직을 고려하지 않은 기술혁신은 수업에 거의 영향을 주지 못할 것이라고 주장한다. 학교에서 기술 주도적인 혁신을 어렵게 만드는 것은 무엇인가?

공립학교는 놀랄 정도로 탄력적인 제도이다. 실제로 미국이 세계문화에 기여한 가장 가치있는 것 중 하나가 공립학교의 조직과 확산이라는 것은 매우 당연한 사실이다. 역사적 관점에서 보면 정부가 지원하는 대규모 학교교육의 전통은 비교적 최근의 현상이다. 주정부는 거의 200년 동안 아동들에게 교육기회를 제공해 왔으나 1940년대에 이르러서야 성인들의 대다수가 고등학교를 졸업할 수 있었다.[5] 상대적으로 공립학교 제도가 최근에 탄생했다는 사실은 학교제도가 변화에 수용적인 태도를 유지해 온 정도를 착각하게 만든다. 미국의 학교제도는 19세기와 20세기 초에 대혁신기를 거쳤으나 그 이후 안정적인 구조로 발전해 왔다. 이 짧은 기간 동안에 공립학교는 다양한 환경에서 번성할 수 있는 튼튼한 시스템을 구축할 수 있었다.

이런 학교의 모델을 레이몬드 캘러헌(Raymond Callahan)은 "공장모델(factory model)", 메리 헤이우드(Mary Heywood)는 "실제학교(real school)", 데이비드 탁(David Tyack)은 "유일한 최고의 시스템(one best system)" 등 여러 가지 명칭으로 불려왔다.[6] 이 모델은 학교를 교실, 학교, 지역 수준에서 조직화하여 통제하고 수업, 교육과정, 평가, 행동기준을 기대와 방침의 종합 꾸러미로 묶어 놓았다.

학교는 기초 단계에서 동일 연령대 학생들에 맞추어 교실을 조직했다. 각 교실에는 일반적으로 교사와 15세에서 30세 사이의 어딘가에 속하는 학생들이 있다. 저학년에서는 항상 한명의 교사가 학생들에게 전 과목을 가르친다. 고학년에서는 학생들이 교실에서 교실로 이동해야 하기 때문에 교사들은 자기 교과의 영역을 전문화 한다. 일반 학교의 교사는 강의, 암기, 훈육, 연습, 실행을 통해 학생들에게 전문지식을 전달하는 전문가이다. 교육과정은 학생들에게 무엇을 어떤 순서로 가르칠 것인지를 상세하게 설명한다. 맞춤식 교육과정을 개발하여 개별 학교에 맞게 조정하려는 약간의 노력은 항상 있었을지라도 학생들이 언제, 무엇을 학습할 것인지에 대해서는 놀라울 정도로 광범위한 기대와 합의가 이루어져 있다. 즉 4학년에서는 분수 나눗셈을 배우고 고등학교 2학년에서는 대공황을 배운다. 시험은 교실에서 가르치기로 합의한 것을 학생들이 제대로 학습했는지, 만일 그렇다면 학생들이 진급 시 필요한 이수 과목과 배정된 학점을 충분하게 얻어서 다음 학년으로 진급할 수 있을지를 결정하기 위해서 실시한다.

학교 시스템은 일반적이며 충분히 검증된 기술에 의존한다. 학교교육에 필요한 기본적인 학습도구는 종이, 펜, 분필 등이다. 수업시간표, 예산, 평가, 대학입학시험과 같은 조직화 기술은 학교 안팎의 인적 · 물적 자원의 흐름이 원활하도록 지원할 수 있다. 이런 도구는 다양한 커뮤니티의 환경에 효과적으로 적용할 수 있고 많은 교육과정에 포함된 상징적 조작, 설명, 기억 등에 안성맞춤이다. 교육과정의 범위, 계열, 내용은 교과서에 표현되며 참고자료집은 학습내용과 학생들의 상호작용에 필요한 다양한 매체를 제공한다. 칠판과 OPH

는 교사의 설명과 협업을 지원하는 저비용의 방법을 제공한다. 전교 방송으로 교실수업을 방해하는 확성기는 항상 존재하지만 전반적인 학교 조직은 기록과 전달을 위해서 종이에 크게 의존한다. 과학, 가정, 예술 수업은 학교 도서관, 주방, 작업 스튜디오 등과 같은 전문화된 기술에 의존하지만 대다수 교실의 수업은 주된 중요한 수업 매체인 종이, 펜, 책, 분필에 크게 의존한다.

이런 수업체제와 기술의 특성은 각 학교와 지역에서 단단히 결합하여 복합 시스템을 형성한다. 학교 시스템이 진화해가면서 그것의 구성요소는 상호 의존적으로 발전했다. 상이한 학교 시스템의 구성요소들은 수년에 걸쳐 체제 요소들 간에 균형을 이루는 평형상태를 유지함으로서 안정화 되었다. 예를 들어 교실수업의 일반적인 기술은 교사와 학생들이 교실과 교실 사이를 자유롭게 이동하도록 학교설계를 유도했다. 결국 이것은 중등학교 과학 실험실과 직업교육 수업시간은 예외로 두고 특정 수업기술의 접근을 과정에서 제외시키는 시간표 관리기술을 강화했다. 평형상태의 유지는 체제의 움직임이 정지한다는 의미가 아니다. 오히려 그것은 마치 학생 수가 변하거나 학교의 지리적 위치가 달라져도 기본적인 체제 요소를 재배치하는 일없이 법적 지위를 유지하는 것과 같이 체제의 구성요소들이 균형을 이룬다는 것을 의미한다. 일단 확정되면 평형상태로부터 복합적인 체제로 변경하기는 매우 어렵게 된다.

방침 간의 조화는 레리 쿠반(Larry Cuban)이 "상황 제약적 선택(situationally constrained choice)"이라고 부른 개념에서 유래했다.[7] 쿠반은 교사와 지도자가 이용할 수 있는 선택은 1) 학교와 교실의 구조, 2) 구조의 안정성에 대응하여 발생하는 교직문화의 두 가지 측면에서 제약을 받는다고 주장한다. 그의 견해에 의하면 이런 것은 학교에 실제적으로 개방되어 있는 혁신의 범위를 제약하는데 일조한다. 어렵게 얻은 체제 요소 간의 내적 균형은 수많은 학교에 안정적이고 충분히 검증된 교수-학습환경을 제공한다. 시간이 지나면서 교사, 학부모, 학생, 학교 지도자들은 이런 인식을 공유(방어)하게 된다. 혁신은 연간 교수계획이나 교실에서 교사와 학생 간의 암묵적인 합의를 지배하는 교육과정을 위협하기 때문에 그것을 실천하기 위해서는 장기적이고 힘겨운 전투에 맞서야 한다. 이것은 복합적인 체제가 균형을 이루고 있을 때 체제의 부분적인 변화는 항상 처음의 균형 상태를 회복하기 위하여 다른 부분을 뒤로 밀어내는 결과를 초래하기 때문이다.

제인 데이비드(Jane David)는 자급자족적이며 연동적인 학교체제를 직소의 퍼즐에 비유하여 설명했다.[8] 즉 기존 부분들은 상호 의존적이기 때문에 새로운 부분은 오직 이전에 실행했던 것이 만들어 놓은 윤곽과 빈자리에 꼭 들어맞아야 한다는 것이다. 예를 들어 새로운 수학 교육과정을 실행하게 되면 그동안 일반화 되었던 수업, 평가, 학교 교육과정의 실행을 새롭게 추진하게 될 것이다. 교사는 훈련이나 새로운 교육과정에 맞게 자신의 수업을 변화시킬 의지가 부족할 수 있으며 이는 더 많은 수의 학생들이 실패하는 결과를 초래하게 됨으로서 옛 교육과정으로 돌아가라는 학부모들의 원성이 높아질 수 있는 것을 의미한다. 그러므로 기존의 수업체제는 새 교육과정을 예측 가능한 방식으로 채택한다. 교사들은 새 교육과정을 자신들의 일상적인 교수 방침이 외부인에 의해서 침범당한 것으로 간주하고 자신들의 교수방법에 맞게 새 교육과정을 끼워 넣으려고 한다. 심지어 교원능력개발이나 모니터링에 참가했을 때조차도 대부분의 교사들은 일단 자기 교실에 들어가면 그들이 좋아하는 방식으로 가르칠 수 있다는 것을 알고 있다. 이런 까닭으로 고도로 발달한 복잡한 수업체제는 제자리에 고정되기 때문에 변화를 매우 어렵게 만들 수 있다.

시스템을 움직이는 기술은 그것이 움직이려는 학교의 방침만큼 변화가 어려울 수 있다. 라디오나 TV 등 수업방침의 기본적인 구조 변경을 요구하는 기술은 교과서 중심 매체를 기반으로 하는 학교조직의 보호를 우선시 하는 노력을 간과한다. 데이비드 코헨(David Cohen)은 기술이 탄력적이라면 시스템에 알맞게 채택될 수 있을 것이라고 주장한다. 즉 기술이 비탄력적이라면 그것은 하찮게 여겨져 주변으로 밀려나게 된다는 것이다.[9] 그러므로 정보기술의 가소성(plasticity)은 뿌리 깊은 제도의 방침을 변화시키려는 그것의 능력에 불리하게 작용한다.

컴퓨터는 새로운 교수-학습방법의 문을 열었지만 실제로 그것은 종이와 교과서 문화를 보호하는데 유리한 타이핑이나 학교문서를 보관하는 캐비닛의 대체용으로 사용될 뿐이다. 학교는 학생들에게 신기술을 가르칠 뿐 아니라 컴퓨터를 적절한 장소에 억류해 두기 위해서 키보딩과 컴퓨터 입문과 같은 강좌를 일종의 전시용으로 개설한다. 이런 강좌는 "컴퓨터는 유용하게 사용될 수 있으나 한두 강좌만 수강하면 컴퓨터에 대해 알 필요가 있는 모든 것을 누구나 배울 수 있다"라고 학생들에게 말한다. 더욱이 전통적인 학교 프로그램에서 좋은 성적을 얻기 위해서 노력하는 학생들은 컴퓨터 보조수업(CAI) 시스템으로 숙제를 해결하는 또래 학생들로부터 소외당할 수 있다. 이런 점에서 컴퓨터는 기존의 수업체제는 학생들의 개인적 요구에 적응하지 못할 것이라는 사실을 보증하는 데 신기술이 가장 효과적으로 이용될 수 있다는 메시지를 강화한다.

교육개혁이 실패하는 원인

학교는 모든 아동들을 성공적으로 가르쳐 온 것이 아니다. 개혁가들은 학교가 더욱 수용적이고 더욱 반응적이고, 더욱 도전적이고, 더욱 책임을 다하도록 독려해 왔다. 오랜 교육개혁 운동의 전통은 학교가 경제와 사회발전에 중요한 승강기가 되는 역할을 강조해 왔다. 미국의 학교교육과 개혁의 전통은 매우 긴밀한 관계를 갖고 발전해 왔기 때문에 학교교육의 역사는 곧 학교개혁의 역사로 볼 수 있다. 그러나 초기에는 학교의 기본 조직이 개혁의 노력에 부응하여 발전해 온 반면 최근에는 많은 개혁가들이 변화에 대한 학교의 완강한 거부에 실망해 왔다.

데이비드 코헨(David Cohen)은 이처럼 학교교육의 변화가 어려운 원인은 교수-학습의 방침에 내재된 특성 때문이라고 주장한다. 그는 가르침을 간호와 심리치료 등 "인간개선의 방침"을 지향하는 직업으로 분류했다. 이런 활동은 모두 확립된 직업의 방침에 따라서 고객이 자신의 웰빙을 개선하도록 설득하려고 한다. 가르침은 "아득한 옛날부터 인간을 괴롭혀 온 문제는 체계화된 지식과 기술 앞에 굴복할 것이라는 ……. 우리의 신념에 살아있는 증거"이다.[10] 최적의 환경에서조차 자기 개선은 어려운 일이다.

불행하게도 교직에는 비슷한 인간개선의 방침에서 주어지는 조직적인 지원이 부족한 편이다. 학교교사는 고객의 선택권이 거의 없으며 고객도 교사의 선택권이 거의 없어서 종종 고객은 교사가 반드시 제공해야 하는 것을 기꺼이 배우려고 하지 않는다. 결국 교사는 교수-학습의 조직화라는 작은 승리를 통해서 어렵사리 얻은 이익을 포기하지 않고 싶어 한다. 그런 이익은 리 설만(Lee Shulman)이 종종 "내용교수법(pedagogical content knowledge)"이라고 부른 것으로서 베테랑 교사의 소중한 실천적인 지혜를 구성한다.[11] 따라서 코헨(Cohen)은 가르치는 일은 불가피하게 보수적인 방침이 될 수밖에 없다고 결론지었다. 보수적 방침이 체계적인 변화로부터 수업을 보호하려는 제도에 뿌리를 내리게 되면 그것은 보수적 제도에 의해서 더욱 강화된다. 이미 교사들이 전통적인 학교제도에 맞춰 수년간 헌신했다면, 실제로 교사들이 새롭게 바뀐 프로그램을 실행하기는 쉽지 않을 것이다.

학교교육의 조직구조는 전통적인 교수-학습의 방침에 영향을 주지 않으면서 혁신적인 기술에 대응하는 3가지 전략을 개발했다. 즉 비난하기, 흡수하기, 무시하기 등.

첫째, 기술을 비난한다. 예를 들어 1950년대에 교육용 TV의 초기 개발자들은 혁신적인 프로그램을 추진하여 기존의 K-12 학교에 보급했다. 그러나 미국 교사연합은 신기술이 교사의 전문성을 신장시키는 기존의 정책적 투자에 위협이 되는 것으로 판단하여 "우리는 전문가의 수업기술을 대체하는 TV의 대량교육을 영원히 반대한다."는 성명을 발표했다.[12] 미디어 비평가들은 신기술이 학습과 오락 사이에서 학생들의 정신과 경쟁을 벌린다는 점에서 그것에 대한 비난은 상당한 이유가 있다고 주장했다. 많은 학교에서는 신기술의 가능성보다 주로 위험에 더 큰 반응을 보였다. 이런 방해 정신의 상속자들은 신기술이 기존의 수업 방침에 위험을 제기하는 것으로 단순하게 인식하여 이를 미봉책으로 금지시키고 있는 많은 학교에서 흔히 발견할 수 있다.

둘째, 기술의 흡수는 기존 교육과정의 성과와 수업조직을 지원하여 수업 프로그램에 쉽게 통합될 수 있다. 매스 블래스터(Math Blaster)와 같은 그런 연습과 반복 프로그램은 기존의 수학 교육과정을 지원하기 위해서 사용할 수 있다. 마찬가지로 플라토(plato; www.plato.com)와 같이 통합학습시스템으로 구성된 수업은 난이도를 점점 높여가면서 상호작용적인 학습기회를 수반하는 교육과정을 통해 수학, 과학, 사회과목의 학습목표를 보강한다. 플라토(plato)를 채택한 학교 시스템은 성취도 검사에 통과하기 위해서 전통적인 수업자료를 가지고 노력하는 학생들에게 보충적인 도움을 제공한다.

셋째, 기술을 무시한다. 기술에 관심을 갖는 교사들은 그들과 비슷한 생각을 하는 프로그램 주창자와 학생들의 협력이 가능한 일반학교의 맥락에서 혁신적인 소규모 전문 프로그램을 연구하여 실행한다.[13] 고등학교(뿐만 아니라 대학과 전문대학)는 기존 시스템의 범위를 확장시킨 새로운 소규모 전문 프로그램을 추가로 도입함으로써 모두 성장할 수 있었다. 컴퓨터 과목을 추가하거나 예술과목을 폐지하는 것처럼 분리 가능한 시스템의 요소를 추가·제거하는 것은 상대적으로 쉬운 일이다. 그러나 개혁가들이 교사가 학생들에게 전문지식을 전달하고 학생들이 자신의 과목을 학습했는지 여부를 알아보기 위해서 시험을 실시하는 바로 교육의 그 기본 구조를 변화시키는 것은 불가능했다. 아동 중심 교육을 더욱 강화시킨 개혁은 주로 매우 탄력적인 초등교육의 영역에서만 유일하게 작은 변화를 일으켰을 뿐이다.

K-12 교육의 표준화 교육과정과 평가에 대한 현대적 요구는 새로운 수업지침의 채택을 전혀 그럴 것 같지 않은 정보기술에 기반을 두도록 만들었다. 대부분의 주 정부에서 학습 기준은 기본 능력과 학문적 콘텐츠의 종합적인 적용범위를 개발하는 데 매우 중요하다. 많은 학교에서 책무성의 압력이 거세게 일어나자, 대부분의 방침은 국가가 요구하는 내용을 가르치고 기능적인 것을 연습하는 데 집중했다. 전통적인 학습내용과 기술에 대한 고부담 평가(high-stakes measures)를 강조함으로서 교수 방침의 혁신은 널리 장려될 수 없었다.

현재의 기술에 대한 보수적인 의존은 컴퓨터와 정보 네트워크가 제공하는 학습기술의 이점을 바탕으로 교육을 재건하려는 노력에 역행하는 것이다. 마이클 러셀(Michael Russell)과 워터 헨리(Water Heney)는 컴퓨터를 이용한 학생들의 글쓰기는 컴퓨터로 평가했을 때는 점수가 높았으나 지필로 평가했을 때는 점수가 낮은 사실을 밝혀냈다.[14] 이는 컴퓨터에 글을 쓰는 것과 종이에 글을 쓰는 것은 그 과정이 전혀 다르기 때문이다. 정보기술의 가소성은 다양한 학습 요구를 충족시키기 위해서 적용할 수 있으나 바로 이 가소성은 기술 옹론자들이 주장하는 학습자 중심의 학교 운동에 반하는 도구를 만들어 낼 수 있다.

학교에서 사용하는 기술의 장벽

조직으로서 학교는 기술적인 도구를 개발하여 현재의 수업목적에 기여하는 반면 학교의 기술사용을 방해하는 많은 장벽들이 있다.

비용과 액세스

최근에 컴퓨터와 네트워크를 연결하는 장비의 비용이 크게 낮아졌으나 이런 기술이 학교교육의 주류를 차지하게 되는 과정에서 비용은 여전히 높은 장벽이다. 캐트린 노리스(Cathleen Norris)와 엘리엇 솔로웨이(Elliot Soloway)는 학교 수업에 기술을 제대로 투입하려면 학생 1인당 컴퓨터 비율이 1:1이 되어야 한다고 주장한다.[15] 그동안 컴퓨팅 인프라를 구축하는 데 상당한 비용을 투자했음에도 불구하고 현재 미국의 전국적인 비율은 학생 5명당 약 컴퓨터 1대꼴이며 도시 지역에는 학생 9명당 컴퓨터 1대 꼴이다. 이는 컴퓨터를 널리 사용하기 위해서는 여전히 가정용 컴퓨터에 의존해야 하는 것을 의미한다. 컴퓨터의 액세스는 가정에 따라 상당한 차이를 나타낸다. 2005년의 조사에 의하면 개인용 컴퓨터를 보유하고 있는 미국인은 89%이며 그 중 소득 수준이 25,000달러 미만인 가정의 컴퓨터 보유율은 68%에 이른다.[16] 그러나 컴퓨터와 그 밖의 디지털 기기의 액세스가 증가하면서 미국의 흑인과 백인 간의 차이가 좁혀지고 있다. 2008년에 미국 흑인과 백인 간의 인터넷 접속을 비교 · 조사한 연구에 따르면 백인계 미국인의 71%에 비해 아프리카계 미국인의 68%가 온라인을 이용하며 아프리카계 미국인의 십대 중 90%가 온라인을 이용하는 것으로 나타났다.[17]

컴퓨터 중심의 작업장처럼 컴퓨터 중심의 학교가 되게 하려면 학생들은 학교수업과 숙제를 포함한 대부분의 학습을 네트워크와 연결된 컴퓨터 환경에서 수행해야 한다. 그러나 이것을 실행하기 위해서는 모든 학생들에게 컴퓨터를 제공해야 하기 때문에 천문학적인 비용이 들어가게 된다. 이는 학생들은 어디를 가든지 노트북을 휴대해야 하며 또한 모든 교실이나 가정에서 컴퓨터를 이용하여 과제를 수행할 정도로 컴퓨터를 충분히 보유할 것을 요구한다. 그렇지 않고서 컴퓨터를 실습실에 설치해 두거나 아마 각 교실에 몇 대씩만 놓게 된다면, 학생들은 문서를 타이핑 하거나 컴퓨터 프로그래밍의 학습 등 급한 것에만 컴퓨터를 사용할 뿐 대부분의 작업은 오프라인에서 수행할 것이다.

고가의 기기와 함께 그것의 유지 및 소프트웨어의 구입에도 큰 비용이 들어간다. 컴퓨터의 기본적인 고장문제를 해결하고 기기가 멈추면 네트워크에 연결해주기 위해서는 학교에 기술진을 상주시켜야 한다. 또한 교사와 학생들의 기기와 관련된 새로운 소프트웨어의 로딩을 지원하고 새로운 소프트웨어의 사용 시 발생하는 문제해결을 위한 기술 지원팀을 배치해야 한다. 종종 첨단 정보기술에 대해서는 학교에서 일하는 기술자나 교사들보다 오히려 학생들이 더 많이 알고 있을 수 있다. 이런 지식의 차이는 기술 지원팀은 학생들에게 액세스를 제공할 뿐 아니라 학생들로부터 기술을 보호하는 두 가지 업무를 지속적으로 훈련할 것을 시사한다.

최근 수년 간 컴퓨터의 보안 유지비가 급증했다. 비교적 허술한 예방조치가 취해졌던 보안문제는 학교 안팎에서 일어나는 해커활동의 대상에 대해 많은 교육구가 관심을 갖게 했다. 또한 소프트웨어 사이트 사용권과 업로드 비용이 매우 높아질 가능성이 있다. 기업이 경쟁력을 유지하기 위해서 이런 시설에 투자를 하는 것은 당연하겠으나 학교가 소프트웨어의 업그레이드, 유지, 보안에 투자하는 비용의 증가를 당연하게 생각하기까지는 많은 어려움이 따를 것으로 보인다.

교실관리

교실에 컴퓨터를 설치하게 되면 수업을 진행하는 과정에서 문제가 발생할 수 있다. 데이비드 코헨(David Cohen)은 학교에는 일제식 수업이 보편화 되어 있기 때문에 교실에 컴퓨터를 도입하면 관리상 어려운 문제가 일어난다고 주장한다.[18] 교사는 학생들과 수업을 하는 동시에 몇 명의 학생들에게 컴퓨터 활용 수업을 허용할 수 있으나 그것은 훈육 문제를 일으키기 때문에 교사는 학생들을 집단으로 분류하여 학습을 달리 하는 것에 만족해야 한다. 컴퓨터를 다양하게 활용하는 개별화 학습은 많은 교실에서 공통적으로 진행하는 집단수업을 방해할 수 있다. 학생들이 컴퓨터로 공동작업을 하게 될 경우 그들은 다른 학생들을 방해하는 소음을 일으키게 된다. 종종 컴퓨터로 작업할 수 없는 학생들은 무시당하는 기분이 들 수 있다. 몇 대의 데스크 탑 컴퓨터만 들여 놓아도 전통적인 교실 공간을 거의 차지하기 때문에 교실 공간을 재설계 할 필요가 있다. 하지만 재설계에 필요한 자원은 이미 부족한 것으로 나타났다. 노트북은 공간문제를 해결해 줄 수 있지만 도난과 파손의 위험이 있어서 컴퓨터 사용을 방해한다. 컴퓨터를 실습실에 설치하면 관리가 더욱 쉬워질 수 있으나 교사와 교수(teaching)에 도움이 되지 않을 수 있다. 학생들을 실습실로 이동시키는 것은 수업자료를 잊고 오기 때문에 다른 교실과 시간 싸움을 하는 것을 의미한다.

공간 문제와 함께 컴퓨터 작업시간과 수업상의 문제도 있다. K-12 학교의 대부분 수업시간은 45~50분이다. 소프트웨어를 설치 · 시작하고 학생들을 준비시키는 시간 등 컴퓨터 작업을 시작하는 대가는 교사가 가르치는 시간을 줄이도록 압박한다. 학생들을 실습실로 이동시키게 되면 시간이 더 많이 걸릴 수 있다. 반복과 연습처럼 짧은 과제가 아니라면 배정된 시간 안에 과제를 완수하기는 매우 어려울 것이다.

학교가 이용하는 주요 인센티브는 교사가 교실을 잘 통제하여 조용한 학습 분위기를 유지하게 하는 것이다. 교사는 교실을 통제하는 정도에 따라서 평가되기 때문에 통제의 실패는 젊은 교사들이 지속적으로 교직을 떠나는 주된 원인 중 하나였다. 학생들이 컴퓨터 작업을 할 때, 특히 집단학습을 할 때 학생들이 아이디어를 공유하고 서로 협력하는 과정에서 많은 상호작용과 소음이 일어나는 경향이 있다. 그러므로 교사와 행정가들이 기대하는 정숙을 유지하기는 어렵다고 볼 수 있다. 이는 대부분의 교사들에게 컴퓨터 사용이 위험스런 것으로 보이게 만든다.

컴퓨터가 가르칠 수 없는 것

닐 포스만(Neil Postman)은 교육자들이 믿는 것을 콕 찍어서 컴퓨터의 한계에 대한 설득력 있는 주장을 내놓았다. 이런 견해는 컴퓨터가 학교를 지배할 수 없는 높은 장벽의 존재를 보여준다. 포스만(Postman)은 우리 모두가 자라면서 반드시 배워야 할 수많은 덕목으로서 로버트 풀그험(Robert Fulghun)의 내가 실제로 알 필요가 있는 모든 것을 나는 유치원에서 배웠다(All I Really Need to Know I Learned in Kindergarten)를 인용했다. 즉 "공동 물건 사용하기, 공정한 경기하기, 때리지 않기, 제자리에 물건 갖다놓기, 자기가 어질러 놓은 것은 자기가 치우기, 음식을 먹기 전에 손을 씻고 사용한 물 내리기 등."[19] 그는 경청하기, 자신을 분명하고 강하게 표현하기, 권위 있는 성인에게 복종하기 등 여러 가지 다른 것들을 추가했다. 이런 것은 모두 아이들이 결코 컴퓨터를 통해서 배울 수 없는 것들이다. 우리가 지적한 것처럼 이런 것들은 수 년 간을 보내야 학습이 가능한 능력이기 때문에 우리는 그것의 대부분을 학교에서 배웠다.

교사는 결코 컴퓨터가 가르칠 수 없는 많은 것들을 가르친다. 뛰어난 교사는 학생들에게 영감을 심어주어 자신을 믿고 자신의 목적을 성취하기 위해서 열심히 노력하게 한다. 그들은 학부모와 아이들이 결코 보지 못한 가능성을 찾아서 개발한다. 그들은 학습자의 이전의 신념에 도전하여 그들이 믿고 행동하는 대안적인 방법을 생각하도록 장려한다. 교육자들의 견해에 따르면 컴퓨터는 콘텐츠의 단순한 인출기에 불과하며 콘텐츠는 아동들이 성장하면서 학습해야 할 가장 중요한 것은 아니다. 이런 이유로 대부분의 교장과 교사들은 컴퓨터는 결코 교실을 지배할 수 없다고 믿는다.

수업상의 난점

교실에서 다양한 컴퓨터 응용프로그램을 구동하는 혁신적인 수업은 교사의 직무를 더욱 어렵게 만든다. 교실에서 컴퓨터를 사용하는 것은 또 하나의 야심찬 교육과정에서처럼 교사에게 자료를 수집하기 위해서 연장 근무를 강요함으로서 현재 학생들이 실행하고 있는 것을 추적·관리하는 전통적인 전략을 포기할 것을 요구한다. 또한 도발적인 교육과정은 교사의 전문성에 부담을 주고 때로는 교사로 하여금 그들이 실행하기를 꺼려하는 검증되지 않은 개념을 학생들과 함께 시험할 것을 요구한다.

예를 들어 데이비드 코헨(David Cohen)은 1950년대와 60년대에 미국의 교육자들과 과학자들이 주도하여 개발한 새로운 과학 교육과정의 운명에 대해 설명했다.[20] 새로운 교육과정의 목표는 이해, 사고, 실험을 강조했다. 그러나 그것은 학교의 표준 과학 교육과정에서 벗어났기 때문에 어려움을 겪었다. 많은 교사들은 새로운 학습내용을 잘 이해하지 못했기 때문에 학생들에게 필요한 단계에서 수행할 것만 지시하면서 암기해서 가르쳤다. 새로운 교육과정으로 학생들을 가르치는 것은 교사가 학습내용을 모두 관리할 뿐 아니라 학습내용을 가르칠 때 발생할 수 있는 문제와 쟁점에 대한 해결방법을 알아야 하기 때문에 훨씬 더 어려웠다. 대학 위원회는 학생들이 이런 교육과정으로 학습한 결과를 평가하기 위하여 새로운 검사 도구를 개발해야 했으며 약 10년 후에 그들은 그것을 포기했다. 이런 문제는 비협조적이며 설명하기 힘든 기술을 가르칠 때 더욱 심했다. 교사가 이미 경험한 시간과 지식의 요구를 검토해보면 대부분의 교사들이 컴퓨터로 인해서 추가적인 문제가 발생하지 않기를 바라는 것은 결코 놀랄 일이 아니다.

권위와 교수

컴퓨터는 교실에서 교사에게 주어지는 권위, 특히 정당한 지식의 구성권에 관한 권위를 약화시킨다. 컴퓨터는 인터넷에 연결되자마자 수많은 소스에서 쏟아져 나오는 다양하고 광범위한 정보에 교실 문을 열게 만든다. 전통적인 학교교사라면 교실 안에서 공식적인 정보의 흐름을 통제할 수 있다. 컴퓨터는 이해하려는 정보보다 더 많은 것에 액세스할 수 있기 때문에 교사가 자신의 수업에 컴퓨터를 통합하게 되면 권위를 잃을 위험이 따른다. 교사는 한편으로는 자신의 지식과 지혜, 다른 한편으로는 학생들에게 자극을 제공하여 수업에 참여시킬 수 있는 능력에 근거하여 학생들로부터 존경을 받는다. 학생들이 교사보다 컴퓨터 학습환경에서 더 많은 지식을 얻게 되는 정도에 따라서 그것은 교사가 자신의 전문지식을 학생들과 공유함으로서 얻었던 존경과 권위를 훼손하게 될 것이다.

더구나 학생들이 컴퓨터를 활용하는 정도에 따라서 교사는 더 이상 학생들의 관심의 대상이 되지 못한다. 데이비드 드와이어(David Dwyer)와 그의 동료들은 컴퓨터가 완비된 교실에서 학생들에게 컴퓨터 작업을 하게 했을 때, 많은 교사들이 느꼈던 어려운 문제들을 보고했다.[21] 교사들은 학생들을 제대로 가르치지 않았다는 죄의식을 느끼고 학생들과의 상호작용과 정보공유를 불안하게 생각하는 것으로 나타났다. 교사들은 자신의 전문지식을 공유하기를 좋아한다. 교사들이 컴퓨터를 더욱 폭넓게 사용하려고 한다면 그들은 부득이 교실의 중앙 무대를 포기해야 할 것이다. 대부분의 교사들은 자기가 실천하도록 훈련받은 것, 즉 자기 전문지식을 학생들에게 단순하게 전달하는 것으로 생각하지는 않는다. 이런 통제의 포기를 직무유기처럼 느끼게 만드는 것은 제도적 · 직업적인 압력 때문이다. 교사가 촉진자로 행동하면 여전히 학생들과 강한 유대관계를 형성하여 그들의 이해를 얻어 낼 수 있을 것이다. 그러나 교사가 교수자가 아닌 촉진자가 된다면 여전히 가르치고 있다고 볼 수 있겠는가?

일반적으로 교사는 학생들을 압도하는 권위를 상실했다고 보는 것이 최근의 정서이다. 제임스 로젠바움(James Rosenbaum)은 요즘 학생들에게 교사가 우는 것을 본적이 있었느냐는 질문을 던졌다. 30년 전에는 교사가 우는 것을 결코 본적이 없는 학생들이 대다수를 차지했음에도 불구하고 대부분의 학생들은 모두 그렇다고 응답했다. 그는 이런 결과는 부분적으로는 학생들이 직업을 구하거나 대학입시의 성공에 학교성적이 아무런 영향도 주지 못했기 때문이라고 그는 주장했다. 물론 명문대학에 들어가려는 최상위권 학생에게는 극심한 경쟁의 과정이 있으나 대부분의 주립대학과 전문대학은 고등학교 졸업장만 요구할 뿐 대부분의 고용주들도 고등학교 성적을 중요하게 생각하지 않는다. 그러므로 명문대학에 진학할 계획이 없는 학생들이라면 굳이 교사를 만족시켜서 얻을 수 있는 실익이 없을 것이다.[22] TV, 라디오, 영화 등이 제공하는 정보의 소스는 역시 교사가 학생들에게 하는 말에 의문을 제기하게 만들기 때문에 교사의 이미지를 떨어뜨리는 경향이 있다. 요약하면 미디어는 또래 상호작용과 함께 사회적 가치와 학교의 권위에 대한 대안적인 방안을 제공하여 교사의 권위를 대체하려는 또래문화를 강화시키는 데 일조한다. 교사는 학생들이 인생의 성공에서 학교공부가 중요한 이유를 정당화하기 위해서 이런 권위를 필요로 한다. 컴퓨터는 교사의 권위를 더욱 약화시키는 데 기여할 수 있을 뿐이다.

평가

표준화 검사는 컴퓨터가 학교 수업을 변화시킬 수 있는 방법을 제약한다. 전국에 걸친 고부담 책무성 검사의 강조는 학생들이 읽기와 수학을 얼마나 더 많이 준비하고 과학과 사회는 얼마나 덜 준비하게 하느냐에 중점을 두었다. 따라서 이런 시험에 필요한 읽기와 컴퓨터 기술을 실행하는 학생들에게 많은 정책적 노력을 쏟게 되었다. 연습과 반복의 소프트웨어는 이런 교육과정에 적합하지만 여기에는 깊이 있는 연구를 수행하거나 유의미한 프로젝트를 완성하는 등 컴퓨터를 모험적으로 사용할 여지는 거의 없다고 볼 수 있다. 미국 전역에서 실시되는 표준화 운동은 실제로 컴퓨터가 최고의 효과를 내게 할 수 있는 종류의 학습에 역행하는 것이다.

회의론자들은 일반적인 자원조직, 일상적인 업무, 예측 가능한 기대 등은 컴퓨터가 자랑하는 교수-학습의 실질적인 변화를 방해할 것이라고 주장한다. 전통적인 견해에 의하면 학습은 주로 중요한 개념과 사실을 암기하는 것과 자동화될 때까지 순서대로 실행하는 것으로 구성된다. 우리가 위에서 인용한 강의법과 암기법, 그리고 사실, 개념, 절차 획득 등을 알아보기 위한 시험과 같은 것은 교육의 본질에 관한 이런 기본적인 사회적 신념을 명확하게 표현한 것이다. 극히 소수의 교육자들만이 교육은 학생들로 하여금 컴퓨터 도구를 사용하여 자기 이해를 구성하도록 준비시켜야 한다고 믿을 뿐이다.

회의론자들은 기술의 변혁적인 효과는 학교가 실행해 왔던 방식에 따라서 학교에 흡수될 것이라고 주장한다. 데이비드 코헨(David Cohen)은 현재 기업조직을 지원하는 컴퓨터 프로그램은 학교에서도 시작될 것이라고 주장한다.[23] 실제로 폭발적으로 증가하는 민간시장의 평가 시스템과 데이터 창고는 표준화 수업에 대한 현재의 보수적인 접근을 강화하는데 도움을 준다. 그러므로 연습과 반복 프로그램은 컴퓨터를 더욱 모험적으로 사용하기 위한 것이 아니라 학교가 일반적으로 채택하는 프로그램일 뿐이다. 그것은 학생들이 통과해야 하는 각종 시험에서 요구하게 될 기술을 교사가 학생들에게 연습시키는 컴퓨터 실습실과 마찬가지로 학교의 주변부에 남아있을 뿐이다.

통합: 학교와 기술 간의 양립 불가능성

이 절에서 우리는 옹호론자들의 희망과 회의론자들의 경계를 비교할 것이다. 옹호론자들은 디지털 미디어의 변혁적인 힘을 강조하는 반면, 회의론자들은 컴퓨터는 학교에 미미한 영향을 미쳐왔기 때문에 학교에서 곧 널리 적용될 것 같지 않다고 주장한다. 우리의 입장에서 보면 이는 학교방침과 신기술의 중요성 간에 양립 불가능성이 깊이 존재하기 때문이다. 다음에서 우리는 학교교육과 신기술이 서로 반목하는 것처럼 보이는 측면을 비교할 것이다. 이런 양립 불가능성으로 인해서 기술은 예견할 수 있는 미래의 학교에 영향을 미치지 않을 것으로 생각된다.

일제식 학습 대 맞춤식 학습

일제식 학습의 대량생산 개념은 학교교육의 구조 속에 깊이 뿌리내리고 있다. 이 신념은 모든 사람들은 동일한 것을 배워야 한다고 규정한다. 특수교육과 같은 혁신방침에도 불구하고 일반학교의 교과목은 여전히 모든 학생들은 동일한 교과서를 배우고 동일한 시험에 통과하도록 구조화 되어 있다. 이런 개념은 개인의 학습과정을 넘어 대학원까지 이어지는 일련의 필수과정의 개념으로 확장되었다. 학교의 개념 속에는 모든 사람들이 공통 필수과정을 마쳐야 한다는 생각이 매우 깊이 배어있다.

그러나 기술이 교육에 제공하는 가장 큰 이점은 맞춤식 학습이다. 컴퓨터는 학습자의 특별한 관심과 어려움에 대처할 수 있는 장점을 가지고 있다. 사람들이 중국사나 주식시장에 대해 알고 싶으면 그들은 웹을 통해서 많고 많은 정보를 얻을 수 있다. 사람들은 종종 자신의 교육을 도와줄 개인교수 프로그램을 구하는 것도 가능하다. 사회전반에 컴퓨터가 확산되고 웹이 도구와 정보로 더욱 풍성하게 되면 교육은 기초능력과 필수과정이라는 고정된 방식을 넘어서게 될 것이다. 이렇게 하기 위해서는 일제식 학습을 일상적인 실천구조로 단단하게 조직화한 학교로부터 반드시 벗어나도록 해야 할 것이다.

전문가로서 교사 대
다양한 지식의 원천으로서 교사

학교교육은 교사는 전문가이며 그의 임무는 학생들에게 자신의 전문지식을 전달한다는 가정을 기반으로 한다. 전통적인 학교에서 교실수업의 정통성은 정당한 지식의 원천인 교사의 전문성에 의존한다. 수년 동안 교사교육은 교사들에게 학술적인 지식과 이런 지식을 교실에서 가르치는 방법을 제공하는 데 역점을 두었다. 교과서는 교사의 전문지식에 기반한 이런 종류의 지식을 지원하기 위해서 만들어졌다. 이는 교과서가 학생들이 학습할 것으로 기대되고 교사가 가르칠 책임이 있는 지식의 범위를 정하는 데 도움을 주기 때문이다. 이런 교사의 전문지식에 대한 개념은 학교교육의 운영에서 매우 중요하다.

대조적으로 디지털 미디어는 수많은 다양한 전문지식의 원천에 쉽게 액세스할 수 있게 한다. 비디오는 다양한 세계관을 보여주는 수많은 영화와 프로그램을 제공한다. TV와 영화가 도입되기 이전에 부모와 교사들은 자신의 세계관에 입각한 광범위한 지식을 기반으로 아동들을 지배할 수 있었다. 그러나 닐 포스만(Neil Postman)이 증명한 것처럼 그런 권위는 아동들의 TV 학습으로 인해 사라져 버렸다.[24] 컴퓨터와 네트워크는 사태를 더욱 악화시키고 있다. 머지않아 아동들은 자신의 침실에서 원하는 모든 비디오, 음악, 인쇄자료들을 내려받을 수 있을 것이다. 최근에 발표된 보고서에서 카이저 재단(Kaiser Foundation)은 십대들이 자기 부모는 물론 교사들과 전혀 다른 미디어 공간에 살게 되면서 이런 추세가 얼마나 멀리까지 나아갔는지를 증명해 보였다.[25]

고부담 평가의 표준화 대 전문화

학생들의 평가에 사용되는 평가기술은 객관적인 점수를 산출하기 위해서 선다형이나 단답식 문항을 사용한다. 그러나 이런 형태의 평가방법은 모든 학생들이 동일한 내용을 학습할 것을 요구한다. 미국의 표준화 운동은 객관식 방법을 선호하는 고부담 평가를 확대하고 있다. 표준화 검사는 모든 아동들에게 적어도 보편적인 교육을 보장하려는 교육개혁의 노력이 중요한 동기로 작용했다. 하지만 표준화된 수업방식은 수용 가능한 방침의 범위를 명백하게 제한했다. 학생들이 독특한 방향을 선택하여 주제를 깊이 탐구할 수 있도록 허용하는 교사의 재량권은 점점 위축되었는데, 이는 순전히 학생들이 표준화 검사에 대비하는 데 도움이 되지 않는다는 이유 때문이었다. 또한 우리의 평가 시스템은 학생들이 자기 학습을 통해서 성취할 수 있는 어떤 종류의 전문화도 허용하지 않는 방향으로 나아가고 있다.

학생들이 자기 방향으로 나가도록 독려하는 기술의 정도에 따라서 학교에 일반화된 표준화 검사와 갈등관계는 달라진다. 그러므로 학교는 학생들이 표준화 검사에서 좋은 성적을 올리는 데 유리한 것에 한하여 컴퓨터나 네트워크를 사용하도록 엄격하게 제한하는 데 관심을 집중한다. 하지만 그것은 컴퓨터의 모험적인 사용을 최악의 것으로 만들기 때문에 결국 옹호론자들이 주창하는 컴퓨터의 능력을 제대로 사용하지 못하게 된다.

자기 지식 대
외부 자원의 동원

어떤 것을 진정으로 학습하기 위해서는 전혀 외부 자원에 의존하지 않고 오직 자기 능력만으로 해결하는 것이 중요하다는 오랜 믿음이 교사와 학부모 사이에 존재한다. 그러므로 시험을 치를 때는 항상 학생들은 컴퓨터나 웹은 물론이고 책이나 계산기를 사용할 수 없게 금지시킨다. 시험은 집단이 아닌 학생 개인별로 치르게 한다. 실제로 학교가 항상 학생들의 협력학습이나 아이디어의 공유를 억제해 온 것이 사실이다. 이는 외부자원을 사용하고 공유하는 것은 부정행위라는 인식이 학교문화 속에 깊이 뿌리박혀 있기 때문이다. 이런 사실은 캘리포니아 버클리 대학에서 소수 인종의 학생문제를 담당했던 유라이 트레이스맨(Uri Treisman)과 로버트 풀리러브(Robert Fullilove)가 아시아계 미국인 학생들의 학업성취를 연구하는 과정에서 밝혀졌다.[26] 그들은 다수의 아시아계 미국인 학생들의 높은 학업성취는 대부분 강의를 듣거나 시험을 준비하는 과정에서 상호 도움을 주고받는 협력학습의 결과에서 비롯한 것임을 알아냈다. 그들은 이것을 계기로 자신들의 강좌에서 어려움을 겪는 학생들을 중심으로 스터디 그룹을 만들어 지도했고 이는 결과적으로 그들이 버클리 대학에서 실행한 방법에서 실질적인 성공을 거둘 수 있었다.

이것은 반대로 학교 밖의 생활에서도 적용될 수 있다. 그곳에서는 사람들이 외부 자원을 사용하도록 기술이 적극 지원한다. 종종 당신은 작업장의 자원을 얼마나 효과적으로 동원하여 과제를 완수할 수 있는지에 따라서 능력을 평가받는다. 정보를 얻고 도움을 받기 위해서 어디로 가야 할지를 아는 것은 업무를 성공적으로 수행하는 데 매우 중요한 능력이다. 웹은 자원과 자원을 얻을 수 있는 액세스를 매우 용이하게 해준다. 많은 사람들은 의료문제와 같이 자신이 당면한 문제를 현명하게 판단하기 위해서 관련 정보를 검색한다. 당신이 찾고 있는 정보와 도움을 받을 수 있는 방법을 당신이 알고 있는 한, 기술은 당신이 직접 나서서 무엇을 알려고 하는 욕구를 완화시킬 수 있다. 그러므로 기술과 학교문화는 아는 것과 행하는 것이 무엇을 의미하는지를 놓고 대립한다.

학습 범위 대
지식의 폭발

학교는 사람들이 평생에 걸쳐 필요로 하게 될 중요한 지식을 모두 가르치려는 목적을 추구한다. 지식이 기하급수적으로 증가할수록 교과서도 더욱더 두터워진다. 중요한 내용을 모두 가르치기는 점점 더 어려워지기 때문에 교육과정은 "범위는 넓고 깊이가 없는 피상적인 것"이 된다. 다양한 분야의 전문가들은 각 교육과정에 들어갈 내용을 결정하기 때문에 그들은 자기들 신념에 비추어 중요한 주제를 교육과정에 더 많이 포함시키기 위해서 서로 경쟁하는 상태에 있게 된다. 자신들의 사상을 수용하게 할 수 있는 가장 쉬운 방법은 학생들이 학습해야 할 것으로 기대되는 내용 중 핵심적인 것을 더욱더 많이 추가하는 것이다.

지식의 폭발을 고려하면 사람들은 자신의 남은 인생동안 알 필요가 있는 모든 것을 오직 학교를 통해서만 배울 수는 없을 것이다. 성공한 사람들은 현재의 자기 지식에 보충할 필요가 있는 정보와 도움을 얻을 수 있는 방법을 학습해 왔다. 기술시대에 그들은 웹을 이용하여 유의미한 과제를 완성하는 정보와 도구를 찾을 수 있게 되었다. 그들은 정보와 도구를 찾을 수 있는 능력뿐 아니라 다양한 소스에서 나오는 정보를 통합하고, 그런 소스의 신뢰성을 평가하고, 그들에게 알맞은 효과적인 컴퓨터 도구를 사용하여 정보를 분석하여 그것을 다른 사람들에게 전달하는 방법을 알아야 할 필요가 있다. 하지만 이런 것들은 훗날 필요로 하는 중요한 내용을 모두 포함시키려는 학교 프로그램과 대립하는 학습 프로그램을 만들어 내게 된다. 교육과정은 이미 학생들이 학습해야 할 중요한 것으로 생각되는 내용들로 꽉 차 있기 때문에 학교는 두 가지 프로그램을 동시에 실시하는 것이 불가능할 수밖에 없다.

동화에 의한 학습 대 행함에 의한 학습

학생들은 수세기 동안 축적되어 온 수많은 사실, 개념, 절차, 이론, 신념, 예술과 과학 작품 등을 읽고, 듣고, 이해해야 한다는 생각이 학교교육의 문화 속에 깊이 뿌리박혀 있다. 교육받은 사람은 인간의 역사가 낳은 이런 위대한 지적 산물을 인식하고 이해하는 사람이다. 이런 학습관은 우리를 교양교육으로 안내했다. 그것은 문명화된 인간의 최고의 이상이기 때문에 교육의 목적으로서 매우 높은 지위를 누려왔다.

그와 대조적으로 기술이 장려하는 교육은 매우 실제적인 활동 중심의 교육이다. 컴퓨터는 고도로 상호작용적이며 유의미한 과제를 완성할 수 있는 광범위하고 종합적인 컴퓨터 도구를 학습자에게 제공한다. 그러므로 그것은 학교교육에 스며있는 "문화지식의 동화(assimilation of cultural knowledge)"를 주장하는 교육관보다도 "행함에 의한 학습(learning by doing)"을 주장하는 교육관에 더욱더 일치하는 것으로 볼 수 있다. 두 교육관은 축적된 문화적 지혜의 많은 부분을 상호작용적인 학습환경에 저장하는 것은 분명히 가능한 일이기 때문에 그것은 전적으로 양립이 불가능하다고 할 수 없다. 그러나 이는 자연스럽게 들어맞는 것은 아니다. 그러므로 기술은 인공물을 설계하여 건설하고 복합적인 문제와 상황을 분석하는 등

교육을 다른 방향으로 나아가게 한다. 이것은 학교교육의 문화를 널리 전파하려는 교육관과는 크게 다른 것이다.

회의론자의 학교교육 비전

회의론자들은 학교는 신기술에 직면하여 변화하지 않을 것이라고 주장한다. 학교 시스템은 현재의 균형을 깨지 않고서는 핵심 방침의 변화를 불가능하게 만들어 놓았기 때문에 제자리에 정체되게 되었다. 따라서 회의론자들은 신기술이 도서관이나 미디어 센터, 컴퓨터 실습실과 컴퓨터 강좌 등에는 채택될 수 있으나 학교교육의 심장부에 침투하기는 어려울 것으로 보고 있다.

어떤 경우에도 이들의 학교교육관은 기술을 중심부에 놓지 않는다. 그들은 학교교육의 중요한 목적은 학생들이 위대한 인류 문화와 사상을 이해하도록 영감을 주어 문제를 깊이 탐구하고, 다양한 관점을 고려하고, 설득력과 일관성 있는 방식으로 자기 의견을 주장하는 것이라고 생각한다. 그들은 이런 목적을 달성하는 데 기술이 중요한 것으로 보지 않는다. 실제로 기술을 학생들의 집중력을 방해하는 것으로 보는 사람들이 많다.

학교교육은 그 자체가 보수적이다. 교육자들은 모든 사람들이 기초 능력과 심오한 학술 지식을 획득해야 한다는 사상을 중요하게 생각한다. 그러므로 그들은 학교는 최근에 일시적으로 유행하는 기술혁신이 아닌 사회가 오랜 역사적 과정에서 축적해온 중요한 지식을 가르치는 데 역점을 두기를 원한다. 교사들은 인간개선의 실천이라는 어려운 상황에서 일하기 때문에 학생들의 학습을 유도하는 과정에서 힘들게 얻은 전략을 중요하게 생각한다. 또한 많은 교사들은 자신들이 알고 있는 것을 보호하려 하기 때문에 실천을 변화시킬 것을 전제로 하는 것에는 의문을 갖게 된다. 더욱이 학교에서 컴퓨터를 사용할 경우 그것으로 인해 발생하는 교실관리, 교사의 권위에 대한 문제 등 숱한 장벽이 있다.

학교교육과 기술이 갖는 목적의 차이를 생각해 볼 수 있는 한 가지 방법은 "기술이 적기학습을 촉진하는 반면 학교교육은 만약의 경우에 대비한 학습을 촉진한다." 라는 슬로건에서 포착할 수 있다. 학교는 남은 생애 동안 우리가 알 필요가 있는 모든 것을 가르치기 위해서 계획되었다. 그러나 최근에 우리 사회가 경험하는 지식의 폭발을 생각해보면 아마 이것은 헛수고에 불과할 것이다.

한편 신기술은 전혀 다른 방식으로 학습에 접근한다. 당신에게 배움이 필요할 때 당신에게 필요한 것을 배워라. 우리 사회가 교육받은 사람이 되는 것이 무엇인지에 대한 개념을 변화시키기 위해서 무엇이 필요하겠는가? 다음 두 장에 걸쳐 우리는 교육이 도제 기반 체제에서 학교 기반 체제로 변화해 온 혁명과 현재 평생학습 체제로 변화하고 있는 혁명에 대해 살펴 볼 것이다.

C·H·A·P·T·E·R

04

미국 학교교육의 약사

도제교육에서 보편적인 교육으로

보편적인 미국 학교교육의 확립

학교제도의 발달

학교에 대한 요구의 변화

변화의 주기

CHAPTER 4

미국 학교교육의 약사

회의론자들이 주장하는 것처럼 학교제도가 신기술을 수용하지 않은 이유는 여러 가지가 있다. 그러나 옹호론자들의 주장처럼 기술은 생활의 모든 분야에서 중심을 차지하고 있다. 우리는 이런 현상이 학교가 교육장소로서 점점 더 덜 중요하게 여겨지게 될 것이라고 생각한다. 학교와 학습의 역사적 동일시 현상은 학습장소의 정통성이 처음에는 성인 학습자에게서, 다음에는 K-12 학교의 아동에게로 새롭게 바뀌어 가면서 약화되기 시작할 것이다. 이런 교육의 변혁은 역사상 유일무이한 것은 아니다.

19세기 중반에 교육 시스템이 도제교육에서 보편적인 학교교육 시스템으로 바뀌는 대변혁이 있었다. 마치 이는 현재 우리가 경험하는 것과 매우 흡사한 변혁이었다. 이 장에서 우리는 현재 가속화되고 있는 변혁의 선구자로서 이런 변혁을 조사할 것이다. 우리는 산업혁명이 보편적인 학교교육을 이끌어 냈던 것처럼 지식혁명은 평생학습의 새로운 시대를 이끌어 낼 것으로 믿는다.

산업혁명은 사람들을 가내 수공업에서 공장으로 이끌어냈다. 산업혁명이 일어나기 전의 대다수 사람들은 농부였다(약 90%). 미국의 산업혁명은 수많은 이민자들을 불러들임으로서 급격한 도시의 성장을 가져왔다. 호러스 만(Horace Mann)은 새로운 이민자들에게 공통 언어를 가르치고 미국 민주주의를 이해하여 사회적 연대를 강화하기 위해서 교육이 필요하다고 주장했다. 그는 모든 사람들에게 성공의 수단을 제공하는 것이 교육이라고 믿었다.

도제교육에서 보편적인 교육으로

형식적 학교제도는 오랫동안 문명사회의 상징으로서 인정되어 왔다. 그러나 그리스의 김나지움, 중세시대의 대학, 영국의 문법학교 등 최초로 조직화를 시도한 교육은 비교적 짧은 기간 동안 극소수의 엘리트 학생들로 제한되었다. 작물재배나 상품생산의 방법처럼 교육이 실제적인 기술을 요구하게 되자 도제제도가 교육의 풍경을 지배하게 되었다.

19세기까지 교육은 주로 부모의 책임 아래 실시되었다. 대부분의 사람들은 농부였고 아동들은 읽기와 계산, 땅을 갈고 씨앗을 뿌리는 것 등을 막론하고 그들에게 필요한 기술을 부모나 가까운 친척들에게서 배웠다. 이것이 도제교육이었으며 아동들은 각각 그곳에서 가까이 지내는 사람들로부터 알아야 할 필요가 있는 것을 모두 배웠다. 수공예가나 산파 등 독특한 직업에서 실시되었던 도제수업은 이런 직업이 요구하는 일을 배우는 형태로 이루어졌다. 종종 아이들은 부모가 아닐 경우, 가족의 친척이나 친구들에게 견습생으로 보내졌다. 그들은 관찰, 모방, 지도를 수반한 연습 등을 통해서 학습했다. 로렌스 크레민(Lawrence Cremin)이 주장한 것처럼 "일반적으로 가정교육의 교수방법은 도제교육의 교수방법으로서 지속적인 모방,

설명, 시행착오 등을 이용했다. 소수의 가정에서는 체계적인 개인지도와 공동예배의 형식으로 교육을 실시했다."[1]

19세기 초반 뉴잉글랜드에서 호러스 만(Horace Mann)은 학교교육의 보편화 운동을 주도하여 아동교육의 책임을 가정에서 주 정부로 옮겨 놓았다. 1830년대 이전에 미국에서는 많은 초등학교와 중등학교가 생겨나기 시작했지만 교육에 대한 대부분의 책임은 주로 가정에 있었다. 초기의 미국 시스템은 영국식 모델을 따랐다. 크레민(Cremin)은 영국 시스템을 다음과 같이 기술했다. "영국의 아동들은 대부분 학교에 전혀 가지 않았다. 간혹 학교에 가는 아이들은 완곡하게 표현하면 주로 작은 부인 학교(dame school)에 다녔으며 그들은 특별한 교사교육을 받지 않은 교사로부터 1~2년간 읽기와 쓰기를 공부했다. 아마 지방의 문법학교에는 모두 소년들로만 구성된 극히 적은 수의 학생들이 다녔을 것으로 추측된다. 그들이 거기서 6~7년간의 과정을 마쳤다면 보통 수준의 그리스어와 히브리어의 지식과 함께 라틴어에서 상당한 재능을 발휘할 수 있었을 것이다."[2] 이것이 주로 미국 식민지에서 복제된 영국식 교육제도이다.

이 장에서 제기하는 질문은 왜 도제교육에서 보편적인 학교교육으로 이동하는 변화가 일어났으며 그것은 시간이 지나면서 어떻게 발전해 왔느냐는 것이다. 우리의 논지는 미국의 학교제도는 연쇄적으로 발생한 사건의 결과로 탄생했다는 것이다. 1) 인쇄기의 발명, 2) 종교개혁, 3) 미국혁명, 4) 산업혁명. 이런 사건 중 가장 나중의 것은 산업사회에서 아동복지에 관심을 가졌던 인도주의 진영에서 보편적인 학교교육을 강하게 추진하도록 독려한 사건이었다. 우리는 변화를 몰고 온 처음 3가지 선구자적 역할을 간략하게 기술한 후 산업혁명이 미국을 어떻게 변화시켜 보편적인 학교교육의 발달을 촉발시켰는지를 기술할 것이다. 이어서 우리는 보편적인 학교교육이 처음 100년의 과정을 지나면서 학교가 어떻게 발전했는지를 기술할 것이다.

인쇄기의 발명

인쇄기의 발명은 널리 지식을 개발하여 확산시키는 극적인 변화를 가져왔다. 지식이 점점 축적되면서 아이들이 성인 세계에서 성공하기 위해서 배워야 할 필요가 있는 지식도 계속 증가해 왔다.

수많은 저작자들은 사회가 전통적인 구술문화에서 활자화된 말이 지배적인 문자문화로 이동해 가는 과정에서 인쇄기가 발명되었던 변화의 특징을 규명하기 위해서 많은 노력을 해왔다. 월터 옹(walter Ong)이 주장한 것처럼 노인들은 기억의 창고였기 때문에 구술문화에서 존경을 받았다. 반면 문자문화에서는 노인들의 이런 역할을 기록이 대체하게 되었다.[3] 마찬가지로 옹(Ong)은 "공부(study)"는 오직 기록이 있을 때만 가능하게 되었다고 주장한다. 사상의 기록은 그것을 평가하고 도전하는 것을 용이하게 만들었기 때문에 시간이 지나면서 정정되고 개선되게 되었다. 이는 과학의 발달에 중요한 역할을 했다. 브루노 라토르(Bruno Latour)는 과학의 발달에서 책이나 지도와 같은 "변경불가의 이동식 도구"의 발명이 중요했다고 주장했다. 그가 말한 변경불가의 이동식 도구는 기록의 영원성과 그것의 분배를 강조한다.[4] 보편적인 학교교육은 궁극적으로 인쇄기의 산물이었기 때문에 교육은 읽기, 쓰기, 역사, 수학, 과학과 같은 주요 문해 사고력의 산물이 중심을 차지했다.

종교개혁

엘리자베스 에이젠슈테인(Elizabeth Eisenstein)은 인쇄기의 발명이 종교개혁을 초래했다고 주장한다.[5] 루터(Luther)뿐 아니라 칼뱅(Calvin)도 기독교인들이 성경에 접근할 수 있게 되면 가톨릭 교리를 스스로 평가할 수 있을 것이라고 주장했다. 인쇄기의 발명으로 인해서 성경은 독일어와 영어와 같은 토착어로 널리 사용될 수 있게 되었다. 루터(Luther)의 위대한 공적 중 하나는 성경을 독일어로 번역한 것이었다. 당시 프로테스탄트들 사이에서 이런 독서물을 주장한 것은 전통의 권위보다도 개인적으로 획득한 지식의 우월성을 지향하는 초창기 운동이었다. 과학혁명과 함께 프로테스탄트의 종교개혁은 지식의 지위를 변화시키는 분수령이 되었다. 이는 성직자들의 외부로부터 지식의 발달을 촉진하려는 의도가 깔린 새로운 교육시스템의 필요성을 제기했다.

이런 종교개혁의 정신은 미국의 역사에 흔적을 남겼다. 칼뱅(Calvin)의 추종자였던 매사추세츠의 청교도들은 메이플라워호가 도착한지 22년이 지난 1642년에 아동교육의 책임은 부모에게 있다는 사실을 결정하는 법안을 통과시켰다. 그 법안은 주 정부는 모든 아동들이 교육받은 사실을 확인할 수 있는 권한이 있다고 주장했다. 이는 사실상 교육을 의무적으로 만든 것이었으나 학교나 교사들에게 필요한 어떤 준비도 갖춘 것은 아니었다. 학부모나 가정교사도 교사가 될 수 있었다. 모든 가족은 벌금의 위협 아래 자신의 자녀들을 종교적이며 도덕적으로 양육할 책임이 있었다.[6]

보편적인 학교교육 운동의 시작은 이미 1647년의 매사추세츠 법에 의해서 촉발되었다. 이 법에서는 50가구 또는 그 이상이 거주하는 도시는 아동을 위한 1명의 교장을 채용할 것을 요구했다. 이 법안은 50가구가 거주하는 모든 군구(township)는 모든 아동들에게 읽고 쓰기를 가르칠 수 있는 사람을 주민 중에서 1명 임명하고 100가구가 거주하는 모든 군구는 문법학교를 세워서 아동들의 대학진학에 적합한 교육을 실시할 것을 요구했다. 그러나 아이들이 받는 교육에는 거의 통일성이 없었다. 일부 도시는 매우 성실하고 양심적이었으나 다른 도시는 그렇지 않았다. 식민지 정부가 도시에 가하는 압력은 매사추세츠 교육의 발달을 촉진했다.[7]

마리스 비노브스키(Maris Vinovski)는 이런 초기의 학교법 제정을 "올바른 종교관을 선포하여 많은 가정에서 날로 증가하는 종교와 가정교육에 대한 무관심을 극복하려는 시도로 보았다."[8] 이 법안은 식민지 치하의 미국, 특히 뉴잉글랜드에서 발달한 일반적인 학교교육을 분명히 보여주었다. 납세자들은 교육세를 내는 데 주저했고 도시는 자녀교육에 대한 부모의 책임을 여러 차례 재확인했다. 하지만 일단 학교가 설립되자 학부모들은 자기 자녀들을 가정에서 가르치는 것보다 이런 학교에 보내기를 크게 희망했다.[9]

미국의 혁명

계몽주의는 종교개혁에 의해서 시작된 지식의 민주화를 정치 영역으로 옮겨 놓았다. 새로운 국가건설은 새로운 제도를 계획하여 창건자들에게 공공선을 위해서 봉사할 수 있는 기회를 제공했다. 벤자민 프랭클린(Benjamin Franklin)은 한 에세이에서 "유럽에서 훌륭한 교육을 받은" 세대들에게 그들의 눈을 식민지인 미국에 돌려 더욱 실용성을 지향하는 유럽과 비슷한 제도를 도입할 것을 촉구했다.[10]

토머스 제퍼슨(Thomas Jefferson)의 교육에 대한 입장은 자신의 신념에서 "인간의 자연권"으로 선회했다. 이런 자연권을 행사할 수 있는 각 개인의 능력은 대중들의 욕망에 즉각 반응하는 정부를 필요로 했고 이는 차례로 시민들이 자신의 명확한 권리를 이해하여 방어할 수 있도록 지원하는 한편 강력한 교육제도를 요구했다. 미국은 수많은 계몽주의의 원리를 실제적으로 실현한 최초의 국가였다. 보편적인 학교교육의 발달에서 가장 중요한 것은 미국에서 유산계급을 넘어서 노예를 제외한 모든 남성들에게 선거권을 확산시키려는 큰 논쟁을 일으킨 결정이었다.

로렌스 크레민(Lawrence Cremin)은 혁명이 일어나기 전 미국의 교육을 다음과 같이 기술했다. 대부분의 아동들은 장차 종사하게 될 직업에서 요구하는 기술이 무엇이든지 간에 도제교육을 통해서 배웠다. 뉴잉글랜드 일부 지역에는 실제적인 학교교육이 보편화 되고 있었지만 조금이라도 형식적인 교육을 받은 학생들은 잘해야 절반 이하에도 미치지 못했다. 두 가지 주제가 부상했다. 첫째, 모든 아동의 교육과 그 이후의 교육, 특히 여성교육에 대한 가정의 중심적인 역할, 둘째, 남성과 나아가 여성의 자기 교육의 역할.[11] 식민지는 교육공약을 개발하기 시작했으나 교육에 대한 책임은 여전히 부모들에게 있었다.

크레민(Cremin)은 혁명 후 "선거권과 시민권을 보편적으로 행사할 수 있게 하려면 사회의 모든 사람들은 이에 대한 교육을 받게 해야 한다는 주장이 더욱 강해졌다"고 썼다.[12] 노스웨스트 오디넌스(Northwest Ordinance)는 심지어 헌법 초안이 작성되기도 전인 1787년에 "학교와 교육의 수단은 영원히 장려되어야 한다."고 선포하고

1785년 오디넌스 토지법(북서부토지조례)을 통해 새롭게 조직된 준주와 주 정부의 학교에 공적 재원을 제공했다.[13]

조지 워싱턴(George Washington)이 자신의 이임사에서 말한 것처럼, "지식의 일반적 보급을 위한 제도를 최우선적인 목적으로 추진하시오. 정부가 여론에 힘을 실어주는 것과 함께 여론이 계몽되어야 하는 것은 필수적 입니다."[14] 1780년대 버지니아 의회에서 지식의 일반적 보급을 위한 법안(Bill for the More General Diffusion of Knowledge)을 주장하면서 제퍼슨(Jefferson)은 자신의 친구인 조지 휘테(George Wythe)에게 다음과 같은 편지를 썼다. "내 친애하는 친구, 무지에 저항하는 성전을 선포하시오. 평민을 위한 교육법을 수정하여 제정하시오. 이런 목적을 위해서 내는 세금은 만약 우리가 사람들을 무지상태에 남겨두었을 때 우리들로 하여금 폭동을 유발시키게 할 왕, 성직자, 귀족들에게 지불하는 것의 천분의 일도 안 된다는 사실을 만천하가 알게 하시오."[15] 이 법은 결코 의회에서 통과되지 않았으나 50년 후 그 대부분의 조항이 실행되었다.

알렉산더 해밀턴(Alexander Hamilton)과 같은 연방주의 지도자는 정치권력의 조건으로서 대중교육에 의존할지에 대해 망설였으나, 토머스 제퍼슨(Thomas Jefferson)과 같은 공화주의 지도자는 교육받은 대중들을 강하게 주장했다. 그들은 군주제는 사람들이 사회적 신분질서 안에서 자신의 지위에 알맞게 준비시키는 교육을 필요로 했으나 공화제는 사람들이 현명하게 정책을 결정하게 함으로서 사익보다 공익을 선택하게 만드는 교육을 필요로 한다고 주장했다.[16] 이것은 당장 19세기에 대중교육을 실현하는 것은 어렵지만 보편적인 학교교육을 지향하는 운동의 기초를 세울 것을 촉구했다.

산업혁명

미국의 보편적인 학교교육 운동은 뉴잉글랜드에서 시작되어 호러스 만(Horace mann), 존 조셉(John Joseph), 휴즈 캐서린 비처(Hughes Catherine Beecher) 등 설득력 있는 지도자들에 의해서 전파되었다. 그러나 산업혁명은 보편적인 학교교육의 운동을 복음주의로부터 실제적인 필요성으로 바꿔놓았다. 미국의 산업혁명은 농장에서 도시까지 모든 시민들에게 매력적이었을 뿐 아니라 역사상 가장 극적인 이민의 물결을 가속화 시켰다. 산업기술을 농업에 적용함으로서 급격한 인구 증가에 필요한 식량을 생산했을 뿐 아니라 그것의 생산에 필요한 인력을 감소시켰다. 데이비드 탁(David Tyack)은 "1820년과 1860년 사이에 이루어진 도시화는 미국 역사상 어떤 시기보다도 더욱 빠른 속도로 진행했다"고 말했다. 예를 들어 1847년 단 한 해 동안에 보스턴은 당시 인구 114,000명에 아일랜드 이민자가 37,000명 이상 증가했다.[17]

프레데릭 칼톤(Frederick Carlton)은 아이들이 도시에 거주할 수 있는 방법은 오직 3가지 밖에 없었다고 주장했다. 1) 공장에서 일하기, 2) 거리에서 말썽부리기, 3) 학교에서 공부하기.[18] 아동 노동법이 제정되자 도시 지도자들에게 교육과 범죄 간의 선택이 명확하게 되었다. 호러스 만(Horace Mann)은 사회적 연대를 꾀하기 위해서 새로운 이민자들에게 공통 언어와 미국의 민주주의에 대한 이해를 가르치기 위한 교육이 필요했다고 주장했다.

호러스 만(Horace Mann)은 1837년에 매사추세츠 주 교육감이 되었다. 그는 산업사회에서 아동의 앞날에 관심을 갖는 인도주의 개혁자들의 운동을 이끌었다. 만(Mann)은 공개석상에서 교육이 모든 사람들을 부유하게 만들고 새로운 국가에 공헌하는 사람을 육성하는 수단이 될 수 있다고 수차례 주장했다. 그는 수많은 새로운 이민자에게 새로운 공화국이 필요로 하는 가치와 능력을 가르치는 일에 특별한 관심을 나타냈다. 칼톤(Carlton)이 주장한 것처럼 이런 지도자들은 아동과 여성 노동, 청소년 범죄, 실업 등을 현존하는 악폐로 보고 고용주와 노동자 간에 친밀한 인간관계를 유지했던 초기 형태의 가내 공업에서 발견되는 바람직한 특성을 찬양했다. 그들은 노동운동과 손잡고 세금을 지원하는 학교운동을 추진했다. 이런 두 세력집단이 큰 힘을 발휘한 도시에서는 교육의 발전이 두드러지게 나타났다.[19]

주 정부의 지원을 받는 학교는 교육의 책임을 가정에서 벗어나게 하는 변화의 전조가 되었다. 이런 변화에 반대가 없는 것은 아니었다. 자산 소유자들은 대부분의 세금을 부담했기 때문에 주 정부가 지원하는 학교에 반대했다. 이것은 특히 범죄와 빈곤 등 도시문제를 경험하지 못한 까닭에 교육의 유일한 목적은 아동들이 농장에서 성공적인 인생을 살아가도록 준비시키는 것으로 생각하는 토지소유의 농부들에게서는 사실이었다. 그러므로 농장 가족들은 자신의 자녀가 필요로 하는 모든 교육을 스스로 제공할 수 있을 것으로 생각했다. 이런 이유로 농촌 지역은 일반적으로 세금을 지원하는 학교에 반대했다. 이런 부모들은 "자기 자녀를 가정에서 문답식으로 가르치고 훈육하는 교육의 중요성에 역점을 두는" 식민지 미국의 신념을 보여주었다.[20]

하지만 산업혁명의 발발 후 "19세기의 부모들은 읽고 쓰는 학습은 교실에서 가르치는 것으로 생각하게 되었다."[21] 이것은 교육의 책임이 가정에서 주 정부로 변화하는 신호였다. 이런 변화는 미국인의 머릿속에 침투하여 궁극적으로 교육은 학교에서 실시되어야 하며 학교교육 이후의 인생에서는 주로 교육이 고려되지 않는다는 신념을 갖게 했다. 도시 시민들은 자신들이 거의 비용을 부담하지 않으면서 청소년의 일탈, 발전하는 도시에서 아동 노동의 경쟁과 같은 문제를 해결할 수 있는 학교교육의 확대로 돌아섰다. 결국 급증하는 도시 인구가 새로운 미국 공화국에서 투표권을 행사할 수 있게 됨으로서 새로운 교육제도가 농촌 인구를 이길 수 있었다.

오늘날 대부분의 사람들이 보편적인 학교교육은 항상 우리 곁에 있을 것으로 생각하지만 17세기와 18세기 사람들의 대부분은 아마 도제제도가 항상 지배적인 학습 형태가 될 것으로 생각했을 것이다. 오랜 휴면 기간을 거쳐 교육은 학교에서보다도 가정, 공동체, 작업장에서 더욱 효과적으로 실시될 수 있을 것이라는 견해가 또 다시 출현하기 시작했다.

보편적인 학교교육의 확립

도제교육의 시대의 아이들은 작은 원룸학교에 출석하여 소종파의 보충지도를 받으면서 읽고 쓰고 셈하는 공부를 했다. 초기의 보편적인 교육은 학교의 조직과 운영의 측면에서 큰 진전을 나타냈다. 즉 일을 처리하는 방식에 광범위한 혁신이 일어났다. 시스템이 발전해 가면서 그것은 점점 더 견고하게 되었다. 즉 학교교육의 새로운 설계 요소는 민주주의와 사회발전의 요구에 부응하기 위하여 일관된 체제로 발전했다. 그러나 제도가 더욱 경직화 되어 가면서 지속적으로 발전하는 주변 사회를 따라갈 수 없게 된 결과 오늘날 학교제도는 점점 더 지속적으로 발전해가는 사회적 추세에서 밀려나게 되었다.

우리가 강조하는 것은 미국의 학교제도가 어떻게 발전했는지에 대한 이야기가 아닌, 학교제도가 어떻게 실험과 혁신으로부터 변화가 어려운 안정적인 제도로 정착했는지에 있다. 이런 안정성은 강력한 경제적, 사회적, 정치적 세력의 영향으로 인해서 어쩔 수 없이 무너졌던 도제교육 제도를 통해서 잘 알 수 있다. 경제학자인 맨서 올슨(Mancur Olson)이 명확하게 지적한 것처럼 이것은 어떤 제도에서도 불가피한 것이다.[22] 유년기 시절의 제도는 다양한 측면에서 환경을 조정할 방법을 찾으려 하기 때문에 다양한 조직과 전략을 이용한 실험을 하게 된다. 만약 성공하면 그것은 고착되어 새로운 조직과 전략에 잘 합치되는 환경의 일부를 형성한다. 그러므로 특정 제도는 외부 세계의 변화에 직면하게 되더라도 부분들이 잘 합치되어 있고 조직의 구조를 유지할 수 있는 확고한 전략이 있는 곳에서 발전한다. 이런 까닭으로 전멸할 수 있는 극단적인 압력이 가해지지 않는 한, 변화는 매우 어려울 수밖에 없게 된다.

식민지 시절에 마을과 도시는 독립적인 원룸학교를 세웠다. 그것은 대부분 무학년제였고 교사는 남성이었다. 학교교육이 더욱 보편화 되고 인구가 더욱 증가하여 미국이 도시 사회를 형성하게 되자, 학생 수도 매우 급속하게 늘어났다. 따라서 낡은 원룸모델은 사라지게 되었다. 첫 번째 혁신은 학생들이 시험에 통과하여 다음 학년으로 올라가는 학년제 학교로 발전하는 것이었다. 또한 비록 뜨거운 논쟁이 있었기는 했지만 교사를 여성층에서 모집하려는 움직임이 있었다. 동시에 초기에 흔히 볼 수 있었던 것으로서, 교직을 젊은 여성들이 결혼할 때까지 잠시 동안 가르치는 일시적인 일이 아닌 평생 직업으로 전환하려는 시도가 있었다. 1837년 호러스 만(Horace Mann)은 매사추세츠 렉싱턴에 최초로 사범학교를 설립하여 교사교육을 실시함으로서 교직의 전문직화를 시도했다.

19세기 전반에 탁(Tyack)이 묘사한 보스턴 학교의 특성에서 예정되었던 발전의 모습을 찾아 볼 수 있다. 1840년대 보스턴의 공교육은 개혁자들에게 일관성을 갖춘 체제가 아닌 마을 학교의 결합으로 비춰졌다. 책임은 분산되었고 교사는 자신의 분권화된 영역에서 상당한 자율권을 가지고 있었으며, 정보의 흐름은 정책의 목적과 달리 엉뚱한 곳에 초점이 맞춰져 있었다. 문법학교에 입학하는 아동을 가르치기 위해서 설립된 초등학교는 대부분 도시에 흩어져 있었으며 교실 한 칸, 교사 한 명으로 조직된 학교였다.[23]

이어서 탁(Tyack)은 계속해서 존 필브릭(John Philbrick)이라는 한 보스턴의 교육자가 많은 학교들이 새로운 건물을 요구하는 사실을 들어 보스턴 학교위원회를 설득시킨 사건을 기술했다. 그 이후 새로운 학교 건물은 "칸막이 학교(egg-crate school)"라고 불러지게 되었다. 1848년에 필브릭(Philbrick)은 퀸시 학교(Quincy School)의 새로운 교장이 되었다. 이 학교 건물은 4층 높이에 70명을 수용하는 강당과 12개의 교실이 있었으며 각 교실은 56명의 학생을 수용할 수 있었다. 교사는 모두 여성들이었고 교사가 가르치는 학급에 독립교실이 배정되었다. 학생들은 시험에 근거해서 학급으로 나뉘어졌으며 교실의 모든 학생들은 동일한 과목을 배웠다. 탁(Tyack)에 의하면, "이리하여 세기 중반 무렵에 미국은 학년제 학교 뿐 아니라 집단 학습장으로 강하게 인식되었다. 이 제도는 빠르게 유행되었다."[24]

탁(Tyack)은 세기 중반 무렵에 시카고가 직면했던 문제를 기술했다. "해마다 수천 명의 아동들이 자리가 부족해서 출석하지 못했다. 1860년에 123명의 교사들은 자신들의 교실에서 총 14,000명이라는 엄청난 학생들을 가르쳐야 했다. 정말로 학생 수의 압력은 오랫동안 분권적이었던 마을학교의 교육 형태를 점차 관료제화 하는 중요한 이유가 되었다."[25]

19세기 후반에는 공립 대학(public university)을 설립하려는 움직임이 나타났다. 최초의 공립 대학은 19세기 전반부에 미시간과 위스콘신에 설립되었으나 그 운동은 1862년 모릴법(Morrill Act)의 통과 이후 확대되었다. 모릴법은 농업과학의 증진을 추구했던 무상토지불하 대학(land-grant university; 정부로부터 무상으로 토지 따위가 주어져 설립된 대학)의 설립에 필요한 자금을 공급했다. 공립 대학은 미국 교육의 위대한 발명품 중 하나로서 미국이 독자적인 힘으로 발전하는데 중대한 역할을 했다.

윌리엄 토리 해리스(William Torey Harris)는 교육운동의 2세대 지도자로서 1868년에서 1880년까지 센트 루이스(St. Louis)의 공립학교교육감으로 재직했고, 1889년에서 1906년까지 미국 교육부 장관을 지냈다. 그는 "수학, 지리, 문학과 예술, 문법, 역사 등 5개의 영혼의 창(five windows of the soul)"을 축으로 하는 교과와 교육과정을 강조했다. 센트 루이스(St. Louis)에서 그는 학교에 들어오는 수천 명의 아동들과 이에 비해 턱없이 부족한 교사와 교실 문제에 부딪치게 되었다. "해리스(Harris)는 정기적이며 수시로 치루는 시험을 근거로 학생들을 연간, 분기별로 진급시키는 학년제 학교에서 방법을 찾아 문제를 해결할 수 있었다.[26]

유아교육은 19세기 후반에 제도 교육으로 통합되었다. 독일의 교육자이며 심리학자인 프리드리히 프뢰벨(Friedrich Froebel)의 제자인 마르가레테 슈르츠(Margarethe Schurz)는 1856년 미국에서 최초로 위스콘신의 워터 타운(water town)에서 유치원을 개원했다. 1900년 무렵에는 4,500개의 이상의 유치원이 미국 전역에 설립되었다. 윌리엄 토리 해리스(William Torrey Harris)는 자신의 미국 학교교육의 K-8-4 계획(유치원, 초등학교 8년, 고등학교 4년)에 유치원을 학교교육과정의 일부로 편입시켰다.[27]

고등학교는 교육제도의 또 다른 중요한 부분을 제공했다. 1892년 교육부 장관으로서 해리스(Harris)는 일단의 교육 지도자들을 10인 위원회로 임명하여 고등학교교육과정을 확정하는 책임을 맡겼다. 라틴어와 그리스어를 제외하고는 10인 위원회가 제정한 핵심과정은 오늘날 인문계 고등학교교육과정의 대부분을 차지한다. 이런 교육과정이 체계화 되어 카네기 단위학점((Carnegie unit; 대학 입학을이수해야 하는 위해 중등학교에서 필수로 기준 수업 단위)으로 알려지게 되었다. 데이비드 탁(David Tyack)과 레리 쿠반(Larry Cuban)이 기술한 것처럼 1906년에 카네기재단 이사장은 중등학교 교과목에서 "전 학년도에 걸쳐 주당 5시간의 강좌"를 "학점 단위"로 정했다. 이런 "시간"은 약 50분에서 55분 정도가 되었다. 이런 학점 계산 방식은 매우 엄격하게 확립되어서 그것을 제거하려는 어떤 시도도 성공하지 못했다.[28]

또한 학교의 물리적 조직도 안정적인 제 모습을 갖추게 되었다. 1910년 인디아나 게리(Indiana Gary)의 교육감이었던 윌리엄 워트(William A. wirt)는 학교를 효율적으로 운영할 수 있는 새로운 제도를 만들었다. 그는 이 학교를 "플래툰 학교(platoon school)라고 불렀다. 이 계획은 모든 교실을 계속적으로 사용할 수 있도록 정비했다. "예를 들어 한 집단이 자기 교실에서 읽기, 쓰기, 계산을 학습하고 있는 동안 다른 집단은 음악실에서, 또 다른 집단은 공작실에서, 또 다른 집단은 운동장에서 공부하는 것 등이다. 종이 울리면 학생들은 다른 수업시간으로 전환한다."[29] 이것은 오늘날 고등학교 조직의 기반을 형성했다.

현대적인 교육풍경의 또 다른 특징은 20세기로 전환한 직후에 나타나기 시작했다. 1904년 미국교육협회(NEA)의 연차대회에서 마가레트 할리(Margaret Haley)는 교사를 조직화하여 노동운동에 합류할 것을 주장했다. 동시에 1917년에서 1933년까지 스탠퍼드 대학의 교육학부 학장이었던 엘우드 커벌리(Elwood Cubberley)는 현대 관료제적 조직 모델에 따른 학교의 재설계를 요구했다. 탁(Tyack)은 주정부의 지원을 받는 학교교육으로의 변화가 어떻게 새로운 교육제도로 하여금 자격을 갖춘 지도자와 교사의 전문가 직급을 요구하여 관료제 조직을 발달시키고 유지하게 했는지에 대해 기술했다.[30] 조직화의 일부는 "그것이 세부 규정에 따른 것인지의 여부를 확인하기 위한 지속적인 성과 평가 시스템의 개발"을 의미했다.[31]

이런 평가에 대한 강조는 교육심리학자인 에드워드 손다이크(Edward L. Thorndike)가 주도한 강력한 통계 중심 평가운동의 출현으로 가속화 되었다. 학습평가에 통계를 사용하는 분야의 개척자인 손다이크(Thorndike)는 "우리는 이런저런 행정체제나 교수방법이 어떠하다는 애매한 논쟁에 더 이상 만족하지 않을 것이다. 어떤 체제나 방법이나 사람들을 막론하고 그 성취를 정확하게 평가할 것을 요구한다."[32] 라고 말했다. 곧 지능, 학습, 효과성, 교수, 리더십을 평가하기 위한 통계방법이 개발되었다. 이어서 이런 평가는 학교 관리의 관료제적 조직을 강화하여 교사를 행정가로부터 격리시켰다.

현행 학교 제도의 여러 가지 안정적인 특성들은 초기에 단행된 혁신의 결과였다. 이런 혁신 이후에 또 다른 혁신이 일어났다. 즉 농촌학교의 통합, 중학교와 지역사회 대학의 발전, 학교의 우열반 편성 확대, 특수교육 실시, 물론 대학입시를 위한 학력태도 검사(SAT)의 개발 등. 하지만 1920년 이후 매우 안정화된 체제에 더 이상의 변화는 어렵게 되었다. 탁(Tyack)과 쿠반(Cuban)이 주장한 것처럼 "교실 형태와 같은 학교교육의 기본 원리는 수십 년 동안 매우 안정된 상태로 남아 있었다. 학교가 시간과 공간을 분할하고 학생들을 분류하고 그들을 교실에 배정하고 지식을 '교과목'으로 분리하고 학습의 증거로 점수와 '학점'을 주는 방법에는 거의 변화가 없었다."[33] 그들은 이런 학교의 기본 원리는 학교를 개혁하기 위해서 노력했던 개혁자 세대들을 절망하게 만들었다고 매우 강하게 주장했다. 탁(Tyack)과 쿠반(Cuban)은 계속해서 다음과 같이 말했다. "학교교육의 기본 원리는 태고의 창조물이 아니라 역사적 산물이다. 그것은 그들이 문제를 규정하여 그들이 제안한 해결안에 찬성을 이끌어낸 집단적인 노력의 결과이다 ……. 19세기 초등교육의 급속한 확산이나 20세기 중등학교의 분화와 같은 중요한 제도의 변화에 처음부터 관여했던 개혁은 표준 모델의 일부분이 될 가능성이 있다."[34] 학교교육이 혁신적인 조직에서 안정적인 학교제도로 발달했다는 사실은 결론적으로 시간이 지나면서 규제와 방침이 축적되면서 제도는 발달했으나 경직화된 제도가 되었다는 맨서 올슨(Mancur Olson)의 주장을 잘 대변한다.[35]

학교제도의 발달

100여 년 최초로 보편적인 학교교육을 발전시킨 학교조직과 제도는 성장과 도시화가 낳은 수많은 미국의 문제들을 효과적 · 효율적인 방식으로 해결했다. 해결책이 성공했다고 해서 반드시 유일한 것이었다고 말할 수는 없으나 그것은 보편적인 학교교육 제도를 만들어 국가가 당면한 문제를 해결한 것은 틀림없다. 이 절에서 우리는 다양한 시스템의 요소들이 보편적인 학교교육 제도를 구축하는 과정에서 일어난 문제를 얼마나 자연스럽게 해결했는지, 그리고 시간이 지나면서 이런 해결책들이 어떻게 보편적인 학교교육의 연동체제로 통합되게 되었는지를 보여줄 것이다.

- 의무교육은 보편적인 학교교육의 중요한 목적이다. 새로운 미국 공화국은 교육받지 못한 대다수의 사람들과 수많은 새로운 이민자의 문제에 당면했다. 의무교육은 새로운 공화국 정부의 통치권을 국민에게 양도했기 때문에 국민들이 현명한 정치적 판단을 할 수 있을 만큼 충분한 교육을 보장하는 데 그 목적이 있었다. 또한 더 큰 목적은 모든 사람들에게 생산직 노동자가 되는 데 필요한 지식과 기술을 제공하여 국가 전체를 발전 · 번영시키려는 것이었다. 마침내 호러스 만(Horace Mann)은 의무교육은 점차 그들의 초기 생활 조건을 극복하는 지식과 기술을 제공하는 데 도움이 될 것으로 생각했다. 의무교육은 어린 나이에서 시작했으나 국가가 교육을 확대할 필요성을 느끼면서 점차 16세까지 확대되었다.

- 학년제 학교는 대규모 이민의 유입과 의무교육으로 인해 엄청나게 증가한 학생들 때문에 발생한 문제를 해결하는 대응책이었다. 동일 연령과 경험을 기준으로 학생들을 한 집단으로 묶

음으로서 교사가 학생들의 욕구를 더욱 용이하게 처리할 수 있었다. 그것은 모든 학생들에게 동일한 내용을 동시에 가르칠 수 있었고 수업 전반에 걸쳐 일어나는 질문과 문제를 해결할 수 있었다. 학년제 학교는 교사의 부담을 덜어 주었다. 동일연령의 학생들을 가르침으로서 교사들이 가르치는 교육과정의 양을 경감할 수 있었고 이는 수업통제를 용이하게 했다. 이 후에 학교에서 광범위하게 이용한 우열반 편성은 학생들의 수업까지 동질화 시키게 되었다.

- 시험은 모든 학생들을 비슷한 능력으로 구성된 학급에 배정하기 위해서 도입되었다. 그것은 교과과정을 통과한 학생들의 진보를 추적하여 현재 학년에서 배우는 학습내용을 완전하게 숙달했는지를 밝히고 그것을 근거로 다음 학년으로 진급시키는 데 사용했다. 그러므로 시험은 각 학급 학생들의 동질성을 유지하려는 목적에 필수적인 것이었다. 또한 그것은 학생들에 대한 학습기대 수준을 결정하고 교사가 다루기 힘든 학생들에게 동기를 촉진하여 학습에 집중하게 함으로서 그들이 유급을 면할 수 있게 하기 위해서도 사용되었다. 이처럼 시험은 보편적인 학교교육 제도를 유지하는 데 필요한 수많은 중요한 기능을 수행하게 되었다.

- 교과서는 학생들이 학습해야 할 내용을 명시하는 문제를 해결하기 위해서 도입되었다. 즉 그것은 교육과정에서 가르칠 내용을 제공했다. 이는 전국의 학생들이 다양한 학교에서 배우는 내용에 상당한 균등성을 제공했다. 특히 초기 교과서의 중요한 목적 중 하나는 교사들에게 자신들이 가르치게 될 내용에 관한 지식을 제공하기 위한 것이었다. 1800년대의 많은 교사들은 전문적인 교육을 받지 않았기 때문에 교과서는 어떤 내용을 가르칠 것인지를 교사들을 위해서 상세하게 기술했다. 심지어 오늘날에도 많은 교사들은 자기가 가르쳐야 할 내용을 배우고 그것을 학생들에게 제시하는 방법을 안내하기 위해서

교사용 지도서에 의존한다.

- 카네기 단위 학점은 매우 다양한 지역에 따른 균등성의 문제를 해결했다. 그것은 이수해야 할 과정을 상세하게 제시함으로서 학생들이 학습한 것에 준하여 이 학교에서 저 학교로 전학이 가능하게 했다. 특히 그것은 학생들이 고등학교에서 배운 것과 그들이 대학에 개설된 과정을 이수할 정도로 적절하게 준비되었는지 여부를 대학이 결정할 수 있게 했다. 미국처럼 이동이 극심한 사회에서 카네기 학점이 제공하는 일종의 조율은 학생들의 전학 시 그들을 적절하게 배치하는 데 필수적이다.

- 종합고등학교(Comprehensive high school)는 학교가 특성이 다른 학생들에게 알맞은 다양한 과정을 제공할 수 있게 했다. 20세기 초반의 고등학교에서는 산업혁명 이후 축적된 모든 새로운 지식과 기술을 가르치기 위해서 필요한 연한을 연장했다. 이런 새로운 정보를 받아들이기 위해서 학교교육의 수업 연한은 점점 확대되어 현재 대부분의 학생들은 고등학교 이상의 교육을 받고 있다. 또한 고등학교는 젊은이들의 작업장 진입을 억제하는 데 일조했다. 이는 결과적으로 노조에게 더 많은 권한을 주어 산업과 서비스 노동자들의 임금인상을 가능하게 했다. 지식의 성장은 교과서를 더욱 두껍게 만들어 학교교육을 연장시켰으나 이런 조정에는 한계가 있었다. 종합고등학교에서 일부 학생들은 대학진학을 준비하기 위해서 인문계 과정을 선택할 수 있었다. 다른 학생들은 직업준비를 강조하는 실업계 과정을 선택할 수 있었다. 마구잡이식으로 뻗어나가는 종합고등학교는 모든 학생들에게 모든 것을 제공할 것을 목적으로 하는 "쇼핑몰 고등학교"의 모델을 제공했다.[36] 고등학교 교직원들에는 교사 뿐 아니라 상담사, 사회복지사, 직업교육자, 보안요원, 영양사까지 포함되었다. 종합학교는 다양하고 광범위한 학생들의 학습욕구의 문제를 해결할 수 있는 대응책이었다.

현재 고등학교 제도의 이런 특성들은 다양한 사람들을 교육하기 위한 보편적인 제도의 구축과정에서 발생한 문제를 자연스럽게 해결할 수 있는 방책이었다. 발전해 온 제도는 다양한 사람들을 교육하는 데 매우 효과적인 것으로 입증되었다. 그러나 사회는 이런 특성들을 거의 50년 동안 고정시켜 둔 채 변화를 계속해 왔다. 이런 이유로 교육문제에 대한 새로운 해결책을 제시하라는 압력이 가중되고 있다.

학교에 대한 요구의 변화

21세기를 맞아 우리는 학교에 반영되어야 할 엄청난 기술과 사회 변화를 목도하고 있다. 예전의 학교제도는 가끔 기존의 학교에 건물, 교사, 프로그램 등을 대강 보충해가면서 교육과정과 지역사회의 새로운 변화에 맞추어 발전해 왔다. 이는 학교의 운영 환경이 변화하는 동안 학교제도가 매우 안정적이었다는 것을 의미한다. 그러나 이제 현재의 기술 변화는 학교에 긴장감을 증폭시키고 있다. 학교는 다양한 세계에 학생들을 준비시키도록 기대되고 공공정책은 학교가 학교 발전에 대한 책무성을 유지할 것을 요구한다. 학교는 다양한 문화와 언어적 배경에서 성장한 학생들을 더욱 많이 가르치게 되면서 국가와 주 정부가 명시한 이런 책무성의 요구를 충족시키기 위해서 바쁘게 움직이고 있다. 우리는 학교에 대한 이런 요구가 현재의 교육제도가 발달했던 1800년대 중반에 일어난 변화와 비슷한 규모의 급진적인 변화상황을 야기할 것으로 생각한다.

사회의 기술변화는 학교에 대한 영향력을 더욱 강화했다. TV와 새로운 미디어는 젊은이의 "성인화(adultification)"라고 부를 정도로 점점 정교하고 복잡해지는 청년문화를 탄생시키는 데 일조했다. 학생들의 생활을 지배하는 또래문화는 종종 학교공부에 적대적인 태도를 나타낸다. 학교는 자율적인 또래문화의 과잉현상을 해결하기 위해서 애쓰고 있다. 예를 들어 최근 국가교육통계센타(NCES)의 조사에 의하면 2005~2006년에 공립학교의 약 25%가 학생 왕따 문제를 매일 또는 매주의 문제로 보고한 것으로 나타났다.[37] 또 다른 NCES의 조사는 학부모가 자녀의 홈스쿨링을 선택하는 주된 이유는 안전, 마약, 또래의 부정적인 압력 등 학교 환경에 대한 우려 때문이라는 사실을 밝혀냈다.[38] 이런 문제에 대응하기 위해서 학교는 교실 수업을 더욱 매력적으로 만드는 동시에 새로운 프로그램을 개발하는 등 많은 노력을 쏟고 있다.

그 밖에 3가지 인구학적인 변화도 학교를 심하게 압박하고 있다. 1) 수명연장, 2) 출산율 감소 3) 인구의 다양성 증가. 고령인구와 출산율의 감소는 학교에 다니는 자녀를 둔 성인인구의 비율이 더욱더 낮아지는 것을 의미한다. 이는 학교에 공여하게 될 일반 국민들에 대한 세금징수를 더욱 어렵게 만들 수 있다. 또한 여성들이 타직업으로 활발하게 진출할 수 있게 있게 됨에 따라 전통적으로 여성이 강세였던 교직에 유능하고 똑똑한 최고의 여성 인력을 유치하는 데 더욱 큰 어려움을 겪게 되었다.

인구의 다양성이 증가하면서 다양한 배경 출신의 학생들을 동일한 수업전략을 사용하여 가르치는 것이 더욱 어렵게 되었다. 19세기 말과 20세기 초에 이민자들은 매우 다양한 도시 학교를 탄생시켰으나 그런 요구는 소수계 인종 학생들에게 지식경제를 가르치는 교육으로 변했다. 이런 새로운 다양성은 공립학교가 아프리카계 미국인, 라틴계 미국인, 아시아계 미국인, 유럽계 미국인 학생들 간의 학력격차를 줄일 것을 요구한다. 정책형성자와 학부모들은 학교를 학력격차를 줄이고 의료 서비스와 심리 상담은 물론 음식 등 기본 서비스를 제공하는 중심 기관으로 변화시켰다. 인구의 다양성은 전체 인구에 존재하는 수많은 집단의 욕구, 욕망을 반영할 수 있도록 학교가 개별화 교육을 실시할 것을 매우 강하게 압박했다. 민족적 · 인종적인 다양성에 대한 정치적 · 사회적 압력과 함께 종교집단도 역시 학교교육 제도에 자신들의 가치를 반영하라는 압력을 가했다. 복음주의 기독교, 정통 유대교, 흑인 중동 무슬림교, 가톨릭교는 아동들에게 공동체의 신념에 기반한 도덕적 가치와 신념을 가르치는 것에 대해 우려를 표명하고 있다. 동시에 국가와 교회의 분리 그리고 많은 미국인들의 종교적 신념과 도덕성의 동일시는 대부분의 학교가 명시적으로 도덕률을 가르치는 것을 회피하게 만들고 있다. 그리하여 종교집단은 모두 공립학교를 외면하고 홈스쿨링을 선택하여 자신의 자녀들에게 학습기술을 활용하기 시작하고 있다.[39]

고도로 풍요로운 미국 경제는 기술 능력을 증진시킴으로서 많은 부모들로 하여금 자녀들에게 맞춤식 교육을 제공할 수 있게 했다. 사회적 부의 증가는 더 많은 사람들이 자신들만의 교육 서비스 비용을 부담할 수 있게 했다. 이는 사립학교에 학비를 지불하고,[40] 자녀들에게 컴퓨터와 네트워크 서비스를 제공하고 개인교사를 채용하고, 책과 교육용 장난감과 게임을 구입하고 지역사회 대학이나 성인교육 프로그램에 등록하는 사람들의 수가 증가함을 의미한다. 동시에 기업과 기관들도 종업원들에게 더 많은 훈련비용을 제공하고 있다. 요약하면 최근의 이런 경향은 사교육비의 지출을 점증시키는 것으로 볼 수 있다.

또한 지식의 기하급수적인 증가도 학교에 스트레스를 가중 시키고 있다. 오늘날 인류 역사에서 1950년대까지 살았던 인구수만큼이나 많은 과학자, 연구자, 작가들이 살고 있다고 한다. 교육자들은 공공정책을 결정하는 시민으로서 그리고 증가하는 기술적인 전문지식의 요구를 작업장에서 실행하는 노동자로 준비시키기 위해서 이런 엄청난 새로운 지식을 학생들에게 반드시 가르쳐야 한다고 생각하는 것 같다. 학교 교육과정은 콘텐츠의 범위에 맞게 조직화하여 더욱 두꺼운 교과서, 더욱 신속한 주제의 도입, 더욱 폭넓은 내용기준의 개발, 학교교육 연한의 연장 등으로 지식의 폭발에 대응해 왔다.

결론적으로 현재 우리가 겪고 있는 기술 혁명은 제1장에서 상세하게 살펴본 교육제도에 큰 영향을 주었다. 특히 기술이 사회의 일상적인 직업 종사자들을 급속하게 대체하고 있기 때문에 사람들이 연구자와 평생 학습자가 되어야 한다는 요구가 더욱 강해지고 있다. 사회가 효과적으로 기능하기 위해서 사람들이 다양한 기술을 사용하여 복잡한 일을 수행할 수 있는 능력이 더욱더 요구되는 추세다. 이것은 교육이 사실을 암기하고 일상적인 일을 수행했던 전통적인 목적에서 탈피할 것을 요구하는 강한 압력을 의미한다. 현재 학교가 실천하고 있는 것은 사람들이 새로운 세기가 아닌 지난 세기에 살도록 준비시키고 있는 것이다.

변화의 주기

우리가 논의한 것처럼 도제교육 제도가 오늘날 우리가 알고 있는 교육의 형태인 보편적인 학교교육에 자리를 내주고 종말을 맞이한 것은 겉으로는 관계없어 보이는 수많은 운동에 의해서 예상된 것이었다. 인쇄기는 아동들이 세상에서 생존하기 위해서 반드시 습득해야 하는 지식의 번영을 가져왔다. 종교개혁의 지도자들은 사람들이 성경의 내용을 스스로 이해할 있도록 하기 위해서 모든 사람들에게 읽기를 가르치도록 장려했다. 미국혁명은 사람들이 현명한 정치적 결정을 내리도록 하기 위해서 교육받은 사람들을 필요로 하게 만들었다. 끝으로 산업혁명은 삶과 일의 낡은 형태를 파괴하여 미국인들이 현대 세계의 젊은이들을 교육할 수 있는 새로운 교육제도의 발전시킬 것을 강요했다. 이런 사건들은 오랫동안 발전해온 보편적인 학교교육 시스템을 정점에 이르게 했다.

보편적인 학교교육을 실시한 지난 100여 년 동안 수많은 혁신이 도입되었다. 이런 혁신은 강력한 제도로 발전하여 다양한 미국인들의 교육에서 발생하는 수많은 문제를 해결할 수 있었다. 그러나 제도가 발전해가면서 그것은 더욱더 혁신에 저항하게 되었다. 그 결과 오늘날 학교 주변에서 급속히 발전하고 있는 기술사회에 학교가 보조를 맞추는 일이 더욱더 어렵게 되고 있다. 교육과 관련된 것이라면 모든 것이 변해야 할 것이다. 다음 장에서 우리는 교육이 학교 밖을 변화시키고 있는 여러 가지 측면들을 두루 살펴볼 것이다.

C•H•A•P•T•E•R

05

새로운 교육제도의 씨앗

홈스쿨링

일터 학습

원격교육

성인교육

학습센터

교육용 TV와 비디오

컴퓨터 기반 학습 소프트웨어

기술 자격증

인터넷 카페

평생학습

CHAPTER 5

새로운 교육제도의 씨앗

미국의 학교교육 역사는 초기에 유연성의 특성을 나타내다가 그 이후에는 "정체" 시스템으로 통합되는 바람에 새로운 환경에 적응할 수 없었다. 학교는 일상생활과 일의 모습을 변화시키는 신기술에 어떻게 대응할 수 있을까?

우리가 아는 것처럼 곧 학교가 사라질 것 같지는 않다. 학교는 도제교육의 시대에도 널리 퍼져있었기 때문에 새로운 교육제도가 어떻게 만들어지든지 관계없이 번창할 것이다. 그러나 새로운 제도의 씨앗이 싹트기 시작하여 이미 학교교육과 학습의 동일시 개념이 잠식되고 있다. 이런 신기술이 주도하는 씨앗이 싹트기 시작하면서 교육은 매우 다양하고 더욱 유연한 장소에서 일어나기 때문에 학교는 교육에서 더욱 제한적인 역할만 수행하게 될 것으로 보인다.

이민의 폭발과 산업혁명의 한가운데서 젊은 미국의 요구에 대응하기 위해서 학교 제도의 여러 가지 부분들이 통합 되었다. 일단 발전하고 난 이후 학교교육의 제도적인 구조는 지난 90년 동안 거의 항상성을 유지해 왔으나 학교를 둘러싸고 있는 사회는 변화를 계속 해 왔다.

새로운 교육제도의 씨앗은 홈스쿨링, 일터 학습, 원격교육, 성인교육, 학습센터, 교육용 TV와 비디오, 컴퓨터 기반 소프트웨어, 인터넷 카페의 폭발적인 성장 등에서 볼 수 있다. 이런 수많은 씨앗은 아동의 학습에 영향을 주겠지만 학습은 평생 기업이 되기 때문에 다른 많은 것들도 전 연령대의 사람들에게 영향을 주게 될 것이다. 교육의 모습이 급속하게 변하고 있어서 그것이 어떤 형태를 가질 것인지는 두고 보아야 알 수 있을 것이다. 그러나 우리는 이런 새로운 발전을 조사함으로서 그것의 상당한 가능성을 탐색할 수 있을 것이다.

홈스쿨링

지난 25년 동안 미국에서 홈스쿨링은 급격한 증가 추세를 나타냈다. 2003년 조사 자료를 근거로 미국 교육부는 1,100만 명의 아동들이 홈스쿨링에 참여하고 있는 것으로 추산했으며 이는 4년간 29%나 증가한 수치이다.[1] 전체 학생규모 면에서 보면 총 등록 학생 수는 9위나 10위를 차지하는 조지아(Georgia)나 뉴저지(New Jersey)의 학생 수와 비슷하다. 조사에 의하면 양부모 가정의 25%와 한 부모 가정의 1.5%가 홈스쿨링에 참여하고 있다. 또한 이 조사는 홈스쿨링에 참여하는 가정의 21%가 아이들을 개별 지도하는 튜터를 고용하고 있으며 41%는 다양한 원격학습을 이용하는 사실을 밝혀냈다. 이것은 약 1.2% 학생들만이 출석하여 점진적인 발전을 보이고 있는 협약학교(charter school)보다 더 큰 운동이다.[2]

홈스쿨링은 학생들의 학습을 성공적으로 개선한 것으로 볼 수 있다. 가정에서 배운 아이들은 전 과목의 표준화 검사에서 매우 좋은 성적을 얻었다.[3] 전반적으로 그들은 백분위 점수 87(이보다 낮은 점수가 87% 있다는 의미)을 얻었는데 이는 또래들이 보여준 최고 수준의 범위(0-100)에 근접하는 수준이다. 그들은 부모의 교사 자격증 소지 여부와 관계없이 모두 동일하게 좋은 성적을 얻었다. 공립학교와 달리 이런 시험에서 홈스쿨링 아동들이 얻은 점수는 부모의 교육수준에 영향을 받지 않았다. 또한 홈스쿨링은 인종 및 성과 관련된 점수의 차이를 낮추었다. 이런 자료는 공립학교의 학생들에게서 일반적으로 발견되는 학생들의 배경에 따른 거의 모든 차이를 홈스쿨링이 극복할 수 있는 사실을 시사한다.[4] 우리는 홈스쿨링을 실시하는 부모들이 자녀의 학습을 세심하게 보살피기 때문에 이런 일이 발생하는 것으로 밖에 상상할 수 없다.

최근에 확산되고 있는 홈스쿨링에 대한 집중적인 관심은 교육학자인 존 홀트(John Holt)에 의해서 시작되었다. 그는 진보적인 작가로서 학교교육의 경직성에 환멸을 느꼈다.[5] 이런 초기의 주장은 홈스쿨링이 어떻게 아이들로 하여금 자기가 가장 관심이 있는 주제를 찾아서 자기 학습에 대한 책임감을 갖도록 할 수 있는지를 강조했다. 하지만 1980년대에 법정투쟁의 결과로 홈스쿨링이 전국에 걸쳐 실시될 수 있도록 만든 것은 미국의 크리스천 홈스쿨링 운동이었다. 크리스천 홈스쿨링의 주장은 그들이 생각하는 것(도덕적 가치)을 공립학교에서 가르치지 않는 것에 대한 우려에서 시작되었다. 크리스천 홈스쿨링 운영자는 가정에서 자기 자녀들을 교육함으로서 자신들이 생각하기에 아동들이 습득해야 하는 가치와 신념을 체화시킬 수 있을 것으로 판단했다. 홈스쿨링 운동은 지난 30년 동안 보수와 진보진영을 막론하고 모든 진영에서 급속한 성장을 보였다. 현재

2개의 거대한 홈스쿨링 협회가 있다. 하나는 보수진영 쪽이고 다른 하나는 진보진영 쪽이며 각각 다른 가치를 강조한다.[6]

보수주의와 진보주의의 홈스쿨링 주창자들은 가정은 교육에 가장 적절한 기관이라는 데 동의한다. 또한 학교에서 또래들의 괴롭힘에 우려를 나타내는 두 홈스쿨링 단체는 자녀들이 가정에서 더 많이 배울 것으로 기대하기 때문에 아동들이 또래문화의 소비자 지상주의와 반지성적인 가치에 동화되지 않을 것으로 믿는다. 그들은 학교폭력을 우려한다. 타종교, 문화, 정치집단들도 덩달아 교재를 개발하고 자신들이 속한 공동체의 홈스쿨링을 장려하기 위해 집단적인 후원을 추진할 것으로 알려졌다. 예를 들면 그 중에서도 무슬림계 미국인, 멕시코계 미국인, 자유주의자, 모르몬교도 등은 자신들의 가치와 신념을 강조하는 홈스쿨링을 실시하는 데 자원을 집중시키고 있다. 제7장에서 논의하겠지만 그런 운동은 사회적 연대를 더욱 분열시킬 가능성이 있다.

가능한 미래의 추세를 예측해보면 학부모들이 자원을 공유하고 다양한 교육전략을 혼용하여 자기 자녀들을 가르치기 시작하면 홈스쿨링은 대중운동이 될 수 있을 것으로 보인다. 홈스쿨링 부모들은 아무리 열심히 한다고 해도 아이들을 가르치는 데 하루에 약 3~4시간 정도만 소비할 뿐이다.[7] 또한 학부모가 직접 참여하지 않아도 홈스쿨링을 이용할 수 있는 여러 가지 방법이 있다. 즉 아동들이 학교, 대학, 지역의 서비스 제공자로부터 특별 수업 듣기, 홈스쿨링 협회가 계획하여 실시하는 활동에 참여하기, 온라인 강좌 수강하기 등. 동시에 홈스쿨링 단체는 가정이나 교회와 협력하여 학부모의 감독 부담을 공유할 수 있다. 감독 업무를 공유함으로서 학부모들은 파트타임으로 자유롭게 일할 수 있고 1주일에 1~2일씩 시간을 내면 아이들을 가르칠 수 있게 된다. 그들은 은퇴한 교사나 전문가를 고용하거나 심지어 상급생들로 하여금 매주 수일간씩 아동들을 가르치게 할 수도 있다. 이런 전략 중 일부는 비용이 많이 들겠지만 홈스쿨링 운동은 대부분 부유하지 않은 사람들을 중심으로 실시되고 있다.[8] 이런 점에서 학부모들이 자녀교육을 재창조할 수 있는 방안은 여러 가지가 있을 수 있다고 할 수 있다.

기술의 발달은 운동으로까지 확대되지는 않았으나 홈스쿨링의 발달을 가속화시켰다. 인터넷의 교육과정은 학부모와 그 밖의 사람들이 촉진자의 역할을 수행하는 데 그치게 하는 학습 콘텐츠를 개발했다. 실제로 레이건 정부 시절에 교육부 장관을 지냈던 윌리암 버넷(William Bennett)은 컴퓨터 기반의 교육과정을 홈스쿨링에 제공하기 위해서 케이12닷컴(K12.com)을 개발했다. 플로리다의 가상학교(virtual school)와 같은 가상 협약학교는 행정조직과 교육과정의 구조를 원격교육을 통하여 제공하는 방식으로 홈스쿨링을 지원한다. 우리가 앞에서 논의한 것처럼 기술은 학교환경보다 가정환경에 더욱 적합한 측면을 가지고 있다.

실제로 컴퓨터와 비디오를 기반으로 하는 학습자료에 학생들의 학습 콘텐츠가 저장된 맥락에서는 교사들보다 홈스쿨링의 부모들이 더 많은 도움을 줄 수 있다. 교사는 자신은 전문가이며 자신의 역할은 학생들에게 지식을 전달하는 것이라고 생각한다. 대조적으로 부모들은 자신을 전문가로 생각하지 않기 때문에 더욱 자연스럽게 코치의 역할을 수행한다. 코치의 역할은 학생의 학습에 더 많은 책임을 갖는다. 부모들은 학생들이 사물을 이해하도록 돕고 열심히 공부하도록 격려하기 위해서 그곳에 있다. 그러나 그들은 항상 학습자들에게 모든 것을 다 설명하는 역할은 수행하지 않는다. 스스로 이해하는 것은 홈스쿨링 아동들의 중요한 과업이다.

홈스쿨링의 가정 중 약 10% 정도의 어머니들은 집밖에서 일한다. 이는 부모가 외벌이를 하거나 맞벌이를 하는 미국인 기혼 가정의 85%와 상당한 대조를 이룬다. 전체 인구 중 극히 낮은 비율만이 자녀들에게 홈스쿨링을 실시할 것인가? 이는 정답이 없는 질문이지만 홈스쿨링이 학령인구의 상당한 비율을 잠식하여 더욱 큰 운동으로 발전할 가능성을 검토하는 것은 가치있는 일이다. 한 가지 문제는 정규직은 대부분 주당 40시간 이상의 노동을 요구하기 때문에 사람들이 자신의 일을 파트타임으로 돌리게 되면 직장 내 승진에서 불이익을 당할 수 있는 점이다. 우리 사회가 일과 가정 사이에서 특이한 균형을 찾지 않는 한, 높은 비율의 인구가 홈스쿨링에 참여할 가능성은 더욱 낮아질 수밖에 없을 것이다. 그러나 이런 운동이 확대된다면 인구의 5%에서 20%까지가 홈스쿨링을 실행할 가능성이 있다.

우리는 그것이 새로운 인구 계층으로 계속 확대되고 있기 때문에 미래의 홈스쿨링이 어떻게 될 것인지에 대해 설명할 수 있다. 멕시코계 미국인인 미구엘(Miguel)과 로사(Rosa) 부부를 상상해보자. 이들은 마르가리타(Margarita)와 마리아(Maria)라는 두 딸과 함께 로스앤젤레스에서 5~10년간 살고 있다. 미구엘은 야간에 수위로 일하고 로사는 주간에 집안 살림을 돌본다. 그들은 두 딸들이 로스앤젤레스 학교에 다니게 된다면 그들이 부딪치게 또래들의 괴롭힘을 크게 걱정하고 있다. 이런 이유로 그들은 두 딸에게 홈스쿨링을 실시하기로 결정했다. 이를 위해서 이들은 라틴계 아동들에게 K-12 학교의 컴퓨터 기반 교육과정을 신설하여 제공하는 멕시코계 미국인 협회에 가입했다. 그들은 각각 두 딸에게 저가의 컴퓨터를 사주어 수업자료를 다운로드 받고 웹 자료에 액세스 할 수 있게 했다. 그들은 이웃에 사는 쥬아니타(Juanita)라는 여고생을 알게 되었다. 그녀는 학교공부를 매우 잘하기 때문에 그들은 그 학생에게 방과 후 오후 3~6시까지 매주 4일씩 두 딸의 학교공부를 도와주도록 부탁했다. 쥬아니타는 두 소녀가 각각 다르게 수행하는 이유를 묻고 생각나는 것이면 어떤 질문도 허용하면서 오후에 그들의 공부를 꼼꼼하게 보살펴 주었다. 미구엘과 로사는 많은 수고비를 지불할 형편이 되지 못했으나 쥬아니타는 여분의 돈으로 옷가지도 살 수 있고 두 소녀를 가르치면서 많은 것을 배우고 있다고 생각했다.

아버지인 미구엘은 두 딸에게 정해 놓은 공부를 빠짐없이 가르치고, YMCA 체육수업에 데려가고, 멕시코계 미국인 협회가 홈스쿨링 아이들을 위해서 마련한 견학 프로그램에 참여시키는 등 주간에 딸들을 지도한다. 견학은 프로그램에 따라 안내자와 함께 두 딸을 어린이 박물관, 라브레아 타르 피트(LaBrea tar pit; LA 자연사 박물관), 헌팅턴 가든(Huntington Gardens) 등에 데려간다. 안내자는 다양한 견학 장소에 대한 모든 것들을 설명해준다. 견학을 하는 아동들의 연령은 6~12세까지이기 때문에 소녀들은 견학 온 여러 명의 다른 소녀들과 친구가 된다. 저녁에는 어머니인 로사가 아이들에게 낮 동안에 배운 것에 대해 묻고 멕시코시티와 로스앤젤레스 간의 차이점 등 특히 아이들이 흥미를 가지고 있을 것으로 생각되는 주제를 찾아보도록 장려한다.

이런 시나리오에서 알 수 있듯이 가족들이 홈스쿨링을 시작할 가능성을 꿈꾸는 것은 어렵지 않은 일이 되었다. 물론 생계유지를 위해서 장시간 동안 일을 해야 하는 부모의 경제적 현실은 부모들의 자녀교육에 대한 그런 헌신을 어렵게 할 수 있다. 그러나 여러 주에서 협약학교의 시대를 열게 됨으로서 공통 신념을 갖는 집단들이 공공 기금을 요구하여 K-12 주류 학교의 밖에서 자신들의 가상학교를 세울 수 있게 되었다. 이런 것의 장점은 전통적인 도시학교의 위험을 피하여 부모들의 공유가치에 부합하는 자녀들의 교육에 초점을 맞출 수 있다는 것이다. 기술기반의 교육과정이 개발되고 홈스쿨링 학부모 협회가 널리 설립되게 되면 학부모들의 관리가 더욱 쉬워질 것이다. 만약 그런 일이 가능하게 되면 더욱더 많은 사람들이 홈스쿨링을 시도할 것이다.

홈스쿨링의 확산에는 긍정적인 면과 부정적인 면이 있다. 그것은 학부모와 아이들이 자기 교육의 책임을 더 많이 질 수 있으나 동시에 그것은 아동들이 공통된 내용과 가치를 배우지 못할 가능성이 있다는 것이다. 허쉬(E. D. Hirsch)는 문화소양을 다룬 자신의 독창적인 저서에서 미국인들이 가지고 있는 공통문화에 대한 이해 부족에 대해 우려를 표명했다.[9] 홈스쿨링을 받은 아동들은 자신의 문화가치를 반영하는 다양한 주제를 찾으려 할 것이기 때문에 다양한 집단 간의 소통은 더욱 어려워지게 될 것이다. 홈스쿨링은 호러스 만(Horace Mann)과 그의 동료들이 국민통합을 위하여 다양한 문화 속에서 공통된 지식과 가치를 공유하게 해야 한다고 주장했던 보편적인 교육의 정신에 위배되는 것이다.

일터 학습

지금까지는 대부분 K-12 학교의 학습에 대해서 논의해 왔다. 그러나 우리는 작업장의 환경혁신은 곧 교육의 전반적인 학습에 영향을 줄 것이라고 주장한다. 우리는 작업장의 교육이 어떻게 또 다른 모습으로 발전할지에 대해 설명할 것이다. 라우라 홀랜더(Laura Hollander)는 캘리포니아에서 아이스크림 가게를 경영한다. 이 가게의 웹 사이트에는 실제와 같은 상황에서 고객과 상호작용을 하는 가운데 고객에 대한 서비스를 배우는 온라인 훈련 게임이 탑재되어 있다. 가상 고객은 주문을 하고 불만을 남길 수 있으며 게임 플레이어는 반드시 고객의 만족을 들어줘야 한다. 이 시뮬레이션은 재미있는 게임으로 되어 있어서 라우라(Laura)는 실제 상황에서 사용할 수 있는 다양한 경험을 이 게임에서 얻고 있다. 그런 시뮬레이션은 미국 전역에서 실시되는 일터 학습의 형태를 점차 새롭게 형성해 가기 때문에 이런 것의 설계는 전 연령대 사람들의 교육에 큰 영향을 줄 것이다.

지난 25년 동안 일터 학습은 급속한 증가 추세를 나타냈다. 이는 기업과 공공부문이 노동자들에게 지속적인 재교육을 실시하여 노동자들이 생소한 문제를 해결하고 복잡한 장비를 효과적으로 다룰 수 있었던 성과에 기반한다. 부분적으로 이런 새로운 훈련 프로그램의 목적은 노동자들이 새로운 종류의 직무를 조율하고 새로운 도구를 사용하도록 준비시키는 것이다. 그러나 기업은 또한 학생들이 학교에서 배웠어야 할 지식과 기술을 보충해야 하는 훈련의 필요성에 직면해 있다. 기업은 종종 대학과 협력하여 기업 훈련 프로그램을 개발한다. 이런 민간 기업은 날로 증가하고 있다. 일터 학습은 다음 세대의 학습환경을 개발하는 새로운 개척자가 되었다. 일터 학습의 변화하는 모습을 설명하기 위해서 우리는 모토로라(Motorola), 액센츄어(Accenture), 제록스(Xerox) 등 3개의 대규모 기업의 성과를 기술할 것이다. 이런 기업은 변화하는 직업세계에 적합하도록 종업원들을 준비시키고 있다. 또한 우리는 신병훈련을 개선하기 위해서 군대가 시뮬레이션 실험을 사용하는 방법을 기술할 것이다.

1980년대에 모토로라는 자발적으로 열심히 일하며 신뢰할 수 있는 조립 라인의 노동자를 고용했다. 그러나 1980년대에 국제 경쟁이 치열해지자, 모토로라는 고용과 훈련방식을 바꾸지 않을 수 없었다. 이 회사는 자기가 만든 상품의 품질에 책임을 다할 뿐 아니라 통계분석을 이용하여 의사결정을 함으로서 상품의 질을 보장할 수 있는 노동자를 필요로 했다. 바꾸어 말하면 모토로라는 근면한 노동자가 아닌 연구하는 노동자를 필요로 했다. 그러나 당시만 해도 모토로라의 눈으로 보기에 그 회사의 종업원들은 탁월한 노동자였을지는 몰라도 실제로 읽기나 단순 계산도 제대로 하지 못하는 노동자들이 대부분이었다. 이 회사는 항상 노동자들에게 충성심을 불어넣어 왔기 때문에 이번에는 교육투자를 확대하여 세계적인 경쟁 속에서 새로운 제조업이 요구하는 기술을 그들에게 가르치기로 했다. 실제로 이 회사의 교육과 훈련비용은 1980년대에 700백만 달러에서 1,200만 달러까지 늘어났다가 그 이후 점점 더 증가해 왔다.[10]

모토로라는 노동자들이 필요로 하는 훈련을 제공하기 위해서 윌리엄 위겐혼(William Wiggenhorn)에게 최고위층 관리자에서부터 말단 노동자에 이르기까지 모토로라의 전 직원들을 위한 훈련 프로그램의 개발을 의뢰했다. 그는 통계 과정의 관리와 기업의 기본적인 문제해결을 학습하는 프로그램을 개발했다. 그러나 이런 신기술은 새로운 작업방식에서 기대했던 결과를 얻는 데 실패했다. 노동자들은 생산을 추적하여 통계를 작성했으나 그것을 조사할 것을 요구하는 사람은 아무도 없었다. 관리자들은 그런 과정의 교육을 받았으나 그들의 작업방식은 바꾸지 않았다. 초기의 많은 실패를 딛고 최고 관리자는 관리자들에게 품질에 대한 관심을 계속해서 강요하자 품질은 10배나 향상되었다. 그러나 모토로라는 강력한 경쟁에 대비하기 위해서는 여전히 실천을 개선하고 관리직의 직급을 줄일 필요가 있었다. 회사는 노동자들에게 적어도 중학교 1학년 수준의 읽기와 수학적 능력을 요구하기로 결정했다. 교육문제에 대해 모토로라가 실시한 광범위한 조사는 읽기와 수학은 물론 회계와 통계관리 등과 같은 기술과 관리능력을 개선하기 위해서 지역사회 대학 및 기술학원과 협력하게 하는 결과를 가져왔다. 대학은 정확한 과목 명칭을 가지고 강좌를 열었으나 모토로라는 그 과정이 정말로 회사가 필요한 것을 제공하지 못하는 사실을 발견했다. 그러므로 모토로라는 다른 거래처와 마찬가지로 대학과 협력하여 회사의 필요에 적합한 강좌를 마련하기 시작했다. 이런 모든 노력으로 모토로라가 새로운 모토로라 대학으로서 교육 프로그램을 만들 수 있었다.[11]

엑센추어는 세계에서 가장 규모가 큰 컨설팅 회사 중 하나이다. 이 회사는 1990년대에 종업원들의 교육을 향상시키기 위해서 거대한 프로젝트를 시행했다.[12] 엑센추어는 1990년대에 노스웨스턴 대학의 학습과학연구소와 협력하여 "목적 중심 시나리오(goalbased scenarios)"라고 부르는 프로그램을 기초로 하여 새로운 훈련방법을 개발했다. 이 훈련방법에서는 종업원들에게 현장에 나가서 고객들에게 해야 할 일을 재현하는 과제를 주었다. 예를 들어 어떤 강좌에서 종업원들은 가상 호텔의 체인이 요구하는 상세한 사항을 충족시킬 수 있는 예약 시스템의 사용자 인터페이스를 설계해야 했다. 학습자들은 4개의 팀으로 나누어 최고의 설계를 하기 위한 경쟁을 했다. 고참 관리자들은 고객에 대하는 중역의 역할을 맡아 팀을 코칭했다. 각 팀은 광범위한 온라인 설명서를 제공받아서 온라인 환경에서 설계를 해결했다. 그들은 매일 일이 끝날 시간에 회의를 열어 하루 동안에 있었던 일의 진전을 놓고 코치와 함께 반성하는 가운데 다음에 시도할 일을 결정했다. 이것은 그들이 듣는 것이 아닌 행함으로서 학습하는 도전적인 환경이었다. 그들은 전후의 자료를 수집하여 학생들이 얼마나 많은 학습성과를 올렸는지 비교하지 않았으나 종업원들은 자신들이 이전에 들었던 강의와 토론 강좌보다도 현재의 강좌가 훨씬 더 성공적이라고 평가했다.[13]

엑센츄어는 수준이 다양한 종업원들을 위해 이런 훈련연습을 전체 시리즈로 개발했다. 연습용 시리즈 개발에만 100만 달러 이상의 비용이 들었으며 그것을 전 세계의 사무실로 보내기 위해서 더욱 많은 연습용 CD-ROM을 만들었다. 예를 들어 이런 것 중 하나로서 관리자용으로 설계한 것은 관리자들로 하여금 효과적인 협력에 문제가 있는 디자인 팀에게 상대방의 역할을 하게 함으로서 그들을 훌륭한 코치가 되도록 훈련했다. 훈련용 CD-ROM에는 반성회의와 고참 파트너의 조언 등과 같이 관리자들의 훈련 프로그램에서 자주 보게 되는 목적 중심 시나리오와 비슷한 특성이 많이 포함되었다. 이런 것들은 비디오에 기록되었다. 엑센츄어가 개발한 훈련 시스템을 구축하는 데는 많은 비용이 들었으나 그것의 효과에 대한 상세한 내용은 알려지지 않았다. 그러나 엑센츄어는 종업원들에게 실용적인 지식과 기술을 가르치기 위한 이런 강좌를 계속할 필요가 있다고 생각했다. 그것은 이전의 강좌 중심 강의에서는 실패했었던 것이다.[14]

또한 일터 교육은 일부 기업들로 하여금 전문가에 의한 지식의 정의 방식을 변화시키게 했다. 예를 들어 제록스는 버지니아 주의 리즈버그(Leesburg)에 대규모 시설을 갖춰놓고 그곳에서 기술 담당 직원들에게 복사기의 진단과 수리를 가르치고 있다. 이 회사는 고장 난 기계의 특별한 유형과 기술담당 직원이 기계 수리에 필요한 행동을 상세하게 규정한 매뉴얼을 개발했다. 불행하게도 많은 복사기의 문제는 이런 매뉴얼의 영역 밖에서 일어났다. 그런 일이 일어날 때마다 기술담당 직원은 고장이 난 곳을 발견하여 수리하는 데 많은 시간을 허비했다. 기술담당 직원은 커피타임이나 점심시간에 무용담을 공유함으로서 이 문제를 해결할 수 있는 사실을 알아냈다. 그들은 매뉴얼이 소용없을 때 어떤 일을 해야 하는지 그 방법에 대해서 이야기를 나누었다. 이 이야기는 다른 기술담당 직원에게 정보 교육용으로 제공되어 그들이 비슷한 문제에 부딪쳤을 때 해야 할 일을 안내할 수 있게 했다. 이야기를 나눔으로서 기술담당 직원은 일종의 교수-학습 커뮤니티를 형성했다. 결국 제록스는 이 이야기가 소중한 자료라는 것을 깨달았기 때문에 그것을 유레카라고 부르는 온라인 이야기 창고에 저장했다. 좋은 이야기는 그들의 명성에 기술과 독창성을 더해 주었기 때문에 기술담당 직원들은 자신의 이야기를 시스템에 탑재하는 것을 자랑스럽게 여겼다. 제록스는 컴퓨터를 기반으로 하는 학습 시스템을 구축하여 실제로 회사 전체의 기술담당 직원들에게 유용한 정보를 제공하여 사용할 수 있게 했다.[15]

군대는 학습자가 자신의 직무를 수행하는 데 필요로 하게 될 기술을 연습할 수 있는 가상 세계에 들어가는 시뮬레이션의 개발에 10억 달러를 썼다. 그런 시뮬레이션 중 하나는 훈련병이 가상 지형의 주변에서 탱크를 운전하는 능력을 훈련했다. 가상 탱크는 군대가 전쟁에 배치하는 진짜 탱크의 위력을 모두 갖추고 있다. 다른 훈련병들은 장애물을 피하고 개울이나 도랑 등 다양한 지형의 특색을 안내하는 방법을 배우면서 가상 지형 주변을 대형을 이루어 자신의 탱크를 몰 수 있다. 그들이 언덕으로 올라가면 적군의 전투 기술을 훈련받은 전문가가 모는 적의 가상 탱크와 만나게 된다. 시뮬레이션에서 전투가 일어나게 되면 훈련병은 적이 운전하는 탱크의 허를 찌르기 위해서 학습한 모든 것을 다 사용할 수 있다. 전투가 끝나면 그들은 전투를 다시 반복해가면서 반드시 사용했어야 할 최상의 전술이 무엇이었는지를 반성할 것이다. 이는 탱크 지휘관을 훈련시키는 군대의 전통적인 연습보다 비용이 더 적게 드는 방법이다. 시뮬레이션은 "탱크지만 탱크는 아니다"라고 부를 수 있을 것이다.

최근에 군대와 기업은 이런 게임을 만들기 위해서 개발한 도구를 사용하여 유명한 온라인 비디오 게임 시뮬레이션을 구축했다. 특히 군대는 비디오 게임 속에서 성장한 세대를 모집하여 훈련시키는 한 가지 방법으로서 게임 디자인을 사용해 왔다. 초기의 컴퓨터 기반 게임은 무기를 겨냥하여 발사하는 방법을 가르치는 데 효과가 있는 것으로 밝혀졌으나 다음 게임 세대는 자원배분, 협력, 비판적 사고, 실패에 대한 관용 등과 같은 기술과 관리능력을 점점 더 많이 학습하도록 설계될 것이다.

물론 기업도 훈련용 게임의 가능성을 인정해 왔다. 예를 들어 케논Canon)은 복사기 안에 여러 가지 결점을 심어놓은 시뮬레이션을 기술자들이 수리하게 만드는 시뮬레이션 프로그램을 개발했다. 시스코(Cisco) 게임에서는 플레이어들이 화성에 컴퓨터 네트워크를 설치하게 만들기도 한다. 학습자가 생소한 작업환경에 접근하게 만드는 컴퓨터 시뮬레이션의 개발은 빠르게 성장하는 사업이다.

우리는 노동자들이 직업을 구하는 데 필요한 대부분의 훈련을 전통적인 교육기관을 거치지 않고 온라인 환경에서 학습할 때를 상상해 볼 수 있다, 판매원들은 까다로운 소비자들을 대하는 능력을 시뮬레이션을 이용하여 연습할 수 있을 것이다. 의사들은 시뮬레이션을 이용하여 특별한 사례를 진단해 봄으로서 자신의 기술을 연습할 수 있을 것이다. 미래의 관광 가이드는 웹을 이용하여 비용-효과적인 여행상품의 개발에 도전할 수 있을 것이다. 실제로 기술과 관련된 거의 대부분의 직업은 기술을 연습함으로서 학습할 수 있으며 컴퓨터 시뮬레이션은 표적 기술이 목표로 정한 문제의 해결에 필요한 몰입환경을 만들 수 있다. 작업장은 그런 시뮬레이션에 점점 더 많은 투자를 늘리고 있다. 작업장에 새로운 강좌, 기술, 장비가 계속 도입되고 있기 때문에 미래의 노동자들은 대부분의 시간을 학습하는 데 소비할 것으로 보인다. 노동자들은 변화하는 작업장에서 생존하기 위해 자신의 거의 전 생애를 학습하면서 보낼 것이다.

원격교육

좀 더 색다른 그림을 연상해보자. 에니타 산체스(Anita Sanchez)는 오래건(Oregon) 주의 매드퍼드(Medford)에 있는 한 작은 공립학교에서 전 세계의 학생들을 대상으로 시를 가르치고 있다. 이것은 대부분 고등학교에서는 실시하지 않는 프로그램이기 때문에 시에 관심이 있는 학생들끼리 접촉할 수 있는 기회를 제공한다. 스테이시 윌리엄스(Stacy Williams)는 에니타(Anita)가 가르치는 학생 중 한 명으로서 이미 콜로라도(Colorado) 온라인 학습센터에서 3년 간 라틴어 강좌를 수강한 경력이 있다. 스테이시(Stacy)는 콜로라도의 고등학교 과정에 자신의 학습 경력을 활용했다. 온라인 학습센터는 그녀가 고등학교에서 공부할 것으로 기대했던 것보다도 더욱 더 깊은 흥미를 갖고 라틴어를 공부할 수 있는 기회를 제공했다. 콜로라도 온라인 학습센터는 전 세계의 학생들을 대상으로 강좌를 실시하는 수많은 가상학교 중 하나일 뿐이다.

물론 원격교육은 오랫동안 여기저기서 널리 실시되어 왔다. 통신과정과 선라이즈 세메스터(Sunrise Semester) 등과 같은 PBS 프로그램은 지난 세기 동안 수천 명의 학생들에게 영향을 주었다. 그러나 인터넷의 출현으로 K-12 학교 및 대학과 비슷한 수준의 상호작용이 가능한 새로운 종류의 원격교육이 추진되고 있다. 예를 들어 포이닉스 대학은 미국 전역에 걸쳐 수만 명의 온라인 학생들이 모이는 곳으로 유명하다. 스탠포드, 하버드, 카네기-멜론 등 선도대학들은 원격지에 다양한 강좌를 제공한다. 영국의 개방대학(Open University) 모델은 전 세계로 확산되었다. 벤처자본의 기업들은 원격교육 개발에 수백만 달러를 투자했다. 나아가 거의 모든 주 정부는 가상 고등학교를 설립하여 학생들에게 자기 학교에서 실시하지 않는 강좌를 제공한다. 이미 원격교육은 널리 퍼지고 있어서 앞으로 수십년 동안 지속적으로 성장할 것으로 보인다.

포이닉스 대학은 미국에서 가장 성공한 온라인 대학이다. 이 대학에는 3만 명 이상의 온라인 학생들을 포함하여 10만 명 이상의 학생들이 재학하고 있다.[16] 포이닉스 대학은 1976년에 이윤추구를 목적으로 출발한 학문지향의 교육기관으로서 1978년에 북중미 학교와 대학협회(North Central Association of School and College)에서 인증을 받았다. 그것은 경영, 관리, 정보기술 등과 같은 분야의 강좌에 역점을 두면서 승진을 원하는 성인 노동자들의 프로그램에 초점을 맞췄다. 많은 학생들이 22개의 주에 있는 학습센터의 수업에 출석한다.[17] 이들은 대학 기숙사에서 생활하면서 소셜 네트워크를 이용하고 대학생활에 참여하는 등 많은 혜택을 누렸다. 대부분의 사람들은 온라인 학위는 오프라인 대학의 학위에 비해 매우 가치가 적기 때문에 젊은이들이 "대학 가는 것"을 놓치게 되면 큰 손해일 것으로 생각했다. 그러나 온라인 교육기관에 등록하는 사람들은 이미 직업이 있기 때문에 단순히 승진을 원하는 사람들만을 중심으로 운영하더라도 지속적으로 번창할 것이다.

포이닉스 대학은 1996년에 직업의 목적이 확실한 학생들을 유치하는 데 역점을 두고 온라인 프로그램을 시작했다. 온라인 수업은 항상 강좌 당 약 8명 정도의 소규모로 실시되었다. 종종 학생들은 팀을 구성하여 프로젝트 수업을 하면서 온라인으로 동시 토론도 실시한다. 이는 바쁜 직업인들이 저녁이나 주말 중 그들이 편리한 시간이면 언제든지 참여할 수 있는 것을 의미한다. 포이닉스 대학은 이윤을 추구하는 대학이기 때문에 학생들의 욕구를 만족시켜 주는 맞춤식 과정에 매우 세심한 관심을 기울인다. 이 대학은 학생들에 대한 광범위한 조사를 실시하고 학생들이 얼마나 효과적으로 학습하고 있는지에 대해 체계적인 평가를 실시한다. 이 대학은 온라인 수강 학생들이 오프라인에서 수업하는 학생들 못지않게 열심히 공부하며 자신의 학습과정에 매우 만족한다고 주장한다.[18] 실제로 온라인 학생들이 일반적으로 오프라인 수업에 출석하는 학생들만큼 많은 것을 배울지 여부는 정답이 없는 질문이지만 온라인 과정은 높은 중도탈락률을 나타내고 있어서 편견을 초래할 가능성이 있다.

영국의 개방대학은 최초로 원격교육을 시도하여 크게 성공한 대학 중 하나이다. 이 대학은 현재 약 18만명의 학생이 등록하고 있으며 2005년과 2006년에 영국정부가 실시한 전국 학생 만족도에서 잉글랜드와 웨일즈의 대학 중 최고 대학으로 뽑히기도 했다.[19] 이는 전적으로 온라인 학습에 의존하는 것이 아니라 영국의 많은 도시에 학습센터를 두어 운영한다. 그곳에서 학생들은 튜터의 도움을 받고 시험을 치른다. 대부분의 강좌는 학생들에게 보내주는 자료를 활용하거나 TV를 통해서 진행된다. 이 대학은 영국에서 가장 큰 대학이 되었으며 영국의 어떤 대학보다 학생당 가장 낮은 비용이 들기 때문에 정부는 이 대학을 높이 평가한다. 특히 1만 명 이상의 장애 학생들이 개방대학에 등록하고 있다. 이는 장애학생들이 출석을 위해서 멀리까지 갈 필요가 없기 때문이다. 물론 직장을 가진 사람들도 개방대학에 다니는 것이 어렵지 않는 것을 알기 때문에 탄력적으로 시간을 내서 강좌를 수강하고 있다. 개방대학 모델은 다른 국가까지 널리 전파되었다. 실제로 인도와 파키스탄의 개방대학에는 수백만 명의 학생들이 재학하고 있다.

최근 K-12 학교도 원격교육을 개발하기 시작했다. 원격교육의 선택은 전국의 학생들에게 최적의 보충학습 강좌를 제공하는 것에서부터 종합학교 프로그램의 자격을 얻는 것에 이르기까지 그 범위가 매우 넓다. 노바네트(NovaNet)와 같은 프로그램은 자원이 제한된 지역이나 전통적인 학교의 교육 프로그램에서 고전하는 학생들에게 상급과정이나 보충과정을 제공한다. 소규모 학교를 지원하는 K-12 학교의 가상 교육기관은 대규모 학교와 경쟁할 수 있는 매우 폭넓은 강좌를 제공한다. 한 연구에 의하면 소규모 고등학교는 학교 공동체에서 교사와 학생 간의 관계가 더욱 돈독할 수 있는 것을 시사한다. 이는 교사가 학생들을 잘 알고 있어서 그들의 욕구에 더욱 효과적으로 대처할 수 있기 때문이다. 실제로 빌과 멜린다 게이트 재단(Bill and Melinda Gate Foundation)은 최근에 개발한 기술자원을 이용하여 소규모 학교의 발전을 촉진하기 위한 계획을 제시했다. 원격교육은 소규모 학교가 매우 다양한 강좌를 실시하는 대규모 학교와 경쟁할 수 있는 방안을 내놓았다.

많은 주 정부와 지역에서도 가상 고등학교 프로그램을 시험하고 있다. 거기서 여러 가지 종류의 학교에서 일하는 교사들이 주 안에 소재하는 다양한 고등학교 학생들에게 온라인 강좌를 제공한다. 35,000명의 학생이 재학하는 유타(Utah) 주와 21,000명이 출석하는 플로리다(Florida) 주는 이 방면에서 선두를 달리고 있다. 경우에 따라서 가상 고등학교는 주 경계를 넘어서 학생들이 등록할 수 있는 협약학교로 전환도 가능하다. 현재 펜실베이니아(Pennsylvania)와 위스콘신(Wisconsin)과 같은 주 정부는 일부 지역에서 자신들에게 돌아가야 할 학생들과 재정을 새로운 가상 협약학교에 빼앗긴 것과 관련하여 불거진 평등문제를 놓고 격렬한 논쟁을 벌이고 있다.

원격교육의 현상은 점점 더 증가하는 추세에 있다. 바쁜 사람들은 자신에게 필요한 교육이 무엇인지를 알고 있기 때문에 점점 더 원격교육 강좌를 선택하는 경향이 있다. 원격교육은 성인교육의 헤드스타트(head start)일지라도, 최근의 K-12 가상 학교의 발전은 서책 중심의 공립학교에 미래의 도전 과제를 안겨줄 것이다.

성인교육

우리가 알고 지내는 80세의 은퇴한 한 회사원은 매우 활발한 지적 생활을 하고 있다. 그녀는 코스타리카나 이집트에 있는 엘더호스텔(Elderhostel; 대학에서 중년 · 노년자에게 숙식을 제공하며 단기 집중 강좌를 운영하는 국제 비영리 단체)에서 전문가의 안내를 받아가며 새로운 문화권의 생활을 익히기 위해서 정기적으로 세계 여행을 떠난다. 그녀는 가끔 메인(Maine) 주에 있는 한 대학에서 수행하는 가운데 대학교수의 지도 아래 미리 정해진 고전에 대한 이야기를 나누고 산책을 하면서 한 주일을 보낸다. 그녀는 브랜다이스 대학(Brandeis University)에서 실시하는 은퇴자를 위한 프로그램 중 하나인 문학 강좌를 수강한다. 이 모든 것들은 북 클럽에 활발하게 참여하는 것과는 별개의 활동이다. 그녀는 지적으로 매우 활동적이다. 오늘날 이것은 은퇴자들 중에서 매우 특별한 생활로 볼 수 없다.

성인교육은 더욱 많은 성인들이 성인교육 프로그램에 참여하면서 매우 급속하게 성장하고 있다. 이것은 사람들이 더욱 오랫동안 건강하게 살게 되었기 때문이다. 성인교육 운동은 평생학습이 표명하는 새로운 정신이다. 성인교육은 K-12 학교교육이 교육목적을 재고하도록 촉구하는 계기를 제공했다. 성인교육의 관점에서 보면 K-16(유치원에서 대학까지의 교육) 학교의 교육목적은 독립적인 교육과정의 목적을 달성하는 것이 아닌 평생학습의 참여에 필요한 능력을 함양하는 것이다. 많은 성인들이 대학이나 대학원 과정을 마치기 위해서 학교로 돌아가고 있으나 그 밖의 사람들은 현재 주식 투자법과 같이 자기가 관심이 있는 특정 주제와 관련된 것을 배우기 위해서 웹을 찾는다. 독서 토론 그룹은 점점 더 그 수가 증가하고 있다. 종종 연로자들은 안내를 맡은 전문가와 함께 관심을 갖는 지역으로 여행을 떠나는 등 교육목적으로 휴가를 가기도 한다.

최근 이런 새로운 학생 세대의 욕구를 충족하기 위해서 미국의 여러 도시는 성인교육 프로그램을 제공해 왔다. 예를 들어 케임브리지(Cambridge), 매사추세츠(Massachusetts)에서는 두 가지 프로그램, 즉 케임브리지 성인교육(Cambridge Adult Education)과 하버드 성인교육(Harvard Extension) 등을 제공하고 있다. 학생들은 자신의 경험을 공유하는 데 매우 열정적이기 때문에 많은 교수들은 이런 프로그램을 가르치기를 좋아한다. 그러나 교수들의 대부분은 현직 전문직 종사자들이 많으며 이들은 특별한 전문성과 가르치는 일에 흥미를 가지고 있다. 이런 프로그램이 제공하는 강좌는 제임스 조이스(James Joyce)의 율리시즈(Ulysses)와 잉그마르 베르히만(Ingmar Bergman)의 영화에서부터 도자기 만들기와 사진에 이르기까지 매우 광범위하다. 연로자들 특히 점증하는 많은 은퇴자들이 이런 강좌에

무리를 지어 몰려오고 있다. 그들은 자기 교육의 확장에 점점 더 큰 관심을 갖게 될 것으로 보인다.

독서토론 그룹의 급증은 매우 주목할 만하다. TV 유명세와 함께 도서판매는 지난 40년 동안 종이책의 개발에 힘입어 크게 증가했다. 그러나 이런 성장은 현재 웹의 발달로 인해 사양길에 접어들고 있다. 그럼에도 불구하고 전 연령대의 사람들이 정기적으로 모여서 자신이 읽은 책에 대해 의견을 공유하는 토론 집단에 참여하고 있다. 항상 이런 집단은 유행하는 픽션을 선택하지만 고전읽기 클럽은 과학과 정치적 교양에 더 초점을 맞춘다. 심지어 어떤 사람들은 여름휴가를 대학으로 떠나서 한 주일 동안 토론하기도 한다. 대학에는 아름다운 경관과 수많은 지정 도서가 갖춰져 있다.

이와 동시에 교육여행이 확산되고 있다. 대중 라디오 방송국과 대학은 이런 사업에 열심히 뛰어들고 있다. 사람들은 이탈리아 예술의 명품을 감상하기 위해서 르네상스의 역사와 작품이 지닌 특별한 의미를 설명해주는 전문가와 함께 이탈리아 예술여행을 할 수 있다. 또한 그들은 특정 섬에서만 서식하는 기이한 수많은 생명체와 다윈의 진화론 발달을 배우기 위해서 자신들이 좋아하는 라디오 진행자 중 한 사람과 함께 갈라파고스 섬을 여행할 수 있다. 은퇴자들은 이런 교육여행에 특별한 매력을 느끼는데 이는 부유한 은퇴자들의 수가 증가하면서 교육여행이 확대되고 있기 때문이다.

성인교육은 미국의 주요한 성장 산업 중 하나이다. 현재 실시되고 있는 학습의 대부분이 레크리에이션에 그치고 있을지라도 이는 경우에 따라서 두 번째 직업을 갖게 하거나 어린 나이에 일을 시작하느라 미루어 놓았던 장기적인 관심분야를 심화시키는 등 여전히 매우 가치있는 지식을 제공한다. 아마 우리들의 가장 생산적인 시민들 중 일부는 은퇴 후 지속적인 학습으로 여가시간을 보내는 연로자들이라는 것을 알게 될 것이다.

학습센터

민간이 경영하는 학습센터는 기존 교육제도의 빈자리를 채우면서 무섭게 성장하고 있다. 이것은 현재 가장 흔히 볼 수 있는 교육시설로서 SAT(Scholastic Aptitude Test; 대학입시를 위한 학력태도 검사)와 ACT(American College Test; 미국대학 입학고사) 등의 국가시험을 준비하고 학교 성적이 뒤떨어지는 아동들에게 개인지도를 제공한다. 물론 성인교육을 실시하기 위해 출발하는 학습센터도 있다. 이런 학습센터가 초기에 확산될지 여부는 홈스쿨링처럼 가정에서 추가적인 교육 서비스를 제공할 수 있는 능력에 달려있다. 우리는 학습센터가 네트워크를 기반으로 하는 교육을 더욱 적극적으로 활용하여 특정 지식과 자격증을 얻는 수단으로 확대되기를 기대한다.

프린스턴 리뷰(Princeton Review), 실번(Sylvan), 톰슨(Thompson), 카플란(Kaplan) 등은 학습센터를 운영하는 몇 개 안 되는 유일한 기업들이다. 실제로 실번(Sylvan)은 현재 미국에서 가장 큰 기업 중 하나에 속한다. 이런 몇몇 회사는 크고 작은 도시에 센터를 두고 있다. 사람들은 센터에서 여러 가지 시험 준비를 하거나 부족한 영역을 전문적으로 학습할 수 있다. 연방정부의 학업부진아방지법(No Child Left Behind Act)에 의하면 실패한 학교는 아동들에게 개인교수를 지원할 것을 요구할 수 있다. 이런 새로운 시장에 대응하기 위해서 곳곳에서 민간회사가 생겨나고 있다. 예를 들어 필라델피아(Philadelphia)는 시험점수를 향상시킬 필요가 있는 아동들의 수학공부를 가르치기 위해서 프린스턴 리뷰를 임대했다. 교육구가 학생들에게 요구하는 능력을 잘 가르치도록 지원하기 위해서 교육구에서 회사를 임대하는 일은 점점 더 증가하게 될 것이다.

민간인의 교육 사업은 이미 일본에서는 매우 유명하다. 많은 일본인 가정에서는 자녀들을 방과후 학교프로그램이나 대학입학시험을 준비하기 위해 중학교에서부터 쥬쿠스(jukus)에 보낸다. 일본의 대학은 명성에 따른 순위가 정해져 있어서 각 대학은 입학기준을 어려운 국가시험에 두고 있다. 이 시험은 학생들이 고등학교를 마친 후에 시행한다. 학부모들은 대학입학 경쟁에서 자녀들이 유리한 위치에 서게 하기 위해서 어린 나이에서부터 쥬쿠스에 보내고 있다. 미국에서도 명문대학 간의 경쟁이 치열해지면서 일부 학부모들은 자녀들을 명문대학에 보내기 위해서 이와 유사한 학습센터에 보내고 있다. 굳이 이유를 들자면 대학경쟁은 높아질 수밖에 없기 때문에 학부모들은 더욱 솔선하여 자녀들에게 유리한 것을 구입하게 될 것이다.

또한 학습센터는 직업교육에도 영향을 준다. 1990년대에 미국 교육부는 비영리 지역기술센터를 지원하여 컴퓨터 액세스와 그 밖의 기술 제공이 어려운 지역사회를 돕는 조치를 취했다. 지역기술센터 네트워크(http://www.ctnet.org)는 저소득층의 주택단지, 가계 앞의 공간, 지역사회 기관, 도서관 등 현재 여러 지역에 1,000개가 넘게 설치되어 있다. 참여자들의 대부분은 소수민족들이며 그 중 대부분이 아프리카계 미국인과 남미계 미국인들이다. 그들의 연령범위는 11~91세까지이며 그 중 절반은 20~30세가 차지하지만 대다수는 십대들이다. 센터에 오는 대부분의 사람들은 직업기술을 목적으로 학습하며 센터에서 수업뿐 아니라 인터넷 시설도 이용할 수 있다. 많은 사람들은 영어능력을 높이고 튜터의 도움을 받아 과제를 하거나 대학입학자격 검정시험(GED; general education development;마치지 못한 사람들을 미국 · 캐나다에서 정규 고교 교육을 위한 고졸 학력 인증서)과 다른 성인교육 프로그램에 참여한다. 또한 그들은 컴퓨터를 이용하여 인터넷에서 정보를 얻고 전자우편을 주고받으며 웹 페이지를 설정하여 자기 주도적으로 과제를 수행한다.

예를 들어 미디어 브리지(Media Bridge)라고 부르는 신시내티(Cincinnati)에서 가장 가난한 이웃에 위치한 한 센터는 무료강좌뿐 아니라 미디어물을 제작하는 수단을 제공한다. 미디어 브리지는 카메라, 마이크로폰, 컴퓨터, 스튜디오 등을 도서관처럼 무상으로 대여하여 사람들이 미디어 브리지의 케이블 채널, 인터넷 라디오 방송국이나 웹 사이트를 통해서 신시내티 시민들에게 보내는 메시지를 제작할 수 있게 한다. 데릭 블래싱게임(Derrick Blassingame)은 학습센터를 가장 활발하게 이용하는 사용자 중 한 사람이다. 그는 16세에 신시내티의 어떤 가상 고등학교에 다니다가 래리 킹 라이브(Larry King Live)에 출연하게 되었다. 데릭(Derrick)은 젊은이들의 주장(Youth Speaks)이라는 프로그램을 제작했다. 이는 자신들의 생활에 영향을 미치는 이슈를 놓고 젊은이들이 또래 젊은이들 뿐 아니라 성인들과 이야기를 나눌 수 있는 포럼 프로그램이다. 미디어 브리지의 프리 인터넷 터미널(free Internet terminal)은 데릭(Derrick)이 젊은이들의 주장(Youth Speaks)에 대한 후속 프로그램을 제작하는 한편 젊은이들에게 영향을 주는 최근의 이슈를 지속적으로 추적하는 공간을 제공했다. 특히 전자우편이 도움이 되었는데, 이는 데릭(Derrick)이 십대 임신이나 빈곤 등의 문제에 그의 협력자들과 통신을 할 때 돈과 시간을 절약하게 했기 때문이다.

우리는 학습센터가 어떻게 하면 고등학교와 그 수준 이상의 학교에 대한 대안으로 발전할 수 있을지 상상할 수 있다. 십대들과 성인들은 센터에 가서 자신들에게 유용한 특정 과목을 배울 수 있을 것이다. 예를 들어 그들은 고등학교 졸업장을 취득하기 위하여, 제2 언어로서 영어를 마스터하기 위하여 필요하거나 좋은 지위를 얻는 데 필요한 직업기술을 획득하기 위해서 온라인 강좌를 수강할 수 있을 것이다. 온라인 강좌는 초심자에서 전문가에 이르기까지의 능력평가에 어려움이 있을 수 있다. 센터는 관리자를 두어 수업시작, 훈육, 문제해결을 도울 수 있다. 또한 그것은 유경험자인 십대와 성인들이 학습내용이나 기술에 어려움을 겪고 있는 다른 사람들을 자발적으로 돕게 할 수도 있다. 센터에 있는 모든 사람들은 자신들이 수강하는 과정을 이수하고 각 과정과 관련된 온라인 평가를 통과하는 것을 목적으로 할 것이다.

각 센터는 학교 교실과는 전혀 다른 학습 커뮤니티를 만들어 낼 것이다. 그곳에는 연령 구분이 없기 때문에 청년문화의 문제가 완화될 것이다. 십대와 성인들은 마치 아동들이 옛날 원룸학교에서 그랬던 것처럼 자신이 수강하는 수업시간에서 대등한 입장에서 공부할 것이다. 그 곳에는 학습자들에게 수업의 시종을 알려주는 어떤 종소리도 없을 것이다. 그들은 센터에 도착하면 공부를 시작하고 피곤하거나 적절한 한계점이 오면 중단할 것이다. 학습자들은 강좌를 들으면서 그들에게 도움을 주는 유용한 다수의 온라인 자원을 제공받을 수 있을 것이다. 관리자는 학습자들이 준비과정을 마치고 다수의 사람들이 동시에 평가를 받을 수 있는 수준에 도달하게 되면 온라인 평가를 실시할 수 있을 것이다. 만약 아동과 성인들이 혼합되어 서로 다른 수업을 받게 된다면 그런 환경에서 폭력이나 또래 왕따 등 고등학교가 당면한 문제는 일어나지 않을 것이다.

비영리나 영리 추구와 관계없이 학습센터는 널리 확산되고 있다. 그것은 항상 수업뿐 아니라 기술에 액세스를 할 수 있게 한다. 그것은 학습자들이 얻기 원하는 특정 지식과 기술획득을 지향한다. 우리는 학습센터가 머지않아 급증할 것으로 예상한다. 새로운 학습센터는 가난하고 권리가 박탈된 학생들의 액세스를 늘리기 위해서 공공자원이나 공유 자원의 지원이 가능하도록 설계해야 할 것이다. 그곳에는 학습자들에게 어려움이 있을 때 도움을 제공하고 학생들이 시험을 준비할 때 시험업무를 처리할 수 있는 관리자가 있어야 할 것이다. 학습센터는 학교가 직면한 수많은 문제들을 완화시킬 수 있는 새로운 학습환경을 제공하게 될 것이다.

교육용 TV와 비디오

TV와 비디오의 학습효과는 많은 비판을 받아왔다. 한때 많은 사람들이 TV를 만병통치약으로 칭송했지만 현재 교사들과 학부모들은 학생들이 교실에 앉아서 듣는 수업을 지루하게 여기는 것은 TV의 책임이 큰 것으로 생각한다. 사람과 컴퓨터 간의 상호작용이나 읽기 등과 비교했을 때 비디오는 수동적인 매체임이 분명하다. 그러나 그것은 지난 40년 동안 긍정적이거나 부정적인 면에서 모두 중요한 교육적 효과를 거둔 것은 사실이다.

1960년대에 아동 텔레비전 워크숍(Children's Television Workshop; CTW)을 시작한 이후 아동들을 위한 TV와 비디오 교육 프로그램이 널리 보급되었다. 학습에 대한 TV의 영향은 두 가지 발전에 의해서 크게 확대되었다. 즉 1) 공중파 텔레비전망(public television network; PBS)의 발전, 2) 케이블 TV의 출현. PBS(미국 공공방송망; Public Broadcasting Service)는 TV 주간방송 시간의 거의 대부분을 아동 프로그램에 넘겨주고 CTW와 공동으로 세사미스트리트(Sesame Street), 더일렉트릭컴퍼니(the Electric Company), 머펫쇼(the Muppet Show), 3-2-1콘택트(3-2-1 Contact), 바니(Barney) 등 다양한 아동 프로그램을 제작했다. 이런 프로그램은 아이들이 학교와 일상생활을 충실하게 보내는 데 필요한 발음과 계산능력 등과 같은 그런 기본 능력을 다양한 가정배경 출신의 아이들에게 보여주었다.

또한 공중파 TV는 성인교육을 위한 수많은 프로그램도 제작했다. 이런 것들에는 과학, 자연, 역사, 정치, 예술, 음악, 연극 등의 주제들이 망라되어 있다. 현재 케이블 TV의 발달로 인해서 예술과 연예 네트워크, 히스토리 채널, 학습채널, 디스커버리 채널, 씨엔엔(CNN)과 시스팬(C-SPAN)과 같은 여러 가지 시사 채널 등 이와 비슷한 종류의 프로그램이 엄청나게 증가했다. TV에서 법률 프로그램의 시청 후 애스크미닷컴(AskMe.com)에서 법률 전문가로 변신한 마커스 아널드(Marcus Arnold)의 이야기(제1장 참고)가 설명하는 것처럼 경찰과 법률 드라마조차도 교육적으로 볼 수 있다.[20]

동시에 학습을 강조하는 아동용 비디오가 널리 전파되어 걸음마를 배우는 많은 유아들이 수차례 반복해서 볼 수 있게 되었다. 종종 이런 비디오에는 탐험가인 위글스와 도라(Winggles and Dora) 등 아이들이 좋아하는 TV 스타들이 많이 등장한다. 불행하게도 도라와 같은 많은 쇼는 아이들에게 직접 판매하기 위한 직·간접광고를 사용하고 있으며 이는 바쁜 부모들에게 구매의 압력이 되고 있다. 말이나 공룡 등에 특별한 열정을 보이는 아이들에게 부모가 원하는 것들을 사줌으로서 아이들이 읽기를 배우기도 전에 이런 주제의 전문가가 될 수 있는 많은 비디오들이 널려 있다. 전반적으로 아동용 비디오와 TV는 새로운 현상을 볼 수 있는 교육적 접근을 가능하게 했다. 지난 30년 간 수많은 프로그램과 비디오가 생산되어 왔다. 현재 바깥에서 놀기보다 비디오를 보면서 더 많은 시간을 보내는 아동들이 더욱 증가하고 있다. 이는 아이들에게 훗날 유용할 수 있는 지식을 제공할 수 있을지라도 비활동(inactivity)에 대한 대가를 지불해야 할 것이다.

닐 포스만(Neil Postman)은 TV는 아이들에게 성인의 비밀을 폭로함으로서 교육을 오락으로 변질시키는 극적인 효과가 있다고 주장했다. 그가 지적한 것처럼 수백 만 명의 아동들은 가끔 밤늦게까지 성인 쇼를 보기 때문에 TV나 TV를 본 또래들로부터 마약, 폭력, 간통, 근친상간 등을 배우고 있다. 그는 이것이 아동기의 소멸을 이끌 것으로 생각한다. 한때 아동들은 성인사회가 견뎌냈던 여러 가지 사회적 병리현상으로부터 보호되었으나 최근에 이런 보호는 무너지게 되었다. 동시에 그는 세사미 스트리트 와 같은 쇼는 아이들에게 공부는 면학과 집중을 요구하기보다 다만 뒤에 앉아서 일어나는 일을 보기만 하면 되는 것으로 가르쳐 왔다고 주장했다. 우리는 그런 일이 일어날 것으로 보지 않지만 이것은 아동들이 TV로부터 얻고 있는 일종의 교육이다.[21]

시모어 패퍼트(Seymour Papert)는 아동의 기계(the children's Machine)라는 도발적인 저서에서 제니퍼(Jennifer)라고 부르는 한 초등학교 1학년 학생이 패퍼트(Papert)에게 그가 아프리카에서 자랐다는 말을 듣고 얼룩말이 잠을 잘 때 머리를 어디에 두느냐고 물었던 일을 설명했다.[22] 이 사건으로 인해서 그는 제니퍼처럼 책을 읽을 수 없는 아이들이 얼룩말의 잠자는 습관 등과 같은 관심을 갖는 주제라면 어떤 것이라도 비디오에서 찾을 수 있는 "지식 기계(Knowledge Machine)"를 상상하게 되었다고 한다. 1993년에 그가 이 책을 썼을 때 그는 그런 기계의 출현은 20년 이상 더 걸리지 않을 것으로 생각했다. 오늘날 이것은 기술적으로 실현할 수 있게 되었다. 패퍼트(Papert)는 그런 기계가 갖는 무한한 시장성으로 인해 이는 불가피할 것으로 보았다. 그의 예측대로 아동들은 "말하고, 만지고, 손짓" 함으로서 그것을 조종할 수 있게 되었다. 아이들은 얼룩말이 자는 모습을 보여 달라는 것과 같은 질문을 할 수 있기 때문에 구글 등의 시스템은 신상품을 취급하는 많은 비디오 가게를 검색하게 하여 그런 장면을 찾을 수 있도록 도와 줄 것이다. 패퍼트(Papert)는 이것은 아동들에게 매우 강력한 학습 도구 세트를 제공할 것으로 보았다. 이것은 최신의 비디오를 많이 보유하고 있는 대형 비디오 가게를 모든 것을 완비한 체제로 만들게 할 것이다.

그러나 그런 기계가 아이들에게만 안성맞춤이 아니라는 것은 분명하다. 성인들도 세계의 온라인 비디오 쇼핑몰에 액세스하기를 좋아할 것이다. 그들은 흘러간 영화, 셰익스피어의 연극, 별의 폭발이나 비디오 콘퍼런스 등 자기가 보기 원하는 것들을 볼 수 있을 것이다. 만약 한 친구가 최근 TV에서 방영된 특정 프로그램을 소개한다면 그들은 전화로 주문할 수 있을 것이다. 디지털 시대에 도서관은 더 이상 서책에만 적합한 것이 아니다. 즉 그것은 사람들에게 전 세계에서 만들어 내는 모든 TV 프로그램, 영화, 비디오 이벤트, 상호 작용 게임과 시뮬레이션을 제공할 수 있다.

컴퓨터 기반 학습 소프트웨어

가정용 컴퓨터 시대의 도래와 함께 CD-ROM과 웹에 탑재된 학습 소프트웨어가 전성기를 이끌고 있다. 이런 것 중에서 가장 유명한 심시리즈(Sim series)는 맥시스(Maxis)가 개발했다. 즉 심시티(SimCity), 더심(The Sim), 심라이프(SimLife), 심어스(SimEarth), 심엔트(SimAnt) 등. 심시티(SimCity)에서 당신은 일종의 독재자로서 도시개발과 경영권을 통제할 수 있다. 당신의 결정에 따라서 도시와 시민들은 번영하거나 패망할 수 있다. 비록 게임 설계자가 참여할 것으로 예상했던 사람들에게만 해당할지라도 게임에 참가하면서 시간을 보내는 사람들은 도시의 역동성과 관련된 여러 가지 거래 관계를 학습할 수 있다. 마찬가지로 심라이프(SimLife)는 체제의 생태계를, 심어스(SimEarth)는 지리의 역동성을, 심엔트(SimAnt)는 개미집단의 행동에 대해서 가르친다. 더심(The Sim)은 특정 성격을 나타내는 캐릭터를 디자인하여 시뮬레이션화된 세계 안에서 그 캐릭터의 행동이 어떻게 나타나는지를 사람들이 볼 수 있도록 한다.

그것은 현재 시장에서 가장 인기를 끄는 게임 중 하나이다. 심시리즈(Sim series)는 다양한 주제를 가르치는 재미있는 게임으로 구성되어 있으나 아동들이 그런 게임을 함으로서 얼마나 많은 학습을 할 수 있을지는 그들이 게임에서 실행하고 있는 것에 대해 얼마나 깊이 생각하여 시뮬레이션이 구현한 전반적인 아이디어와 문제에 반영시킬 수 있는지에 달려있다. 현재의 버전을 놓고 보면 이런 게임은 그런 반영을 촉진하지는 못하는 것으로 보인다.

학습 환경으로서 비디오 게임의 이해는 게임문화가 전 세계적으로 청소년들과 성인들을 붙잡기 위해 학교교육과 경쟁을 벌림으로서 점점 더 중요해지고 있다. 제임스 폴 기(James Paul Gee)는 비디오 게임의 몰입적인 특성은 부분적으로는 성공적인 게임에 적합한 사회적, 인지적, 그리고 발달학습 원리에서 기인한다고 주장한다.[23] 이런 관점과 함께 게임과 게임을 하는 것은 더욱 효과적인 학습 환경을 구성하고 영감의 원천이 될 수 있다.

이런 인기와 게임방식의 매력적 특성을 고려해보면, 프로그램 디자이너는 더욱 매력적인 학습환경을 만들기 위해서 게임과 게임 디자인의 원리에 의존할 수 있어야 한다. 예를 들어 베스트셀러 게임인 시빌라이제이션(Civilization)에서 참여자는 세계의 사회적·경제적인 역사적 발달을 재체험 할 수 있는 기회를 갖는다. 참여자들은 계획, 협상이나 전투의 선택, 자원획득과 분배, 자신의 문명을 발전시킬 수 있는 의사결정 등을 반드시 실행해야 한다. 간단히 말하면 이런 활동은 학생들이 교육과정을 넘어 역사 시뮬레이션 게임을 재미있게 하면서 이론과 실제를 어떻게 통합할 수 있는지에 관심을 집중시킨다. 물론 게임이 제공하는 역사관은 역사 교과서에 실려 있는 것과는 전혀 다르기 때문에 학생들이 학교에서 요구하는 역사적 이해를 받아들이는 데는 도움이 되지 못할 수 있다. 커트 스콰이어(Kurt Squire)는 전통적인 역사 수업을 받지 않은 학생들에게 시빌라이제이션(Civilization)과 같은 게임이 어떻게 역사를 "재체험" 할 수 있는 기회를 줄 수 있는지에 대해서 언급했다.[24] 예를 들어 만약 유럽인들이 아닌 아프리카인들이 미국을 식민지로 만들었다면 어떤 일이 일어났을지 조사하게 함으로서 학생들은 교과서와 달리 어떤 사회변동 이론이 실제처럼 보였을 것인지를 이해할 수 있을 것이다.

하지만 학교와 게임문화를 조화시키는 건설적인 자료는 거의 없는 것 같다. 시빌라이제이션(Civilization), 더심(The Sim) 또는 스타워즈 갤럭시(StarWars: Galaxies) 등 개별적이고 몰입의 특성을 갖는 게임은 대부분 학교에서 실행하는 집단수준, 훈육, 단기수업 등과 역행한다. 스콰이어(Squire)는 가파른 학습곡선, 중요한 시간의 집중, 초심자가 경험하는 잦은 실패 등으로 인해 시빌라이제이션(Civilization)은 가끔 교사와 학생들로 하여금 유보적 태도를 갖게 만든다고 주장한다.

게임의 기초 능력을 습득하는 과정에서 발생하는 문제 이외에도 많은 교육자들이 비디오 게임과 게임문화를 부정적인 시각으로 바라보는 문제점도 있다. 비디오 게임은 학교의 정통성을 견제하는 위협이 되거나(기껏해야) 도덕성을 부패시키는 동시에 비활동성을 조장함으로서 동기를 무력화 시키는 생활방식에 젖게 만드는 등 파괴적이며 중독성이 강한 활동으로 간주된다. 학교는 오리건 트레일(Oregon Trail)이나 심시티(SimCity) 등 몇 가지의 게임을 제외하고는 일반적으로 게임을 통제하거나 없애려는 입장을 취해 왔다. 결과적으로 둠(Doom), 그랜드세프트오토 (Grand Theft Auto), 월드오브워크래프트(World of Warcraft) 등과 같은 콘텐츠와 중독성을 갖는 게임은 학부모들과 학교 지도자로 하여금 더 많은 참여자를 게임 속으로 끌어들이는 게임 디자인의 원리, 즉 게임의 몰입의 특성에 대한 관심을 외면하하게 했다.

게임문화와 게임 디자이너들은 이런 제도적인 경멸을 행복하게 이용하는 것으로서 만족하는 것처럼 보인다. 게임은 점점 더 복합적이며 행함으로서의 학습환경(learning-by doing environment)을 제공하여 맞춤식 학습을 가능하게 한다. 학교가 점차 학습자의 경험을 표준화하는 방향으로 나가는 것처럼 게임은 참여자가 자신의 이론, 전략, 정체성을 시험하는(그리고 피드백을 얻는) 사용자 정의의 세계를 찾게 한다. 그러므로 학교와 관련된 게임은 본질적으로 파괴적인 컴퓨팅의 특성을 나타내게 된다.

비디오 게임을 하는 것은 고독한 플레이어가 혼자서 자기 컴퓨터를 열심히 두드리는 이미지를 떠올리게 한다. 그러나 최근 인터넷에서 비디오 게임팀을 구성할 수 있게 됨으로서 온라인 게임에 새로운 사회적 차원의 문이 열리게 되었다. 초기에 개발한 다중사용자 가상환경(MUVEs; multi-user virtual environments)은 타이핑하거나 다른 사람들이 그들을 위해서 구축한 장소를 검색하여 세계의 모든 사람들이 이야기를 공유할 수 있게 했다. 이런 MUVEs 중 일부인 무스크로싱(Moose Crossing) 등은 에이미 브루크만(Amy Bruckman)이 특별히 아동을 위해서 디자인하여 제작했다.[25] 무스크로싱(Moose Crossing)에서 아동들은 마법의 장소와 움직이는 생명체를 창조하면서 말로 표현할 수 없는 가상세계를 창조한다. 그들은 그 과정에서 읽기와 창의적인 글쓰기 기술을 향상시키면서 컴퓨터 프로그램으로 글을 쓰는 방법을 배운다.

차세대 MUVEs는 그래픽을 향상시킨 다중온라인게임(MMOGs)으로 만들어 가상세계의 참여자들을 폭발적으로 증가시킬 것이다. 에드워드 카스트로노바(Edward Castronova)는 MMOG 에버퀘슬(EverQuesr)에서 사용되는 가상통화의 현실적 가치를 이배트닷컴(E-bat.com)과 같은 온라인 경매 사이트의 확정환율을 근거로 분석하여 에버퀘슬(EverQuesr)의 경제를 1인당 가상 국민총생산량(GNP) 2,266달러, 즉 세계에서 77번째로 부유한 국가와 맞먹는 수준으로 향상시킨 사실을 증명했다.[26] MMOGs는 통상적으로 수백 만 명의 참여자들을 복잡한 가상세계로 끌어 모은다. 이런 세계는 젊은이들에게 대부분 공격성을 조장하는 갈등과 전투를 기본 구조로 하지만 많은 참여자들은 무역의 발전을 선택하여 스타워즈 갤럭시(StarWars: Galaxies)와 같은 게임의 상인이 된다. 학교에서 철자나 문법을 제대로 배우지 못한 학생들은 온라인 게임에서 비문해로 인한 불이익을 받게 된다. 이는 소중한 파트너와 원활한 소통을 하는 것이 어려울 것이라는 사실을 곧 알게 되기 때문이다. 비디오 게임은 온라인 세계에서 새로운 사회적 · 심리적 차원을 보여줄 수 있다.

최근 니콜라스 네그로폰테(Nicholas Negroponte)는 수년 간 MIT의 연구소장으로 있었다. 그는 저렴한 컴퓨터를 개발하여 제3세계의 모든 마을에 웹 액세스를 가능하게 만들었다. 이런 성과는 아동 1인당 1대의 노트북이라는 이름이 붙여졌다. 그는 100달러짜리 컴퓨터의 판매를 희망했으나 판매가 지체되면서 현재의 가격은 200달러가 되었다. 이 컴퓨터는 지붕 위에 있는 태양열 패널에서 전원을 공급받아 무선을 통해서 웹과 연결한다. 컴퓨터의 전원은 L자형 손잡이나 밟기판으로 공급한다. 이 회사는 다량의 컴퓨터를 구입하기 위해서 태국 등 제3세계의 많은 국가들과 협상을 했다. 이런 노력들은 결국 도서관의 방대한 웹 자원을 세계의 모든 작은 나라에 공급할 수 있을 것이다.

아동과 성인용 학습 소프트웨어는 점점 더 축적되어 갈 것이다. 기술 모델 학습은 정교한 시뮬레이션 게임 속에서 성장한 세대들에게 더욱 용이해질 것이다. 게임은 그들이 자원분배, 아군과 적군과의 협상, 상황과 환경의 조정, 능동적인 목표 추구, 실패의 극복 등 다양한 리더십의 기술을 학습하는 데 도움을 줄 것이다. 존 실리 브라운(John Seely Brown)과 더글러스 토머스(Douglas Thomas)가 시사한 것처럼 오늘날 게이머들은 내일의 지도자가 될 것이다.[27]

기술 자격증

최근까지 학교와 대학은 자격증의 독점권을 행사해 왔다. 고등학교 졸업장과 대학 학위증의 발행은 학생들이 도달한 특정 수준의 전문지식과 기술을 보증해 주었다. 이는 학생들이 학교에서 최선을 다해 졸업장이나 학위를 취득하지 않으면 구직에서 불이익을 받기 때문에 학교와 대학이 학생 통제권을 갖게 된 것이다. 지난 30년 동안 대학입학자격 검정시험(GED)이 고등학교 졸업장의 대안으로 크게 활용되는 일이 급증하여 고등학교의 졸업장의 독점권을 크게 약화시키는 듯 했다. 그러나 고용주들이 GED를 더 낮게 평가함에 따라서 학교와 대학이 여러 가지 프로그램들을 대폭 조정하게 되었고 그 결과 GED는 학교의 자격증 통제권을 크게 약화시키지는 못했다.

최근에 마이크로소프트(Microsoft), 시스코(Cisco), 노벨(Nobel) 등 굴지의 기업들 뿐 아니라 기술 단체에서 컴퓨터와 관련된 직업이 요구하는 기술능력의 숙달을 증명하는 시험이 개발됨으로서 자격증의 획득 과정이 단축되었다. 예를 들어 시스코(Cisco)는 네트워크 관리의 종합훈련 프로그램을 제공한다.[28] 시스코 아카데미는 웹과 교실수업을 혼합한 학습환경에 적합한 교육과정, 행함에 의한 학습, 평가활동 등의 단단한 결합을 기본으로 한다. 시스코 아카데미는 필요한 기술을 학생들에게 가르칠 것을 학교에 기대하기보다 교실공간을 확보하여 관심을 갖는 학생들과 액세스하기 위해서 학교와 협력관계를 유지한다. 이것은 교육과정을 9개국 언어로 번역하여 150개국에서 400,000명 이상의 학생들을 훈련해 왔다. 결과적으로 이런 자격증 프로그램은 학생들이 경영대학, 지역사회 대학, 웹상의 수많은 훈련 프로그램 등을 통하여 자격증 시험 준비를 가능하게 했다. 이런 자격증 프로그램은 고등학교와 대학에서 이론에 치중하여 공부하는 학생들에게 대안적인 전문학위 프로그램을 제공한다.

장기적인 측면에서 보면 이런 자격증 프로그램은 학교와 대학의 독점에 위협이 될 수 있다. 자격증은 더욱 특정될 수 있기 때문에 실제로 고용주들에게 큰 의미를 준다. 이는 고등학교 졸업장이나 대학학위가 할 수 없는 방식으로 학생들이 습득해야 할 기술을 정확하게 특정할 수 있다. 더구나 자격증은 매우 특정적이기 때문에 어떤 교육 프로그램이라도 거기에 맞게 조정할 수 있다. 실제로 자격증을 개발하는 기업과 기술단체는 대부분의 경우 자격증 시험에 대비하여 가르쳐야 할 과목과 방법을 매우 상세하게 안내하는 설명서를 만들었다.

제8장에서 더욱 깊게 논의하겠지만 자격증이 사람들이 어떤 지식 영역에서 무엇을 할 수 있을지를 더욱 정확하게 특정하는 사실을 고려하면, 사람들이 언젠가 이런 자격증이 고등학교 졸업장보다 더욱 가치가 있다고 생각하는 날이 올 것으로 예상할 수 있다. 그런 일이 일어나게 되면 우리는 가술자격 프로그램이 기술을 넘어서 여행사, 배관작업, 자동차 수리 기술 등 여러 가지 분야에까지 확대될 것으로 예측할 수 있을 것이다. 우리는 다양한 종류의 자격증을 따기 위해 노력하는 십대들과 성인들을 상상할 수 있다. 일련의 관련 자격증을 얻게 되면 십대들이 고등학교에서 보내는 기간을 대체할 수도 있다. 대안적인 자격증은 기술 분야에서 가르치는 내용과 평가 내용을 더욱 단단하게 연결시킬 수 있을 것이고 이것은 학교와 대학이 결코 성취할 수 없었던 방식이 될 것이다.

인터넷 카페

수년 전 우리들 중 한 명이 발리에 갔을 때 크고 작은 도시에 널려있는 인터넷 카페를 보고 크게 놀랐다. 인터넷 카페가 세계 도처에 수없이 생겨남에 따라 사람들은 그곳에서 적은 비용으로 로그인이 가능하게 되었다. 이런 카페는 웹상에 들어있는 모든 자원에 액세스할 수 있는 미래의 도서관과 비슷한 것이다. 미국에서 이것과 견줄 수 있는 것은 커피숍과 사람들이 모여서 웹에 액세스할 수 있는 장소이다. 특히 카페는 젊은이들에게 매력적이다. 그들은 그곳에서 대화와 게임을 하면서 시간을 보내고, 세계에서 일어나는 일에 대해서 토론하고 프로그램의 작동방법을 배우고, 자신들의 관심과 관련이 있는 여러 가지 사이트를 탐색한다.

중국 등 일부 국가에서는 정부가 찬성하지 않는 일을 외부로부터 차단시키기 위해서 사람들의 웹 액세스를 제한하기도 한다. 그런 조치에도 불구하고 인터넷 카페는 중국 전역에 우후죽순처럼 늘어나고 있어서 많은 사람들은 정부가 원하지 않는 사이트의 액세스를 봉쇄하기 위해서 구축한 장벽을 우회하는 방법을 찾을 수 있게 될 것이다. 인터넷 카페의 폭발적인 증가는 웹 사이트의 액세스를 통제하려는 많은 중앙 정부의 시도를 무력하게 만들었다.

세계적으로 축적된 엄청난 지식이 웹을 통해서 널리 전파되고 있다. 따라서 사람들은 많은 지역에서 웹에 액세스함으로서 자기 교육이 가능하게 되었다. 이는 과거에 공공 도서관이 수행했던 역할이다. 전 세계 사람들이 기술 사회에서 성공하기 위해서 교육이 필요한 것을 알게 되면 웹 자원을 이용하여 자기 교육을 시작할 것이다. 물론 거의 대부분의 사람들이 웹을 검색하고 평가하는 능력을 향상시키지 않는다면 자기가 원하는 정보를 찾기는 어렵겠지만 카페 이용자들 간에 검색이나 게임방법을 사람들에게 가르쳐주는 문화가 발달할 것이다.

또한 카페는 온라인상에서 사회적 상호작용을 할 수 있는 새로운 장소의 문을 열고 있다. 이는 종종 불길하게 보일 수 있다. 한국에서는 부족을 중심으로 뭉친 수십 개의 동맹국들을 서로 다른 부족들과 싸우게 만드는 리니지(Lineage)와 리니지II(LineageII)의 온라인 게임에서 수 십 만 명의 플레이어들이 중세 전쟁의 세계에 몰입하고 있다. 리니지(Lineage)는 종종 가상세계에 참여할 수 있는 사이트를 제공하는 "PC방"이라고 부르는 카페에서 논스톱 게임으로 이루어진다. 한 온라인 부족의 회원들은 게임에서 자기 지도자가 야만적으로 살해되자, 책임이 있다고 생각되는 현실 세계의 참여자들을 공격했던 사건이 2001년에 발생했다. 이런 사례처럼 때때로 현실과 가상세계 간의 경계는 모호해지고 있다.[29] 카페를 통해서 적은 비용으로 웹에 액세스 할 수 있게 됨에 따라 세계는 지식, 새로운 사회적 사교모임, 학습에 대한 새로운 방식에 액세스 할 수 있게 되었다. 물론 인터넷 카페는 아동들이 엄청난 양의 시간을 낭비하는 장소가 될 수 있다.

평생학습

요약하면 이런 혁신이 가져온 축적 효과는 어떤 장소에서도 평생학습이 가능하도록 학습을 확장시킨 것이다. 시간이 지나면서 이런 혁신 부분들은 새로운 교육 시스템의 요소를 구성할 것이고 이는 한때 학교가 교육의 주변적인 역할에 그쳤던 도제교육 시대로 되돌아가게 만들 것이다. 그러나 현재 이런 요소는 상호 독립적으로 작용하고 있어서 어떤 면에서 보면 그것은 일관된 교육 시스템을 형성하지 못한 상태에 있다고 볼 수 있다. 그것은 선구자가 가장 절실하게 필요한 곳이다. 그것은 이런 신기술의 요소를 토대로 하여 공정하고 일관된 시스템을 구축할 수 있는 방법을 찾아내는 것, 즉 호러스 만(Horace mann)과 그 동료들이 실천했던 것을 다시 한 번 실천할 수 있는 새로운 열정적인 선구자 집단을 요구한다.

현재 학교제도의 관점 중 일부는 유지될 것이다. 예를 들어 초기 사회화와 보호를 제공했던 초등학교는 과거처럼 남아있겠지만 저가 노트북의 쇄도는 막지 못할 것이다. 초등학교는 K-12 학교 시스템의 초석이었기 때문에 어린 아이들은 항상 지도, 읽기, 쓰기, 셈하기 수업을 필요로 할 것이다.

그러나 비디오 게임과 학습센터는 이미 중학교 학생들의 관심을 끌어들이기 위한 도전에 나섰다. 현행 교육제도에서 탈락한 고교생들이 선택할 수 있는 기술 자격증, 원격교육, 성인교육 등과 같은 새로운 제도는 이미 고등학교가 얼마나 시대착오적인지를 잘 대변한다. 나머지 장에서 이런 변화가 초래할 일들을 살펴 볼 것이다.

이런 기술의 발전은 평등, 사회적 행동, 사회의 문화적 응집력에 대한 관심을 제기한다. 나머지 장에서 우리는 이런 것들이 교수-학습에 제기하는 이슈와 문제를 해결하기 위해서 사회가 이런 새로운 발전에 대응할 수 있는 방안을 더욱 폭넓게 생각하는 것이 중요하다고 주장할 것이다. 학교에 신기술을 채택하는 것으로 학습에 대한 우리의 관심을 제한하게 된다면, 그것은 우리 눈을 중요한 쟁점과 가능성으로부터 가리게 만든 것에 불과할 것이다. 우리는 독자들이 학교를 넘어 생각함으로서 평등의 문제를 해결하는데 기술이 공헌할 수 있는 방안, 이런 발전이 함의하는 미래의 교육에 것에 대해 숙고할 것을 요구한다.

C·H·A·P·T·E·R

06

세 가지 시대의 교육

책임: 부모에게서 국가로 그리고 개인과 부모에게로

기대: 사회 재생산에서 만인의 성공으로 그리고 개인의 선택으로

내용: 실제적인 기술에서 학문적 지식으로 그리고 학습 방법의 학습으로

교수방법: 도제방법에서 강의방법으로 그리고 상호작용으로

평가: 관찰에서 시험으로 그리고 내장형 평가로

장소: 가정에서 학교로 그리고 어느 곳이든지

문화: 성인문화에서 또래문화로 그리고 세대 혼합 문화로

관계: 개인적 유대에서 권위적 인물로 그리고 컴퓨터 중재 상호작용으로

교육의 중요한 변화

CHAPTER 6

세 가지 시대의 교육

우리는 도제교육 시대와 보편적인 학교교육 시대를 거쳐 현재 평생학습 시대의 교육을 향해 나가고 있다. 이런 3가지 시대는 여러 가지 면에서 많은 차이가 있으나 어떤 점에서 보면 평생학습 시대에는 초기 도제교육 시대의 요소들이 반영된 것으로 보인다.

도제교육 시대에서 보편적인 학교교육 시대로 이행하는 가운데 여러 가지 면에서 많은 변화가 있었다. 즉 아동교육의 책임이 누구에게 있는지, 그들의 교육목적과 교육내용은 무엇인지 등. 그들은 어떻게 가르치고 평가할 것인지, 그들이 학습하기를 기대하는 것은 무엇인지. 또한 학습이 일어나는 장소, 학습이 일어나는 문화, 교사와 학습자의 관계에도 변화가 있었다. 이런 교육의 모든 면들은 우리 사회가 평생학습 시대로 진입하면서 또 다시 새롭게 변화하고 있다.

책임: 부모에게서 국가로 그리고 개인과 부모에게로

아마도 호러스 만(Horace mann)과 그 동료들이 주창한 가장 혁명적 사상은 아동교육에 대한 책임을 부모에게서 국가로 넘긴 것으로 볼 수 있다. 도제교육 시대에는 부모들이 자녀들이 배워야 할 내용을 결정했다. 종종 부모들은 자녀가 종사하게 될 직업도 결정할 수 있었다. 만약 한 소년이 아버지의 뒤를 잇게 되면 아버지가 자녀를 직접 훈련시키거나 아니면 그 소년은 장사를 배우기 위해서 친척이나 친구들의 견습생으로 들어갔을 것이다. 소녀들은 어머니에게서 가사와 그 밖의 일을 배웠다. 만약 그들이 농장에 살고 있다면 어머니는 소녀에게 우유 짜기 등의 농장 일을 가르쳤을 것이다. 이는 당시에 매우 흔한 일이었다. 만약 가족이 장사를 했다면 어머니는 종종 가게를 관리하고 소녀는 관리하는 방법을 배웠을 것이다. 만약 어머니가 산파였다면 소녀는 어머니를 관찰하는 가운데 자기의 책임을 천천히 완수해 가면서 산파에게 필요한 기술을 익혔을 것이다. 한밤중에 난로 옆에서 책을 읽었던 아브라함 링컨 이야기가 시사하는 것처럼 도제교육 시대의 사람들은 대부분 주로 독학을 했다.

산업혁명이 시작되자 미국의 가치와 언어를 배우는 이민자 자녀들에 대한 우려가 있었고 이것은 부모가 아닌 국가의 책임이 되어야 한다는 인식을 초래하게 되었다. 개혁자들은 이민자 부모들이 자녀들에게 적절한 미국의 가치를 가르치지 않을 수 있을 것으로 보았다. 그래서 호러스 만(Horace mann)과 그 동료들은 모든 아동들을 학교로 보내 미국의 가치와 영어를 배우게 할 것을 주장했다. 산업화 시대에 대중적인 학교교육의 모델은 대규모 아동집단에게 공통 교육과정을 가르치게 했다. 만(mann)은 모든 아동들이 공통적인 지식, 언어, 사회적 상호작용에 참여하게 되면 성공적인 미국시민으로 성장할 것으로 보았다. 그러므로 개혁자들은 부모에게서 교육의 통제권을 인수하여 국가에 위임할 것을 주장했다. 이는 부모들이 공유하지 않은 가치와 태도를 아동들에게 가르칠 수 있게 했다. 이런 과정을 그래픽으로 기술한 것이 리처드 로드리게스(Richard Rodriguez)의 자서전인 기억의 갈망(Hunger of Memory)에 아름답게 묘사되어 있다. 이 책에서 저자는 자신이 학교교육에서 배운 미국의 가치와 부모가 소유한 가치 사이에서 얼마나 방황했는지를 기술했다.[1] 현재 홈스쿨링 운동은 아동교육의 책임을 국가로부터 되돌려 받으려고 노력하고 있다.

평생학습 시대에서 현재 교육의 책임은 국가로부터 부모(어린 아동에게)에게로 되돌아갔고 이것은 다시 개인(십대와 성인에게)에게로 넘겨지고 있다. 이런 운동은 학습자의 특별한 욕구, 관심, 능력에 부합하는 맞춤식 교육을 강조한다. 우리는 이것을 홈스쿨링, 원격교육, 학습센터를 통해 알 수 있었다. 날이 갈수록 더 많은 부모들이 아이들에게 교육용 비디오와 컴퓨터 소프트웨어를 구입해주고, 자신들의 신념에 따라 아이들에게 중요하다고 생각되는 것을 가르치고, 아이들이 어려움에 직면하거나 특별한 주제에 관심을 나타내면 그들에게 교육 서비스를 제공해 줌으로서 자녀교육을 통제하고 있다. 십대시절의 언젠가에 시작했을 수도 있겠으나, 점차 사람들이 연로해지면, 그들은 승진의 욕망이나 그들의 진정한 관심을 추구하기 위해서 그들이 원하는 학습을 스스로 결정할 것이다. 우리가 기술과 관련된 이야기에서 들은 대부분의 것들은 웹페이지 제작이나 음악 비디오의 리믹스와 같은 개인적인 목적을 찾는 십대들에 관한 것이었다. 빌 게이츠(Bill Gates)는 컴퓨터 프로그래밍을 하면서 고등학교 시절을 보낸 것으로 유명하다. 고등학교가 상당한 선택을 허용하고 있기는 하지만 기술은 십대들이 자신의 개인적인 열정을 스스로 찾는 일을 더욱 용이하게 해주고 있다.

기대: 사회 재생산에서 만인의 성공으로 그리고 개인의 선택으로

산업혁명이 일어나기 전의 부모들은 자녀들이 자신의 뒤를 잇기를 원했다. 그러므로 그들이 자녀들에게 기대했던 교육은 자신들이 받았던 교육수준과 비슷한 것이었다. 만약 그들이 농부였다면 아이들은 자신의 부모처럼 농부가 되는 교육을 기대했을 것이다. 그들이 상업이나 장사를 했다면 자녀들은 그런 상업과 장사에 필요한 교육을 기대했을 것이다. 그들이 성경을 읽었다면 아이들은 부모가 그랬던 것처럼 읽기교육을 기대했을 것이다. 이런 기대는 계급의 재생산을 지지한다. 아이들이 좋은 교육을 받게 되면 높은 사회적 지위로 상승할 수 있는 사회이동은 꿈 꿀 여지가 거의 없었다. 당시 아이들이 맞이하게 될 세계는 자신의 부모들이 맞이했던 세계와 매우 비슷할 것으로 보는 사회 안정론이 지배적이었다. 그러므로 아동 양육의 목적은 부모와 비슷한 능력을 갖추도록 하는 것이었다.

산업혁명 이후 호러스 만(Horace mann)이 주도한 중요한 운동 중 하나는 만인에게 공통 교육을 실시하여 만인이 성공할 수 있는 기회를 제공하는 것이었다. 그는 다양한 국가 출신의 이민자 자녀들이 미국의 꿈을 성취할 것을 원했다. 미국의 꿈은 대부분 열심히 공부하고 성실하게 노력하면 사회경제적 지위를 향상시킬 수 있으며 미국 사회는 누구나 성공할 수 있는 사회이동이 가능하다는 약속으로 되어 있다. 공통교육 제도의 창안은 아동들이 사회이동을 위해서 활용할 수 있는 매우 중요한 통로로 볼 수 있다. 만인에게 학교를 강요하는 또 다른 측면은 아동들을 부모의 목적과 가치로부터 분리하여 사회화시킴으로서 사회적 연대와 공통된 시민 가치를 촉진하기 위한 것이었다. 만(mann)은 아동들에게 무상교육을 제공하게 되면 미국의 가치에 잘 적응하여 그들이 어떤 일을 선택하더라도 그것에 필요한 능력을 갖출 것으로 기대했다. 이것은 교육을 통한 평등을 주장한 것으로서 "모든 아이들은 배울 수 있다"라는 표어를 통해 전해오고 있다. 결국 많은 부모들은 이런 이데올로기를 수용하여 자녀들이 좋은 교육을 받을 수 있을 것으로 기대하게 되었다. 정작 부모 자신들은 고등학교를 졸업하거나 대학에 발을 디딘 적이 없었지만 실제로 그것은 많은 부모들로 하여금 자기 자녀들이 미국의 명문대학 중 어느 한 곳에 다니게 될 것이라는 꿈을 꾸게 했다. 그러나 여전히 많은 가족, 특히 외국 이민자들 중에는 학교가 자기 자녀들에게 불리한 가치를 교육할 수 있다고 생각하는 사람들도 있었다.

우리는 교육에 대한 기대는 또 다시 변화할 것으로 믿는다. 성공의 목적이 만인들에게 널리 전파되었으나 십대들과 청년들은 자기 삶과 교육에 대해 더 많은 책임을 지게 되었다. 종종 그들은 학교가 제공하는 것을 배척하고 대신에 자기에게 흥미가 있거나 자기 발전에 필요하다고 생각하는 것을 선택한다. 그들은 교육받은 사람들이 표준교육과정을 통해서 알아야 할 것을 결정하는 교육자들, 즉 만(mann)의 추종자들의 기대를 자발적으로 수용하지 않을 것이다. 많은 젊은이들은 오히려 맞춤식 교육의 정신에 따라 자기 교육의 길, 자기 생각, 자기에게 가치가 있을 것으로 보이는 것을 추구할 것이다.

협약학교, 풍부한 선택 교육과정, 가상 학교교육의 선택권 등 선택이 지배하고 있다. 내 생각에 따라 내 자녀가 배워야 할 것을 내가 결정해야 한다는 홈스쿨링은 학부모들의 말버릇처럼 되고 있다. 원격교육, 학습센터, 기술 자격증은 모두가 학습할 것을 스스로 결정하는 학습 선택권을 확장한 것이다. 이런 점에 비추어보면 표준화 운동은 걷잡을 수 없이 번지고 있는 맞춤식 교육에 대한 보수층의 견제 장치로 볼 수 있다. 평생학습 시대에 사람들이 자기가 학습할 교육의 종류를 점점 더 자신이 선택하는 상황으로 이동해 가게 되면, 표준화는 정당하게 판단되는 학습의 범위를 제한하게 될 것이다.

내용: 실제적인 기술에서 학문적 지식으로 그리고 학습 방법의 학습으로

산업혁명 이전에 실시되었던 아동교육의 주된 목적은 종교적 구원과 아동들이 성인으로서 수행하게 될 역할을 학습하는 데 있었다. 아이들이 부모가 아닌 사람들에게서 도제교육을 받았다면 교육의 내용은 문해 교육과 부모나 스승들의 기술과 재주를 기반으로 구성되었을 것이다. 당시 학교는 아이들이 성경을 읽고 물건을 사고파는 것 등에 필요한 읽기, 쓰기, 셈하기 등 기본 능력을 가르쳤다. 그러나 1년이나 2년 이상 학교에 다닌 학생들이 거의 없었기 때문에 학교교육의 내용은 극히 기본적인 것에 한정되었을 뿐이었다. 그들은 부모를 돕고 집안의 허드렛일을 하면서 많은 것을 배웠다. 대부분의 아이들은 부모에게서 생활방식을 배웠으나 특정 아동들이 상업이나 장사 등 도제교육을 받을 경우, 장인은 부모의 역할을 대신하여 아이들의 성공에 필요한 능력을 완벽하게 학습하도록 보장해 주었다. 그러므로 대부분의 아동교육은 생활에 필요한 실제적인 기술을 강조했다고 볼 수 있다.

산업혁명의 진행과 함께 교육의 주된 목적은 아동에게 사회적 연대와 민주주의 사회에 알맞은 생활을 준비시키는 것으로 바뀌게 되었다. 대중교육은 종교와 직업교육의 내용을 분리하기 시작했다. 학교는 아이들이 현명한 시민과 노동자의 역할 수행에 필요한 세속적 지식의 공통핵심을 학습하는 것, 특히 읽기, 쓰기, 셈하기 등을 강조했다. 학교교육이 고등학교까지 확대되자 현대에 들어서 발달된 여러 가지 학문이 교육과정에 추가되었다. 역사, 영어, 사회 교과목 등은 학생들이 훌륭한 시민으로 준비시킬 것을 강조했다. 학생들을 재정, 공학, 과학 분야의 전문직 등과 같이 수학적 훈련을 요구하는 다양한 직업에 준비시키기 위해서 대수와 기하학을 추가했다. 1890년대에 미국 교육부 장관이 주도한 10인 위원회는 모든 고등학교 학생들은 영어, 수학, 라틴어와 그리스어, 역사, 과학, 지리 등 일련의 교과목을 학습할 것을 결정했다. 이런 교과목은 대학에서 매우 중요하게 여기는 학문을 반영한 것이다. 10인 위원회의 권고는 비록 라틴어와 그리스어가 현대 외국어에 밀려 탈락하기는 했으나 20세기 고등학교 교육과정의 틀을 결정했다. 하지만 종교교육은 교구학교를 제외하고 세속적인 공교육에서 미해결 상태로 남겨졌기 때문에 주로 가정과 도제교육을 중심으로 이루어졌다.

지식의 폭발은 학교가 성인으로서 필요로 하게 될 모든 지식을 학생들에게 가르치는 것을 불가능하게 만들었다. 새로운 지식의 폭발과 점증하는 교육수요에 대응하기 위해서 학교교육은 수학연한을 점차 확대했으나 이는 실행 가능한 전략이 아니었다. 이런 이유로 학습방법의 학습, 유용한 자원을 찾는 방법의 학습이 가장 중요한 교육의 목적으로 대두하게 되었다. 그러므로 문제해결과 다양한 미디어의 커뮤니케이션 등과 같은 일반 기술, 다양한 배경의 사람들과 상호작용할 수 있는 인간관계의 기술, 정보와 자원을 검색하여 그것에서 배우려는 학습 등이 더욱 강조되었다. 이런 아이디어는 1991년 미국 노동부가 SCAN이라고 부른 보고서에 그 윤곽이 드러났다.[2] 이것은 21세기 직업을 준비하기 위해서 사람들은 핵심 역량이라고 부르는 것, 즉 5가지 영역의 교육이 반드시 필요하다고 주장했다. 이것은 다음과 같다.

- 자원: 발견, 조직, 계획, 자원분배
- 인간관계: 타인과의 협력
- 정보: 정보획득과 사용
- 시스템: 내적인 복잡한 관계의 이해
- 기술: 다양한 기술을 사용하는 작업

SCAN 보고서는 이런 새로운 역량은 책임과 통합 등의 기본 능력, 사고능력, 좋은 인간관계의 기초 위에서 구축되어야 한다고 주장한다. SCAN 보고서는 교육수요가 변화하는 징후를 나타낸다. 지난 세기 동안 일상적인 일은 사라지고 탐구적인 일과 유연성의 수요는 증가했다. 개인의 생활과 노동이 계속해서 변화하기 때문에 사람들은 평생 동안 새로운 지식과 기술을 지속적으로 학습해 나갈 것이다. 개인화는 제도가 더 이상 교육 내용에 대한 접근을 통제할 수 없게 됨으로서 출현했는데 이는 종교와 세속적인 가치 구분이 점점 더 어려워진다는 또 다른 의미를 시사한다. 학습자가 자신의 관심을 중심으로 학습 프로그램을 선택하게 되면 학습자의 관심을 안내하는 가치는 교육경험으로 통합되게 된다. 블로그와 소셜 네트워크 사이트를 잠깐만 살펴보아도 종교뿐 아니라 대중문화, 스포츠, 오락에 뿌리를 둔 다른 공유 가치가 어떻게 신기술의 학습환경 속으로 스며들고 있는지를 금방 알 수 있다. 이것은 제약적인 제도의 통제를 벗어난 학습 콘텐츠의 폭발이 학습자로 하여금 제도, 가치, 신념이 아닌 개인의 관점에서 학습 경험을 개인화 할 수 있게 하는 것을 시사한다.

교수방법: 도제방법에서 강의법으로 그리고 상호작용으로

도제의 교수방법에는 모델링, 관찰, 코칭, 실행 등이 있다. 성인들은 작업하는 장면을 보여준 후 학습자가 그것을 실행하기 위해서 애쓰는 동안 학습자에게 경험을 쌓을 정도의 적은 도움을 주면서 지켜보기만 한다. 도제교육은 단순히 상업과 장사 기술을 가르치는 방법만은 아니었다. 이것은 아동들이 농장이나 가게를 운영하는 방법, 산파가 되는 방법, 집안 주변의 허드렛일을 하는 방법, 그리고 이런 능력을 집안에서 배우면서 또한 읽고 쓰는 방법 등을 학습하는 것이었다. 1대 1의 상황에서 사람들이 다른 사람을 가르치는 것은 자연스러운 일이다. 도제교육은 2~3명의 학습자마다 유능한 성인을 배치하기 때문에 매우 자원 집약적이라고 볼 수 있다. 그러나 밀착

지도와 감독을 고려하면 그것은 학습자의 거의 모든 학습을 관리하기 때문에 매우 효과적이다. 가정에서는 나이가 위인 형제들이 가르치는 일의 상당부분을 부담하며 예술계에서는 장인이 각기 다른 수준의 전문성을 갖춘 많은 제자들을 두어 그들로 하여금 초심자를 가르치게 한다.

도제교육은 대중교육에서는 그 실행이 불가능한 교수방법이다. 밀려드는 학생들로 인해 학교가 홍수 사태를 맞게 되자, 학교는 교사들에 비해 학생들의 비율이 월등히 높은 환경에서도 가르칠 수 있는 새로운 대중적인 교육방법을 발전시켜야 했다. 산업시대 학교교육의 교수방법은 극히 적은 수의 교사들을 투입하여 질문에 답하거나 숙제를 하도록 지도하면서 많은 아동들에게 지식과 기술을 설명한 후 가르친 것을 학습했는지 여부를 확인하기 위해서 시험을 치르게 하는 것이었다. 교사는 자신의 지식 이외에 어떤 다른 자원도 필요로 하지 않았으며 학생들에게 자신의 지식을 전달하기만 하면 되었기 때문에 강의법은 가장 손쉽게 사용할 수 있는 교수방법이 되었다. 진보주의 교육자들은 아이들은 단순히 교사의 말을 듣기보다 활발하게 참여하게 되면 더욱 효과적인 학습을 할 수 있다고 주장했다. 그 결과 시간이 지나면서 학생이 참여하는 새로운 방법이 채택되었다. 이런 것에는 아동들이 질문에 대답하기, 학습한 내용을 암송하기, 학습지의 빈 공간 채우기, 숙제하기, 프로젝트 수업과 토론에 참여하기 등이 있다. 레리 쿠반(Larry Cuban)이 기술한 것처럼 학교교육의 교수방법은 학생들이 아프리카 동부 해안선에 있는 모든 만(bays)의 이름을 순서대로 암기하도록 기대했던 초기의 교수방법과는 크게 다르게 발전했다.[3] 하지만 여전히 대량생산 교수방법이 계속되었고 많은 학생들이 가르친 내용의 학습에 실패했다.

평생학습 시대의 교수방법은 상호작용에 의존하는 방향으로 발전하고 있다. 종종 이것은 컴퓨터 튜터나 웹상의 게임 등 풍부한 기술 환경과 상호작용을 한다. 또한 컴퓨터 네트워크를 수단으로 다른 사람들과 상호작용을 하기도 한다. 컴퓨터 튜터의 교수방법은 학습자에게 개별과제를 제시하고 과제를 수행하는 동안 지도와 피드백을 제공하는 도제교육의 모델과 비슷하다. 컴퓨터 튜터는 과제를 수행하는 학습자를 돕는 다양한 컴퓨터 도구를 제공한다. 예를 들어 학생들에게 직각삼각형에 내접하는 원의 안팎에 있는 원의 넓이를 구하는 것과 같은 과제를 제시해 보자. 학생들이 어떻게 손을 대야 할지 알지 못할 경우, 컴퓨터 시스템은 학생이 직각삼각형의 넓이를 내는 방식을 아는지를 묻는 등 힌트를 준다. 만약 학생이 더 많은 도움을 원하면 사각형의 절반인 직각삼각형을 보여주고 학생이 사각형의 넓이를 구하는 방식을 아는지를 묻는 등 더 많은 힌트를 제공한다. 학생이 문제를 계속해서 풀어나가면 컴퓨터 시스템은 학생이 저지르는 실수는 어떤 것도 잡아내서 피드백을 제공한다("그것이 옳다고 확신합니까?"). 학생이 문제를 완전히 해결하고 나면 컴퓨터는 문제를 푸는 중요한 단계와 문제가 포괄하는 일반적인 개념을 지적해주면서 학생과 함께 절차를 검토할 수 있다.

이런 안내를 중심으로 하는 교수방법의 유형은 컴퓨터 튜터의 세계를 넘어서 크게 확장될 것이다. 예를 들어 토론 게시판에 관심을 갖는 집단은 비디오 게임 퍼즐을 해결하는 방법, 환상적인 야구카드를 교환하는 방법 또는 포트폴리오의 균형을 맞추기 위해서 매수해야 할 자동차 주식의 수량 등의 과제에 구체적인 조언을 할 수 있다. 또 다른 예로 원격학습 교사는 일단의 학생들이 그들에게 주어진 프로젝트를 진전시키는 방법을 정밀하게 모니터할 수 있다. 컴퓨터는 학습자가 컴퓨터 환경에서 수행하는 행동을 모니터하거나 학생들이 작업한 흔적을 원격교육 교사에게 제공하는 등 철저한 개인감독의 유형을 확대할 수 있어서 모든 학습자에게 도제교육의 방법을 제공한다. 그러나 그런 환경에서 작업을 수행하는 학습자는 다른 사람들과 사회적 상호작용에서 더욱 고립될 수 있는 부정적인 측면도 간과할 수 없다.

평가: 관찰에서 시험으로 그리고 내장형 평가로

도제교육의 시대에 성인들은 적절하게 준비한 과제를 학습자에게 제시한 후 학습자를 주의 깊게 관찰하고 작업수행의 정도를 살피면서 작업진행 과정을 교정해 주었다. 이때 과제를 수행하는 동안에 실시하는 관찰은 형성평가와 총괄평가의 결합으로 볼 수 있다. 형성적이며 지속적인 격려나 비평은 학습자가 과제를 수행하도록 안내하는 피드백을 제공하며 최종평가, 총괄평가는 학습자에게 주어진 과제를 성공적으로 완료했는지에 대한 피드백을 제공한다. 그런 철저한 감독은 성인이 학습자의 능력을 이해하여 그가 직면하게 될 수 있는 많은 문제를 예상하기 때문에 학습자가 많은 실수를 범하지 않도록 한다. 장인은 학습자가 싫증을 낼 정도로 너무 쉽지도 않고 실수할 정도로 너무 어렵지도 않은 적절한 수준의 도전감을 주는 과제를 줌으로서 실패를 예방할 수 있다. 그럼에도 불구하고 학습자가 실수를 하게 되면 장인은 실행 내용을 철저히 조사하여 실수를 유발한 원인을 찾아내기 위한 노력을 한다. 이런 맥락에서 평가는 학점을 얻거나 시험에서 실패하는 것과는 아무런 관계가 없다. 그것은 단순히 과제를 수행하는 동안 피드백을 받고 개선하는 방법을 암시하는 데 의미가 있을 뿐이다. 장인은 각 도제의 수행능력을 확실하게 이해한다. 즉 학생들은 더욱 학습할 필요가 있는 것만 평가받는다는 인상을 받는다.

학교교육 시대의 표준화 검사는 학생들이 배운 지식과 기술을 습득했는지를 알아보기 위한 수단으로 출현했다. 표준화 검사는 형성평가와 총괄평가를 효과적으로 분리했다. 도제교육이 그랬던 것처럼 교사의 역할은 학습의 진보에 따라 직접적인 피드백을 제공하기 위해서 학생을 형성적으로 관찰하는 것이었다. 그러나 시간이 지나면서 교사는 종종 교육과정의 총괄적인 효과에 대한 평가가 어렵게 되었기 때문에 학생들이 다음 단계로 올라갈 만큼 충분한 학습이 이루어졌는지를 추적하기 위한 시험을 개발했다. 또한 교실의 모든 학생들이 거의 비슷한 수준에 도달했었다는 사실을 확실하게 보장하기 위해서 학생들을 특정 학급에 배정하고 그들이 다음 학년에 진급하기 전에 학습내용을 충분하게 학습했는지를 알아보기 위해서 시험이 사용되었다. 시험은 항상 컷오프와 관계가 있기 때문에 합격과 불합격의 개념을 수반한다. 이것은 학생들을 서열화 하기 때문에 궁극적으로 다른 학생이 수행하는 것만큼 학습하지 못하는 학생들에게 좌절감을 유발한다.

평생학습 시대에는 도제교육처럼 총괄평가와 형성평가가 한 지점에서 만나기 시작한다. 특히 이것은 컴퓨터를 기반으로 하는 학습환경에서 사실이다. 학습자가 과제를 진전시켜 나가면, 이때 지속적인 피드백을 제공하여 학습자가 목적을 성취했는지 여부를 알아보기 위한 평가를 실시한다. 이런 종류의 평가는 평가가 계속 진행 중인 상태에서 학습과 단단하게 연결되었던 도제시대의 환경과 매우 흡사하다. 학생들이 도움을 필요로 할 때 컴퓨터는 실행방법에 대한 힌트와 시사를 제공할 것이다. 학생들이 실수하면 컴퓨터는 실수를 지적하거나 정답으로 안내해 줄 것이다. 그것은 학습이 진행되는 과정과 동시에 평가하는 즉 내장형 평가(embeded assessment)를 실시하게 되면 실수할 부담을 감소시킬 것이다. 컴퓨터가 적절한 지원을 제공하는 한 그것은 모든 사람들이 성공하여 성취감을 느끼도록 확실하게 보장해 줄 수 있다.

장소: 가정에서 학교로
그리고 어느 곳이든지

도제교육 시대에 대부분의 작업은 가정과 가내공업을 중심으로 실시되었다. 아이들은 가정에서 부모나 친척들에게서 성인의 일을 수행하는 방법을 학습했다. 크고 작은 도시의 아동들은 1년이나 2년 과정의 학교에 다녔을 수 있으나 그곳에서 대부분의 것들을 배운 것은 아니다. 교육이 일어나는 주된 장소는 가정이었고 농장이나 가게는 그것에 부수했다.

산업혁명 시대에 부모들은 가정 밖에서 일을 했기 때문에 아이들은 학교에 모여서 훗날 그들이 필요로 하게 될 것을 배웠다. 학교는 점점 교육을 실시하는 주된 장소가 되었다. 군대나 기업과 같은 작업장도 사람들에게 어떤 일을 훈련시킬 때는 학교와 비슷한 환경을 만들었다. 노먼 프레더릭슨(Norman Frederiksen)은 그가 세계 2차 대전 중에 해군의 포수와 조수에 대한 평가를 개선하라는 명령을 받고 임무를 수행한 방법을 이야기 했다.[4] 그것은 갑판 위에 설치된 대포의 청결을 유지하는 작업이었다. 그러나 그는 이 작업을 강의식으로 가르치고 지필평가를 실시하는 것을 발견했다. 그는 대포의 포수와 조수가 실제로 수행하는 직무를 중심으로 수행평가를 실시할 것을 제안했다. 교관은 학생들이 실패할 것으로 예상하고 이에 반대했다. 교관이 예상한대로 학습자는 모두 수행평가에서 실패했다. 그러나 프레더릭슨(Frederiksen)은 새로운 평가를 계속 실시할 것을 고집했다. 그들은 실패한 후 학생들을 평가하게 될 작업을 수행할 수 있는 방법을 가르쳐 줄 것을 요구했다. 곧바로 그들은 이전에 지필평가에서처럼 수행평가를 성공적으로 통과하기 위해서 수행해야 할 작업을 학습했다. 학교의 렌즈를 통해서 교육을 바라보면, 이 이야기는 그렇게 하는 것은 여러 가지 면에서 불합리함에도 불구하고 우리는 교육을 학교의 주형에 적합하게 만들려고 노력하는 사실을 설명한다. 이것이 바로 대부분의 교육이 여전히 군대와 기업 교육처럼 보이는 까닭이다.

이제 교육은 컴퓨터와 웹에서 학습 자료 액세스가 가능한 매우 다양한 장소로 이동하고 있다. 평생 학습자는 휴대가 가능하고, 인터넷에 연결할 수 있고, 자기 학습환경과 커뮤니티에 액세스할 수 있는 개인용 디지털 장비와 같은 도구를 종종 사용한다. 많은 도시와 빌딩들이 무선연결 시스템을 갖추고 있어서 이런 연결이 급속하게 퍼지고 있다. 우리는 사람들이 어떤 시간에 어떤 장소에서도 적시학습에 참여할 수 있는 시대에 접근하고 있다.

문화: 성인문화에서 또래문화로 그리고 세대 혼합문화로

산업혁명 이전의 아이들은 그들의 주변에서 일하는 성인들의 맥락에서 학습했다. 아이들에게 일은 필수적이어서 학생이 아닌 보조원으로 취급되었다. 그러므로 아이들은 자신이 배우는 것이 중요할 뿐 아니라 작업집단의 중요한 일원으로 생각했다. 그들은 형제자매와 긴밀한 유대를 형성하거나 도제를 따랐는데 그런 환경에서는 어떤 뚜렷한 또래문화의 생성을 기대하기 어려웠다. 작업은 중요한 임무였고 일을 배우는 것은 자기 자신과 가족의 생존에 매우 중요한 것으로 생각되었다. 도제교육 시대에는 독립된 청년문화나 발달 범주에 해당하는 청소년의 개념은 나타나지 않았다. 아이들은 작은 성인으로 취급되었기 때문에 청년문화가 있었다는 것은 주로 성인들이 생각하기에 청년들에게 적합할 것으로 보이는 활동과 경험을 의미했다.

제임스 콜먼(James Coleman)이 지적한 것처럼 독립된 청년문화는 산업시대에 학교교육의 도래와 함께 발생했다.[5] 20세기가 발달하면서 이런 새로운 또래문화는 청소년의 의견을 반영하여 종종 성인문화의 가치와 기대에 역행했다. 중학교와 고등학교에 비슷한 연령의 아동들이 집결되었기 때문에 이것이 또래문화의 발달을 유도했다. 아이들은 자신들의 신념과 가치를 추구하여 공동체의 형성에 전력을 기울일 수 있는 나이였다. 또래문화가 발달하자 그것은 새롭게 인식된 청소년 계층의 욕구를 나타내기 시작했다. 또래문화는 학교교육의 문화와 청년 간의 차별성을 강조했다.

페넬로페 에커트(Penelope Eckert)는 또래문화가 미국의 일반 고등학교에서 운동문화(jock culture)와 소진문화(burnout culture)라는 두 기둥 사이에서 발달한 과정을 기술했다.[6] 운동문화는 모든 학교활동과 학교경기에 참여하는 학생들로 구성되었다. 소진문화는 학교와 교사에게 적대적이며 종종 마약이나 반학교 활동을 하는 학생들로 구성되었다. 에커트(Eckert)는 대부분의 학생들은 이런 두 집단 사이에 속해 있고 두 집단은 학교문화를 중심으로 회전축을 이루는 사실을 발견했다. 20세기 중반에 경제가 활성화 되고 마켓팅 담당자가 십대들의 가처분 소득을 발견하게 되면서 미국에서 청소년 문화의 발달이 활기를 띠게 되었다. 이 또래문화는 오락, 패션, 광고 산업을 변화시켜 학교문화에서 안락함을 찾지 못하는 젊은이들의 관심을 현혹시키는 경쟁자가 되었다.

학습이 학교환경 밖에서 일어나게 되면 아이들은 부모와 성인, 또는 미디어 환경에서 배워야 하기 때문에 또래문화는 약화될 수밖에 없다. 홈스쿨링은 아동들을 또래문화로부터 차단하려는 운동이다. 많은 부모들은 자기 자녀가 또래문화에서 얻는 가치를 탐탁스럽게 여기지 않는다. 그러므로 그들은 아이들을 가정에서 교육시킴으로서 일반적으로 또래는 물론 광범위한 사회적 영향으로부터 보호할 수 있을 것으로 생각한다. 학습센터가 제도로서 힘을 얻게 되면 그것도 역시 청년문화를 약화시킬 수 있다. 기술 공동체 센터는 다양한 연령대의 사람들이 학습하면서 시설을 사용한다. 그러므로 혼합 연령의 사람들이 모든 학습과 작업을 함께 하게 되어 또래의 영향을 억제하는 작용을 할 수 있다. 또한 원격교육을 이용하는 학생들은 온라인 프로젝트를 실행하는 것 이외는 오히려 다른 사람들로부터 격리될 수 있다. 원격교육의 학습자는 오직 특정 과제를 완성하기나 특정 주제만을 논의하기 위해서 상호작용을 하기 때문에 또래문화가 원격교육의 온라인 참여자들 중에서 발달하기는 매우 어렵다고 할 수 있다. 일반적으로 교육이 평생활동으로 정착하게 되면 아동과 성인들이 함께 학습하는 상황이 전개될 것이다. 이것은 새로운 종류의 혼합 연령 학습문화를 생성할 것이다.

관계: 개인적 유대에서 권위적 인물로 그리고 컴퓨터 중재 상호작용으로

도제교육 시대의 아이들은 그들과 함께 성장하면서 서로 잘 알고 지내는 성인들에게서 배웠다. 아동교육의 대부분은 부모나 가까운 친척과 친구들에 의해서 이루어졌다. 이들은 아이의 장래를 걱정하는 사람들이었기 때문에 아이들은 자기를 가르치는 사람들과 긴밀한 유대를 형성했다. 유대의 긴밀성은 아동의 학습에 많은 유익한 효과를 가져왔다. 아이들은 자기가 열심히 노력하지 않으면 자기의 생존에 중요한 사람들을 실망시킬 것이라는 사실을 알고 있었다. 가난하고 기회가 제한적인이었던 시대에 아이들이 도제학습에서 실패하게 되면 그것은 가족들에게 실질적인 영향을 초래할 수 있었다. 그래서 대부분의 아동들은 책임을 다하여 그들이 할 수 있는 한 더 많은 것을 얻기 위해 최선을 다했다. 아이들은 이것이 자기를 가르치는 성인들을 기쁘게 하는 것으로 생각했다. 또한 성인들은 아이들을 잘 알기 있기 때문에 아이들의 욕구, 흥미, 능력에 맞게 조정하여 가르칠 수 있었다. 실제로 오늘날에도 가정에서 자녀를 가르치는 부모 사이에서 이와 비슷한 일들을 많이 볼 수 있다.

보편적인 학교교육이 도래하면서 아동과 교사들은 개학날이 되어야 처음 만날 수 있게 되었다. 그들은 처음에는 이방인이다. 많은 교사들은 학생들과 강한 유대를 발전시키려고 노력하지만 학부모가 학생들의 개인적인 욕구와 능력을 깊이 이해하기 위해서 보냈던 만큼 충분한 시간을 갖지 못한다. 교사 1인당 높은 학생 수 비율은 도제교육 제도에서 보았던 것과 동일한 관계형성을 어렵게 만든다. 학생들과 지속적인 학습관계를 유지하는 능력은 항상 교사가 교실을 통제하기 위하여 권위를 사용하느냐 여부에 달려있다. 중학교와 고등학교의 교사들은 대부분 처음부터 권위를 확고하게 정착시킬 것이다. 아니면 그들은 장기간 생존하기가 쉽지 않을 것이다. 학교교육을 효과적으로 만드는 것은 학교교육의 가치를 자기 미래에 반영하여 교사를 높이 존경하는 학생들이다. 학교에는 권위를 주고받는 명확한 문화적 요인이 존재한다.

리사 델파이(Lisa Delpit)가 시사한 것처럼 많은 교사들은 백인 중산층 문화에 속하기 때문에 권위적인 역할을 수행할 수 있는 지위에 있을만한 사람에게 권위가 주어질 것을 기대한다. 이에 반해서 델파이(Delpit)는 많은 유색인들은 "개인의 노력에 의해서 획득한 능력에 따른 권위를 기대한다."고 주장한다.[7] 주어지는 권위 대 획득하는 권위라는 이런 대조적인 인식은 대중교육의 이원적인 모델을 만들어내는 원인이 되었다. 즉 하나는 교사의 역할을 자유롭고 자발적으로 존중하는 학생들의 권위모델이며, 다른 하나는 교사가 자기 권위를 스스로 획득하기를 기대하는 그 밖의 학생들의 권위모델이다. 전자에서 진전된 것으로서, 권위의 문제가 발생하지 않는 학습환경은 항상 교사의 권위가 문제시 되고 있는 환경과 크게 다를 것이다. 론 퍼거슨(Ron Ferguson) 등의 연구는 교사와 학생간의 이런 관계의 회복은 학교에서 전통적인 방식대로 공부하는 학생들의 학습을 개선하는 데 중요한 영향을 미치는 요인임을 강조한다.[8]

평생학습은 도제학습이 갖는 관계의 특성을 상당부분 회복시킨다. 참여자들이 전 학습 커뮤니티와 다중적인 연결을 하게 될 때 인터넷 기반 학습이 번성한다. 이런 관계는 도제학습의 특징인 멘토와 학생 간의 상호작용을 뚜렷하게 나타낸다. 학생들이 원격교육을 받게 되면 공동 관심사에 대해 인터넷 중심을 넘어서 다른 교사 및 학생들과 상호작용을 할 수 있다. 온라인 관계는 교사가 학습과정과 결과에 관한 피드백에 더욱 집중할 수 있게 한다. 또한 방과후학교의 학습환경은 자신이 학교에 속하지 않는 존재로 느꼈던 학생들이 잃어버렸던 개인적 상호작용을 회복할 수 있도록 조성되고 있다.

컴퓨터를 기반으로 하는 학습환경은 이전과 다른 방식으로 학습관계에 영향을 미친다. 컴퓨터 시스템은 개인으로서의 학생에 대한 이해가 제한적이기 때문에 인간적인 교사의 훌륭한 지원과 온화함을 제공하지 못한다. 동시에 그 시스템은 규칙적이고 목표 지향적인 피드백을 무비판적이며 객관적인 방식으로 제공한다. 우리는 우리가 잘 알고 존경하는 사람들과의 상호작용을 통해서 매우 자연스럽게 배워 왔기 때문에 컴퓨터 기반의 학습환경에서는 많은 것을 잃을 수 있다. 그러나 상호작용적인 컴퓨터 환경이 고도화 되면 부분적으로나마 개인적 유대의 결손을 보상할 수 있을 것이다. 컴퓨터-중재 환경에서 학습하는 학생들이 온라인상의 친구들 뿐 아니라 가족 또는 공동 관심사를 공유하는 온라인 사람들과 함께 커뮤니티의 일원이 된다면, 컴퓨터의 한계를 고려할 때 그것은 최상이 될 수 있을 것이다.

교육의 중요한 변화

아마 도제교육 시대에서 보편적인 학교교육의 시대로 변화했던 과정에서 나타나는 가장 두드러진 특징은 아동교육에 대한 국가의 책임일 것이다. 국가의 교육 통제는 학생들을 연령별로 나누고 표준화된 교육과정과 평가를 장려하고 교사와 학생 간의 관계를 재편하는 등 대중교육 모델을 도입하게 했다. 우리는 평생학습 시대에는 자기 학습의 향상에 관심을 갖는 사람들은 교육의 책임을 국가로부터 되돌려 받기 시작할 것으로 생각한다. 하지만 동시에 다양한 평생-학습환경을 주도하는 기술 활용을 꺼리거나 활용하지 못하는 사람들에게 어떤 일이 일어날 것인가?

C·H·A·P·T·E·R

07

잃게 될 것과 얻게 될 것

잃게 될 것

얻게 될 것

가능성의 실현과 위험성의 완화

CHAPTER 7

잃게 될 것과 얻게 될 것

교육혁명은 단순히 학생들의 생활뿐만 아니라 현대사회의 모든 것을 변화시킬 것이다. 모든 혁명이 그랬듯이 잃는 것이 있으면 얻는 것도 있다. 일부 회의론자들은 기술이 우리 생활을 지배하게 되면 인간이 기술에 예속되게 되어 많은 사람들이 뒤처지게 될 것으로 생각한다. 일부 옹호론자들은 그것은 우리 앞에 열려있는 학습의 황금기이기 때문에 사람들은 자신들이 원하는 어떤 교육도 받을 수 있는 자원을 발견할 것으로 생각한다. 우리 앞에 무엇이 놓여있는가? 우리는 황량하거나 목가적인 미래를 상상하지 않지만 두 가지를 모두 상상해 볼 수 있다. 이 장에서 우리는 최악의 두려움과 최상의 낙관적인 희망을 살펴볼 것이다. 무한한 가능성의 결과를 직시함으로서 사회는 위험을 낮추고 가능성을 증진하는 현명한 선택을 할 수 있다.

잃게 될 것

토마스 제퍼슨(Thomas Jefferson)과 호러스 만(Horace mann)의 비전에 나타난 교육은 사람들을 훌륭한 시민으로 육성하여 그들을 공통 문화에 동화시키는 것이었다. 만(mann)은 이민자들의 교육과 사회적 연대의 형성에 깊은 관심을 나타냈다. 학습의 책임이 개인과 부모의 손으로 들어가게 되면 이런 연대의 대부분이 상실되어 교육은 더욱 더 작은 집단으로 분열될 것이다.

이미 교육과정을 개발하여 가정과 학교에서 실행하고 있는 기독교 보수주의자들 뿐 아니라 환경보호론자, 무슬림, 모르몬교, 쿠바계 미국인, 멕시코계 미국인 등 다양한 이익집단들도 걱정스런 아동양육의 문제를 해결하기 위해서 각각 교육과정을 개발·실행할 것으로 예상할 수 있다. 데이비드 부룩스(David Brooks)가 주장한 것처럼 우리는 마음이 맞는 사람들끼리 모여서 무리를 이루는 우리들 자신의 작은 "문화지대(cultural zones)"에 생활의 둥지를 틀게 될 것이다.[1]

이처럼 이익 집단으로 분열하게 되면 시민권과 사회적 연대의 목적은 약화될 것이다. 미국이 신생 공화국이었을 당시 각 주에 거주하는 여러 나라 사람들과 그들의 다양한 가치를 고려했을 때 미국이 단일 연방국가로 결속이 가능할지에 대해 우려하는 분위기가 일반적이었다. 이런 가치의 차이는 시민전쟁으로 표출되었다. 그러나 20세기 무렵에 연방이 분리될 것이라는 우려는 크게 낮아졌다. 실제로 TV와 같은 현대 미디어는 사람들에게 매우 강력한 동질화의 효과를 가져왔다. 이것은 학교에 의존하지 않고서도 공통문화를 보장했다. 그러나 그런 효과는 스트리밍 미디어(streaming media; 주로 오디오나 동영상 등의 멀티미디어 파일을 전송하고 재생하는 미디어)와 다채널로 인해 매스컴이 널리 전파되면서 사라질 위기에 처해 있다.

우리는 다문화주의를 지향하는 운동과 장애인과 같은 소수집단의 주류화 등에서 다양성의 확산을 목격하고 있다. 물론 영어 공용어법과 이중 언어 사용 반대운동 등에서 증명된 것처럼 다문화주의에 반대하는 상당한 반발이 있었다. 그러나 사회가 분열될 것이라는 두려움은 그것이 한때 그랬던 것만큼 두려운 것은 아니다. 이제 공립학교가 다양한 미국인들을 미국화 시켜야 한다는 요구는 상당한 힘을 잃게 되었다. 그러므로 우리는 다양한 집단이 사립학교와 홈스쿨링 등 독자적인 길을 가는 것에 적극 찬성한다. 실제로 바우처 제도와 협약학교의 추진은 자녀교육에 대한 국가의 책임과 통제권을 부모의 손으로 넘기려는 조치이다. 이런 추세는 매스 미디어의 대항력에도 불구하고 미국인들 사이에 더 많은 다양성을 조장할 것이다.

공교육의 역할이 축소됨으로서 예상되는 가장 중요한 것 중 하나는 학습 접근과 관련한 평등의 문제이다. 우리는 이런 관심을 "디지털 격차(digital devide)"의 논의에서 살펴 볼 것이다. 즉 부자와 빈자, 백인과 비백인 간의 컴퓨터와 웹 액세스의 격차. 많은 이민자와 소수 집단이 미국의 주류로 접근하는 수단은 다름 아닌 교육이었다. 오늘날에도 광범위하게 실시되는 능력별 학급편성과 인종차별에도 불구하고 공립학교는 미국의 어떤 다른 제도보다 더욱 평등을 촉진하는 제도이다. 마틴 카노이(Martin Carnoy)와 헨리 레빈(Henry Levin)이 주장한 것처럼 "학교교육은 작업장이나 이보다 규모가 더 큰 다른 기관보다 비교적 더욱 평등한 결과를 생산한다."[2] 다양한 집단이 각각 자신의 자녀 교육에 대한 책임을 맡게 되면 많은 가난한 사람과 소수집단의 아이들은 상당한 고통을 받게 될 것이다. 이런 위험 때문에 자녀들에게 좋은 교육을 제공하려는 부모들이 홈스쿨링, 사립학교, 학습센터를 이용하게 되면 공립학교에는 부모로부터 무관심한 학생들만 남게 될 것이다.

최근 미국의 학부모에 의하면 미국에서 “앞서 나가기” 위해서는 교육이 더욱더 중요한 것으로 인식되고 있었다. 이것은 대졸자와 비대졸자 간의 소득격차가 더 커지고 있는 것을 반영한다.[3] 학교가 영재와 재능 프로그램 등 제도적인 정책을 통해서 일부 학생들이 앞서 가도록 지원하고 있으나 대학선행학점취득제도(Advanced Placement course) 고등학생이 대학 진학 전에 대학 인정 학점을 취득할 수 있는 고급 학습 과정), 능력별 학급 편성, 공립학교 등은 평등한 제도로 인식되었다. 최근 부모들은 교육용 비디오와 게임, 컴퓨터 기반의 자원, 사교육, 특화된 튜터와 같은 교육 서비스를 자녀들에게 구입해 주는 등 자신들의 자녀들이 유리한 위치에 서도록 하기 위해서 많은 돈을 소비하고 있다. 가난한 사람과 교육을 적게 받은 사람은 이런 서비스를 구매할 수 없을 뿐더러 그런 것이 있는지조차도 모르기 때문에 이런 것들은 학교가 완화시키려고 노력하는 교육 불평등을 더욱 악화시키게 될 것이다.

또한 개인에게 더욱 교육이 집중하게 되면서 교양교육이 쇠퇴할 가능성이 높아지고 있다. 사람들은 인간으로서 자신을 확장하는 종류의 교육을 추구하게 될까? 사람들은 자기 자신의 교육목적을 선택할 때 자신에게 관심이 있거나 직업 지향적인 선택을 하는 경향이 있다. 종종 그들의 선택은 좁은 범위에 초점을 맞춘다. 교육의 중요한 목적은 학생들의 지평을 확대시키는 것이다. 미래의 아동들은 특정 종교나 직업 지향성 등 부모가 찬성하는 좁은 길을 따라야 할 것인가? 이것은 사람들이 다양한 배경이나 상이한 견해를 갖는 사람들과 어울려 지내는 것을 어렵게 만든다. 나아가 아이들은 자기가 생각하는 직업선택을 제한받을 수 있다. 왜냐하면 이것은 학교교육이 확대되기 이전에 사회가 아동의 선택을 제한했던 것처럼 부모들이 자녀의 선택을 제한하려고 하기 때문이다. 공교육이 매우 관대한 사회를 만들어 낸 것은 명백하다. 사람들은 그곳에서 수많은 다양한 유형의 사람들과 사상에 접할 수 있었다. 이 모든 것들은 교육의 분할주의(Balkanization of education)에 의해서 갑자기 중단되고 말 것인가?

끝으로 컴퓨터 앞에 편안하게 앉아 있는 사람들은 다양한 사람들과 사회적인 상호작용을 덜 하기 때문에 더욱 고립될까? 사람들이 공부를 열심히 하고 어려운 주제를 학습할 수 있는 영감을 얻는 것은 도움을 주는 교사, 멘토 등과 함께 상호작용한 결과로 볼 수 있다. 고립은 사교 능력과 사회적 연대의 상실을 가져온다. 카네기 맬런 대학(Carnegie Mellon University)에서는 이제 갓 인터넷을 사용하기 시작한 가정용 컴퓨터 사용자에 대한 연구를 실시했다.[4] 이 연구에 의하면 인터넷에 보내는 시간은 가족들 간의 대화가 줄고 친구와 지인들이 감소한 반면 우울증과 외로움은 증가하는 경향을 보여주었다. 이것은 이 연구의 연구진들이 인터넷으로 전자우편과 여러 가지 통신 서비스를 많이 사용했을 때조차도 사실로 나타났다. 그러므로 교육용 컴퓨터의 사용이 증가함으로서 발생할 하나의 위험성은 많은 사람들이 가족과 친구들로부터 자신을 더욱 고립시킬 수 있는 점이다. 지역사회 단체에 참여하는 사람 수가 감소하는 것은 이미 로버트 퍼트남(Robert Putnam)이 훌륭하게 증명했다.[5] 우리는 교육의 기술화가 사람들을 더욱 다양하게 만드는 동시에 미국인들의 공동체를 더욱 쇠퇴시킬 수 있을 것을 우려한다.

이런 많은 문제들은 1980년대에 정립된 민영화 추세에 의해서 더욱 악화되었다. 전 세계적인 경향이었으나 특히 미국에서는 사람들에게 자립을 강조했다. 이것은 기술적 지식이 높은 사람들이 더 많은 선택을 함으로서 자신의 교육자원을 살 수 있게 했으나 더 적은 교육을 받거나 덜 부유한 사람들을 교육 자원의 경쟁에서 더욱 뒤떨어지게 만들었다. 가나다의 온타리오(Ontario) 주에서는 학령기 아이를 둔 학부모의 약 24%가 튜터를 고용하고 있고 50%가 여유가 생기게 되면 튜터를 고용할 것이라고 응답했다.[6] 미국에서도 비슷한 비율로 나타났다. 민영화는 부자와 빈자 간의 교육 불평등을 증대시키는 결과를 가져왔다. 지금까지 기술은 불평등을 감소시키기보다 오히려 증가시키는 동력으로 작용했다.

회의론적인 미래관을 요약하면 우리는 기술이 교육에 침투하면서 교육의 평등문제가 더욱 증대하는 것을 보고 있다. 현재 날로 기승을 부리고 있는 교육의 상업화는 엘리트 집단이 자기 자녀들에게 교육 경쟁력에서 우위를 확보해 줄 수 있는 자원을 구입하는 것을 의미한다. 그들은 자녀들이 유치원에 가게 되면 아이들에게 많은 교육용 장난감과 비디오를 사준다. 그들은 아이들을 최상의 유치원에 보낸다. 그들은 아이들에게 어린 나이에 컴퓨터를 사주기 때문에 조기에 웹 검색법을 배워 중요한 기술 능력을 획득하게 할 수 있다. 그들은 아이들을 사립학교에 보내거나 엘리트 공립학교 근처에 집을 구입한다. 그들은 아이가 다니는 학교에 시간과 자원을 기부하여 학교교육에서 얻을 수 있는 최상의 것들을 아이들에게 제공한다. 그들은 아이들이 수업시간에 어떤 문제라도 생기게 되면 튜터를 채용한다. 그들은 아이들을 지역 학습센터에 있는 SAT와 ACT 준비과정에 보낸다. 간단히 말하면 그들은 아이들에게 최상의 교육을 구매하고 있기 때문에 훗날 경쟁에서 승리할 수 있다.

주 법원은 주 정부는 크고 작은 도시에서 자원을 더욱 공정하게 배분하라는 명령을 내려 평등을 회복하기 위해 노력해 왔다. 그러나 많은 엘리트들은 자원의 재분배에 대해 필사적으로 저항한다. 버몬트(Vermont)의 한 부유한 군 지역은 주 안에서 가장 가난한 군 지역에 재정을 재분배하라는 명령을 받았을 때 실제로 버몬트(Vermont)에서 분리하여 강 건너 뉴햄프셔(New Hampshire)에 병합하려고 했다. 전국에 있는 여러 학교에 자원을 더욱 공정하게 재분배하려는 노력이 매우 어려워지고 있기 때문에 현재 기술자원이 갖는 광범위한 유용성이 문제를 더욱 악화시키고 있을 뿐이다. 문제를 바로잡는 길은 현재 교육이 가지고 있는 것보다 훨씬 더 광범위한 교육비전을 필요로 할 것이다.

얻게 될 것

기술이 제공하는 가장 밝은 전망 중 하나는 학습이 더욱 매력적이 될 것이라는 사실이다. 교육은 사람들이 원하는 학습에 더욱더 초점을 맞출 것이기 때문에 사람들은 흥미로운 학습에 더욱 매료되게 될 것이다. 예를 들어 가정에서 아이들에게 학교교육을 제공하는 부모들은 항상 아이들이 보통 주제보다 더욱 깊은 관심을 나타내는 주제를 찾도록 장려할 것이다. 그들은 글쓰기와 수학 등 중요한 학습목표를 그런 맥락에 저장하기 때문에 그것을 잘 해내기 위해서 최선을 다할 것이다. 나아가 사람들이 원격교육이나 성인교육의 수업을 선택할 경우, 그것은 그들이 생각하기에 자기 발전에 도움이 되거나 자신들의 지속적인 관심을 반영한 주제들이 대부분을 차지할 것이다. 물론 사람들은 TV를 시청하거나 교육용 비디오, 게임, 시뮬레이션을 구입할 때 자기에게 관심이 있는 주제를 선택한다. 그러므로 그들은 초등학생들보다 훨씬 더 자기 학습에 매력을 느끼게 될 것이다.

교육의 상업화가 불평등을 심화시킴에도 불구하고 그것은 학생들의 학습참여를 크게 높일 수 있다. 강좌, 비디오, 소프트웨어를 막론하고 상업용 회사가 내놓는 상품은 구매자의 매력을 끌 수 있게끔 설계될 것이다. 그러므로 포이닉스 대학이 실행했던 것처럼 사람들이 구매할 교육상품을 생산하기 위한 대규모 사업이 진행될 것이며 이는 극심한 경쟁을 초래할 것이다. 실번(Sylvan)과 카프란(Kaplan) 등 수많은 신생 기업들은 상업적인 교육시장의 급속한 성장이 분명해 보이기 때문에 거기에 뛰어들고 있다. 이런 기업들은 사람들에게 확실한 매력을 끌 수 있는 새로운 교육방법을 고안하게 될 것이다. 이리하여 지역 학교의 독점이 깨지게 되면, 그것은 학생에 대한 교육제도와 상품의 경쟁을 자유롭게 할 것이다. 그러나 문제가 남아있다. 누가, 어떻게 구매할 것인가?

또 다른 가능한 이점은 개별 학습자의 특별한 능력과 욕구에 맞게 교육을 개인화 할 수 있는 컴퓨터의 능력에서 나온다. 컴퓨터 학습환경은 학생들이 도움을 필요로 할 때 힌트와 조언을 제공하도록 설계할 수 있다. 이런 지원은 세심한 배분이 가능하기 때문에 필요한 한도 내에서 지나치지 않을 정도의 충분한 도움을 학생들에게 제공할 수 있다. 이것은 학습자가 그렇게 해야만 성공할 수 있고 그렇게 하지 않는다면 시도조차 불가능했을 과제와 씨름하게 함으로써 결국 해결할 수 있게 한다. 그러므로 학습자는 충분한 학습을 통하여 과제를 완성함으로써 짜릿한 성취감을 맛볼 수 있는 도전적인 과제를 스스로 부여받을 수 있다. 컴퓨터 환경은 이런 방식으로 학생들의 능력 수준을 조정하여 모든 학생들이 성공할 수 있도록 지원해준다.

또한 기술은 웹을 통해서 언제 어디서든지 지식의 액세스를 가능하게 해준다. 학습의 보편적인 액세스는 엄청난 효과를 가져 올 수 있다. 사람들이 집안에 인터넷을 연결하면 앞으로 그들은 손가락 하나로 교과서 형태뿐 아니라 비디오, 튜터링, 시뮬레이션 등 세계의 모든 지식을 이용할 수 있게 될 것이다. 이상적인 세계라면 세계의 주변부에 있는 가난한 사람들에게조차 보편적인 액세스를 제공할 수 있을 것이다. 아동 1인당 1대의 노트북을 제공하자는 사업은 이런 꿈을 현실로 만들려는 노력으로 볼 수 있다. 우리가 이런 일이 일어나는 것을 볼 수 있을지는 알 수 없는 일이지만 그 가능성은 엄청날 것이다.

교육의 초점이 점점 더 사람들의 관심과 능력에 맞춰지게 되면 학교에 만연했던 학생들 간의 경쟁은 더욱 힘을 잃게 될 것이다. 진 레이브(Jean Lave)는 도제교육 시대의 모든 사람들은 그들이 학습한 기술을 거의 완벽할 정도로 숙달했다고 주장했다.[7] 학교의 가장 기본적인 문제 중 하나는 아이들이 항상 자신과 다른 학생들과 비교한다는 것이다. 자신이 잘한다고 생각하는 학생들은 오직 최상의 극히 일부일 뿐이다. 학교는 경쟁적이어서 많은 학생들을 좌절감에 빠지게 만든다. 대부분의 학생들은 운동이나 마약 등에 에너지를 돌림으로서 이를 극복하려고 한다. 다수의 학생들은 거의 가능성이 없는 일을 하는 것을 학습으로 간주한다. 목표는 최소한의 노력으로 자신의 미래에 상처를 주지 않을 정도의 적당한 점수를 얻는 것으로 축소된다. 이런 만연된 태도는 학습에 적대적이며 경쟁적인 학교의 특성이 직접 생산한 결과물로서 극히 소수학생들의 똑똑함만 드러나 보이게 만든다. 기술이 풍부한 환경에서는 사람들이 더욱더 자기 방식으로 학습하려고 하기 때문에, 모든 사람들이 동시에 동일한 것을 학습할 때 일어날 수 있는 좌절감을 느끼지 않게 된다.

끝으로 교육을 부모와 개인에게 넘기는 것은 학습의 책임을 가정에 맡기는 문제라는 점에서 매우 중요하다고 할 수 있다. 가정에서 자녀를 가르치는 부모들은 그야말로 학교에서는 지속적으로 제공할 수 없는 관심을 자녀들의 학습에 충분히 쏟을 수 있다. 우리가 제5장에서 살펴본 표준화 검사의 실시에서 알 수 있듯이 아이들은 학습에 큰 부담을 느끼고 있다. 그러나 역시 부모들은 아이들에게 수행할 과제를 주는 한편 그들이 그 과제를 수행할 것으로 기대함으로서 아이들에게 책임감을 가르치기 위해서 노력한다.

만약 사람들이 원격교육을 활용하여 가정이나 작업장에서 학습하게 될 경우, 그들은 자기 학습의 책임에 대한 비슷한 부담을 느낄 것이다. 주 정부가 아동교육의 책임을 맡았을 때 개인과 가정은 대부분의 책임을 학교에 내주었다. 많은 학생들은 그들에게 무엇이든지 가르치려고만 하는 학교에 저항하는 태도를 나타내고 있다. 그러나 사람들이 자기 학습에 책임을 지지 않는다면 더 이상 배우려고 하지 않을 것이다. 교사들은 많은 학생들에게 영감을 주어 자기 학습에 대한 책임을 다하게 함으로서 성공적인 학습을 끌어내려고 노력하지만 역시 많은 학생들이 실패를 한다. 기술은 학생들이 자기 학습에 대한 책임을 더 많이 갖게 하는 데 일조할 수 있다.

가능성의 실현과 위험성의 완화

우리의 희망은 교육이 성공에서 차지하는 중요한 이유를 더 많은 아동들과 성인들이 인식할수록 이런 기술을 기반으로 하는 새로운 기회를 더 많은 사회의 부문들이 이용할 수 있게 되리라는 것이다. 또한 우리는 기술이 더욱 저렴해져서 더 많은 기술기반의 자원을 이용할 수 있게 됨으로서 대부분의 사람들이 자기가 원하는 교육자원을 여유롭게 구입할 수 있게 되기를 희망한다. 하지만 이런 것은 단순한 희망에 불과할 수 있으며 그것이 실현될지 여부는 결코 분명하지 않을 것이다.

새로운 교육제도에서 손실이 이익을 능가할지는 논쟁의 문제로 남아있다. 사회가 어떻게 가능성을 이용하고 위험성을 완화하느냐의 문제가 당면한 관심사이다. 기술은 학생들을 학습에 깊이 빠져들게 만드는 매력을 가지고 있기 때문에 학생들이 할 수 있는 한 최선을 다하게 하여 최상의 교육을 받는 사람이 되도록 촉진시킬 수 있다. 하나의 집단으로서 우리는 그런 가능성이 결실을 맺게 할 수 있는 방안을 고민해보아야 한다. 학교는 기술혁명에 어떻게 가장 효과적으로 접근할 수 있겠는가? 또한 우리는 어떻게 학교 밖의 기술자원을 이용할 수 있겠는가?

C·H·A·P·T·E·R

08

신기술에 대한 학교의 대응 방안

수행평가

새로운 교육과정의 설계

디지털 세계의 평등에 관한 새로운 접근

CHAPTER 8

신기술에 대한 학교의 대응 방안

기술과 학교를 효과적으로 결합하기 위해서 교육자들은 이런 혁명을 주도하고 있는 기술의 중요성을 이해해야 한다. 우리는 이런 중요성을 맞춤식(customization), 상호작용(interaction), 학습자 통제(learner control)로 압축할 수 있다. 맞춤식은 사람들이 원할 때 원하는 지식을 제공함으로서 그들의 학습을 개인적으로 안내하고 지원하는 것을 말한다. 상호작용은 학습자에게 즉각적인 피드백을 제공하여 학습자가 실제적인 과제를 완성하기 위해서 능동적으로 참여하게 만드는 컴퓨터의 능력을 말한다. 학습자 통제는 가능하면 학습자가 자기 학습에 대한 책임을 갖도록 촉진하여 학습자의 관심이 어디로 향하든지 주인의식을 가지고 자기 학습을 감독할 수 있는 것을 말한다.

우리는 교육정책의 진자가 지방정부의 통제에서 표준화와 책무성의 방향으로 흔들리는 시점에서 학교교육에 대한 현재의 도전에 대응하고 있다. 연방정부와 주 정부의 정책은 책무성을 강조하여 표준화된 학습결과를 촉진하고 학교가 획일화된 수업방법을 채택하도록 압력을 가해 왔다. 특히 도시 지역에서 이런 책무성에 대한 강조는 엇갈린 결과를 낳았다. 새로운 책무성의 정책은 표준화 검사를 실시함으로서 전체적으로 학생들의 학업성취를 향상시키는 데 상당한 변화가 있었다.[1] 그럼에도 불구하고 고부담 평가 때문에 교육자들이 위험을 무릅쓰고 제도와 "게임"을 한 결과 학생들의 성취에 진정한 향상이 발견되지 않았다는 상당히 가치가 있는 보고서가 나오게 되었다.[2] 또한 "결과"를 내놓으라고 학교를 압박하는 새로운 정책은 중도탈락자 문제를 가속화 시켰다. 전국적으로 제때에 졸업하는 학생들은 고등학교 입학생의 70% 이하일 것이다.[3] 문제는 도시와 남부지역에 거주하는 소수인종 학생들에게는 최악이며 그곳에서는 9학년 학생의 50~60%는 제때에 졸업하지 못하고 있다.[4]

현재의 정치 바람은 위험부담을 마비시킬 수 있는 학교교육의 표준화와 책무성의 방침을 강조하는 정책방향으로 불고 있다. 이는 리처드 플로리다(Richard Florida)가 주장한 "창조적인 수업"[5] 을 강화하는 데 필요한 교육기회의 구축으로부터 크게 벗어난 것이다. 공립학교는 학부모와 아이들의 관심을 유지하면서 글로벌 경제의 도전에 대응하는 창조적인 수업을 준비하기 위한 새로운 실천방안을 모색할 필요가 있다.

이런 표준화의 강조는 맞춤식, 상호작용, 학습자 통제 등 기술적인 중요성과 크게 충돌한다. 학교는 이런 기술적인 중요성에 적절하게 대처하기 위해서 학생들이 배우는 학습내용과 학습방법을 더욱 개인화 할 수 있는 선택과 지원책을 구체화 할 필요가 있다. 학교는 세계적으로 사용되는 지식을 반영할 수 있는 더욱 도전적이고 실제적인 과제 해결에 학생들을 참여시킬 필요가 있다. 이런 활동을 현재

학교활동에서 통용되는 것보다 훨씬 더 매력적이고 상호작용적인 것으로 만들 필요가 있다. 이런 과제는 학생들에게 유의미할 필요가 있으며 학생들의 장기적인 목적과 관심에 더욱 초점을 맞춰야 할 필요가 있다. 이런 기술의 중요성은 교육과정, 평가, 평등의 대응에 강한 의미를 시사한다.

오늘날 아이들은 TV, 비디오 게임, 인터넷, 인스턴트 메시지, 전자우편, 기타 미디어 등과 상호작용을 하면서 하루에 6시간 이상을 보내고 있다.[6] 이는 아이들이 학교에서 친구들과 보내는 시간보다 훨씬 더 많은 것으로 수면 시간과 거의 맞먹을 정도이다. 우리가 앞장에서 살펴본 것처럼 교육 기업은 미디어 세계와 학습을 연결하는 새로운 방식을 개발 중에 있다. 여기서 우리는 공립학교에서 활용할 수 있는 새로운 원거리전자통신(telecommunication)에 관한 몇 가지 분야의 정책 개발을 제안할 것이다. 희망적으로 말하면 이런 방향의 정책은 공립학교가 현재 진행 중인 교육혁명에 저항하기보다는 동참하도록 유도할 수 있을 것이다.

우리는 철저한 사전준비를 통하여 새로운 제도를 출발시켜야 한다. 더 좋은 교육제도를 설계하는 것은 기존의 부분들을 결합하여 최상의 것으로 다시 만들 수 있거나 무시할 수 있는 것을 선별하는 것을 의미한다. 이 장에서 우리는 옛것과 새로운 것을 최상으로 결합할 수 있는 3가지 영역을 논의할 것이다. 즉 수행평가, 새로운 교육과정 설계, 디지털 세계의 평등에 대한 새로운 접근방식 등.

수행평가

국가의 표준화 검사에 대한 강박관념은 몇몇 연구자들이 평가를 새롭게 이해할 수 있는 방법을 찾을 수 있게 만들었다. 우리는 최근의 두 가지 연구의 관점을 강조할 것이다. 즉 국가 비 표준화 회귀계수제와 능력 중심 평가 시스템.

현재의 학습방법과 새로운 학습방법을 통합하는 한 가지 방식은 일련의 국가 자격증을 개발하여 컴퓨터, 학교, 학습센터 등에서 훈련받은 전문가가 이것을 관리하게 하는 것이다. 사람들은 자기가 좋아하고 필요로 하는 정도에 따라서 여러 가지 자격증에 도전하여 준비가 되었다고 생각될 때 언제든지 자격증 시험에 지원할 수 있게 될 것이다. 이것은 교사나 지역 교육구의 결정이 있어야만 시험을 실시하는 학교와는 크게 다른 것이다. 이런 자격증은 그 초점이 고등학교 졸업장보다 훨씬 더 좁은 지점에 맞춰질 것이다. 졸업장이나 학위 등 제도적인 자격증 대신에 이런 자격증은 특정 기술에 대한 학습자의 전문성을 증명할 수 있을 것이다.

평가는 학습자와 부모들의 특정 목적과 자격증을 연결함으로서 맞춤식과 학습자 통제의 기술적 중요성에 더욱 적합하게 조율할 수 있을 것이다. 만약 어떤 학생의 목적이 의사가 되는 것이라면 그는 화학, 생물학, 심리학, 대학 수준의 교양, 수학능력 등에서 전문성을 증명하는 자격증을 취득할 필요가 있을 것이다. 만약 어떤 학생이 여행 안내자가 되기를 원한다면 그는 읽기, 듣기, 설명하기, 지리, 심리학, 자원관리, 일정관리 등의 전문성을 확실하게 해둘 필요가 있을 것이다. 이는 부모와 학생들은 다양한 직업선택에서 어떤 자격증이 필요한지, 그런 자격증을 취득하기 위해서 무엇을 알아야 할지, 필요한 지식을 얻기 위해서 어떤 방법을 사용할지 등을 컨설팅을 해주는 온라인 시스템을 필요로 할 것이다.

우리는 자격증이 3가지 영역에서 개발되고 있는 것으로 알고 있다. 즉 학문적 능력, 일반적 능력, 기술적 능력 등. 학문 영역에는 다양한 수준의 읽기와 쓰기 능력을 비 표준화 회귀계수하는 영어능력 자격증과 역사, 수학, 언어, 과학, 예술, 그 밖의 학교 교과와 관련된 자격증 시험 등이 있을 것이다. 현재 졸업제도처럼 일정한 자격을 얻게 되면 학생들은 학교교육의 다음 단계로 진급할 수 있다. 만약 사람들이 시험을 준비하는 과정을 선택하려 한다면 그것은 가능할 것이다. 또는 만약 독학을 원한다면 그것도 가능할 것이다. 이런 자격증을 여러 개 취득한 사람들도 있고 한두 개 취득한 사람들도 있을 수 있다.

일반 능력의 자격증은 미국 노동부의 SCANS 보고서의 일반적인 지침에 따르게 될 것이다.[7] 이 보고서는 5개의 능력 영역을 제시한다. 즉 자원배분, 공동작업, 정보획득과 활용, 복잡한 시스템의 이해, 다양한 기술의 활용 등. 각 영역 안에는 여러 가지 자격증이 있을 수 있다. 기술능력은 자동진단, CAD-CAM 디자인과 같이 작업장에서 요구하는 특정 기술에 집중될 것이다. 학생들은 자신이 원하는 자격증을 선택하기 때문에 평가과제를 준비하는 자신의 실행이 어떻게 평가될 수 있을지 미리 알 수 있을 것이다.

학생들이 얻기 원하는 자격증의 선택은 학생과 부모에게 달려있기 때문에 그들의 직업적 관심과 진로계획에 따라 결정될 것이다. 물론 자격증 제도가 갖는 한 가지 문제는 교육의 진로를 어느 것으로 정해야 할지 정확하게 알지 못하는 학생들에게서 있을 수 있다. 이런 새로운 세계에서 대부분의 아이들은 현재 그들이 다니고 있는 초등학교와 중학교와 같은 종류의 학교에 계속 나가면서, 다양한 교사는 물론 학생들과 경험을 공유하며 다양한 교육의 진로를 탐색할 수 있을 것이다. 그러나 이런 학교의 내부 조직은 카네기 학점에 근거한 특정 과목보다 자격증의 필수과목에 맞춰 조직될 것이다. 다음 단계에서 학생들은 일련의 자격증이 요구하는 프로그램을 계속 선택하겠지만 그들이 선호하는 자격증을 선택하기 위해서는 자율성을 보강해야 할 것이다. 이런 결정을 하기 위해서 그들은 멀티미디어 자문 시스템에 액세스하여 다양한 직업군, 기업, 전문직에서 고용주가 중요하게 여기는 자격증과 관련된 정보를 알아내야 할 것이다.

현재까지 이런 설계는 학생들이 시험을 준비할 시기를 결정하는 것 외에는 현행 고등학교의 필수과목과 선택과목의 설계와 비슷할 것으로 보인다. 모든 것은 인증해주는 자격증 제도의 신뢰성에 달려 있을 것이다. 자격증 제도의 신뢰성을 보장하기 위해서는 알만한 가치가 있는 것에 대한 콘텐츠 전문가의 동의가 필요할 것이다. 자격증 표준화 과정은 이미 탄탄한 전국수학교사협회의 교과 표준화의 심의나 대학선행학점취득제도에 기초할 것이다. 무엇이 알만하고 인증할 가치가 있는지에 대한 대화는 학교를 기반으로 하는 교사와 기술을 기반으로 하는 교사 간에 합의 영역을 끌어낼 수 있다. 그러므로 전국 표준화 운동은 학생들이 알 필요가 있고 자신들의 교육경험의 결과로서 행할 수 있는 것을 설명하는 방법을 제시할 수 있다.

컴퓨터는 사람들이 알고 있는 것을 평가하는 방법을 혁신하고 있다. 컴퓨터능력적응검사시스템(Computer adaptive testing system)은 수험생의 이전의 응답을 이용하여 어떤 문항이 학생들이 아는 것을 가장 정확하게 평가할 수 있는지를 선택한다. 즉 만약 학생들이 질문에 답하지 못하면 시스템은 더욱더 쉬운 질문을 제시할 것이다. 만약 학생들이 정답을 말하면 더욱더 어려운 문제를 제시할 것이다. 컴퓨터능력적응검사 기술은 현재 대학원 입학자격시험(GRE)과 토플(TOEFLE)과 같은 시험에 사용되기 때문에 학교교육과 학습에 옛것과 새로운 방법을 연결함으로서 평가활용의 범위를 크게 확장시킬 것이다.

또한 컴퓨터 기반 검사는 직업교육에서 요구하는 지식과 기술의 종류를 습득하는 데 도움을 줄 것이다. 이런 평가는 연구자가 예전에 오직 실행을 통해서만 관찰이 가능했었던 직업지식의 종류를 특정하여 평가할 수 있게 한다. 로버트 미스레비(Robert Mislevy)의 근거 중심 평가(evidence-based assessment)에 대한 연구는 평가가 정교한 전문 지식의 모델에 맞게 설계될 수 있는 방법을 보여주기 때문에 치과 위생사와 같은 전문가가 알고 행할 필요가 있는 것을 평가하는 데 사용될 수 있다.[8] 이런 근거 중심 평가는 지식을 증명하는 행동을 평가할 지식과 행동을 알아내는 과제를 컴퓨터 능력적응검사시스템과 연결한다. 미스레비의 평가 시스템에서 나온 기본적인 지식모델을 구성하는 것은 복잡하고 어려운 것이지만 그것은 K-12 학교교육에서 가르치는 지식과 기술의 평가방법을 확장시켜 전문가의 지식을 획득할 수 있다고 주장한다.

또한 근거 중심 평가는 자격증 제도와 함께 사용하게 되면 학습결과에 대한 교육적인 토론에 초점을 맞출 수 있다. 그러므로 평가활동은 교육, 기업, 평가 커뮤니티의 유능한 성원들이 개발한 실제적인 과제와 더욱 비슷할 수 있다. 학생들은 자신들이 원하는 만큼 많은 자격증을 취득할 수 있기 때문에, 평가센터의 평가자들은 학생들의 수행 시 자기 강점과 약점을 이해하도록 함으로서 나중에 자격증을 얻기 위해 노력하는 과정에서 개선할 방법을 도와주는 책임을 갖게 될 것이다. 자격증의 취득은 학생들에게 자기 성취를 유능한 전문가들에게서 인정을 받아 그 공동체의 수용 기준에 따라 평가받을 수 있는 기회를 제공할 수 있다.

학생들은 취업이나 대학입학을 목적으로 하는 자격증 포트폴리오도 만들 수 있다. 현재의 고등학교나 대학 졸업장과 달리 수행을 중심으로 하는 자격증 시스템은 중요한 지식과 기술의 종류를 성인학습에 연결시킬 것이다. 또한 수행을 중심으로 하는 자격증 시스템의 개발은 교육자들로 하여금 학생들이 알고 실행할 것을 기대하는 내용을 더욱 신중하게 정의하게 할 것이다.

새로운 교육과정의 설계

컴퓨터 기술은 교육과정 개발의 새로운 장을 열었다. 그 범위는 새로운 교수-학습의 형태에서부터 교사와 학생이 상호작용하는 방법을 조직화하는 새로운 방식에까지 이른다. 우리가 장려하는 하나의 교육과정은 학생들이 자신의 목적과 관심에 학습의 초점을 맞추도록 하기 위해서 기술을 사용할 것이다. 그런 학교에서는 학생들의 연령이나 학교에서 통용하는 교육과정이 아닌 오히려 학생들의 목적과 관심에 기초하는 교육과정을 중심으로 학생들을 평가할 것이다.[9] 교육과정은 처음에는 가족, 생태, 스포츠나 공룡과 같은 주제로 시작하여 영화와 미디어 제작, 바이오 의학이나 기업관리 등과 같은 영역으로 나아갈 것이다. 독서산, 과학, 역사, 지리 등과 같은 학업능력은 각 교과 교육과정으로 조직화 할 것이다.

학생들은 오랫동안 아마도 그들이 이해를 깊게 하고 능력을 개발할 수 있는 특별한 교육과정을 수년 간 계속 고수하도록 장려될 것이다. 아동들은 각각 부모의 도움으로 한두 가지 교육과정을 선택하여 출발하겠지만 교사와 부모의 동의가 있으면 이런 교육과정에서 저런 교육과정으로 변경할 수 있을 것이다. 아이들이 진보해 가면서 그들은 예술, 일이나 기술에 관한 학습 등 성인들이 세상에서 하고 있는 일들을 반영하는 교육과정으로 바꿀 것이다. 그러나 교육과정을 자주 바꿔서는 안 된다. 그렇지 않으면 그들은 어떤 영역에서도 결코 깊은 지식과 기술을 발전시키지 못하게 될 것이기 때문이다.

그런 교육과정은 공룡의 진화에 관한 비디오 제작과 같은 매우 복잡한 과제를 수행하는 맥락에서 학생들이 중요한 콘텐츠와 기술의 학습을 강조한다. 우리는 대규모 작업장에서 일하는 견습생의 방법을 반영한 종류의 교육과정을 학습하는 학생들을 위해서 4단계 모델을 개발했다. 즉 1) 학생들은 초보자로 들어와서 프로젝트를 수행하는 동안 그들을 멘토링하는 경험이 많은 학생 중 한 사람과 자신의 소규모 프로젝트를 실행한다. 2) 학생들이 경험을 쌓아가게 되면 다른 학생들과 함께 대규모 프로젝트를 실행하기 시작한다. 뛰어난 학생들은 그곳에서 주 프로젝트나 하위 프로젝트 리더로 일한다. 3) 다양한 프로젝트를 여러 번 실행한 후 새로 들어오는 초보자들의 멘토로 일할 준비를 한다. 4) 새로운 들어온 초보자의 멘토를 성공적으로 수행한 후 대규모 프로젝트에서 주 프로젝트나 하위 프로젝트의 리더로서 일할 준비를 한다.

학생들이 십대가 되면 우리는 그들이 다양한 길을 가도록 믿고 맡길 수 있을 것이다. 그들은 학교에 나가고, 일하고, 자격증 시험 준비를 위해서 가정에서 공부하거나 아메리코(AmeriCorps; 미국 국가 봉사단)와 같은 청소년 단체 등에 참여할 것이다. 만약 그들이 대학진학을 원한다면 대학이 요구하는 모든 자격증을 가능하면 빨리 얻기 위해 노력할 것이다. 그러므로 15~16세에 대학에 진학하는 학생들도 있고 한동안 일을 하다가 학교로 돌아와 대학진학을 준비하는 학생들도 있을 것이다. 이상적으로 말하면 국가는 학생들이 일정 수의 자격증을 취득할 수 있도록 교육투자를 늘려나가야 할 것이다(아마 20개나 30개). 그렇게 되면 사람들은 연령을 불문하고 준비가 되면 언제든지 수업을 들을 수 있을 것이다. 혼합 연령의 수업을 장려하는 정책을 개발하여 그곳에서 수업받기를 선택하는 사람들을 모두 수용하게 되면 학생들이 고등학교에 다니게 됨으로서 현재 일어나는 문제 중 일부를 당연히 완화시킬 수 있을 것이다.

데이비드 쉐퍼(David Sahffer)가 작성한 미래 학교의 설계에서는 고등학교 시기의 교육을 실무를 중심으로 조직했다.[10] 쉐퍼(Sahffer)는 고풍스런 사상을 중심으로 조직한 학교교육과정은 학생들이 현재 학습한 것을 훗날 실행하게 될 것과 연결하는 데 어려움을 가져온다고 주장했다. 언론, 도시계획, 공학 등과 같은 전문직은 지식, 신념, 가치, 전략 등 이른바 쉐퍼(Sahffer)가 인식의 틀이라고 부른 것으로 조직했다. 이런 틀은 시간이 지나면서 재정의 되어 가기 때문에 앎과 실행의 통합에 잘 다듬어진 모델을 제공한다. 게임을 기반으로 하는 학습기술은 학생들에게 인식의 틀을 소개하는 데 매우 중요한 역할을 할 수 있다. 예를 들어 도시계획 교육과정에서 쉐퍼(Sahffer)와 그의 동료들은 학생들이 빌딩, 공원, 위생시설, 주차공간을 나타내어 조종할 수 있게 하는 상호작용적인 도구를 개발했다. 이 도구는 도시 계획자의 실제적인 실무에 기초하고 있기 때문에 학생들이 자신의 해결방법을 예측하고 실험하여 정치적 쟁점에 대응할 수 있도록 교육과정 설계에 포함시켰다. 동시에 도구와 교육과정은 도시계획의 정치, 재정, 건축의 측면을 훌륭하게 소개했다. 쉐퍼(Sahffer)는 교육과정 설계의 기초로 기존 전문직을 이용했기 때문에 그는 학생들이 수학, 역사, 과학, 정치학을 실제적인 맥락과 연결시켜 학습하는 방법을 탐구할 수 있었다.

학습기술을 학교에 합치시키는 또 다른 접근방법은 과학적 연구나 역사적이며 생태학적 시스템과 같이 일반적으로 학교에서 가르치기 어려운 주제에 초점을 맞출 수 있다. 도시학교 학습기술 센터(LeTUS; The Center for Learning Technologies in Urban School)는 도시에 소재하는 K-12 학교의 프로젝트 중심의 과학 교육과정 개발 사업에 기금을 제공하는 수많은 국립과학재단 중 하나였다. LeTUS는 학생들이 공기와 수질, 세계적인 위험, 판구조론 등의 주제를 연구할 수 있는 정교한 컴퓨터 기반의 시각화 및 분석 도구를 개발했다. LeTUS 개발자들은 교육과정의 개발에 만족하지 않고 교사들이 관심을 가지고 있는지 여부를 알아보기로 했다. LeTUS는 프로젝트 개발에 교사와 연구자들을 수업설계팀에 참여시키는 고객 중심 접근방법을 사용하여 도시 분야의 기술 지도자와 교육과정 지도자들에게 프로젝트 중심 과학을 일반 과학 프로그램의 일부로 만들기 위한 방안을 협의하도록 했다. 비록 최근에 읽기와 수학 점수를 강조하는 바람에 도시학교 지역의 수업 일정이 대부분 영향을 받고 있지만 LeTUS 같은 프로젝트는 연구자와 학교의 상호 협력을 통하여 기술을 일상적인 학교수업에 통합시킬 수 있는 방법을 제시한다.

또한 상업적인 비디오 게임도 학교 콘텐츠의 기준에 맞게 채택할 수 있다. 역사의 발전과 갈등의 모델을 발판으로 하는 시빌라이제이션(Civilization)과 같은 게임은 참여자로 하여금 종교적, 군사적, 경제적, 외교적 우월성을 자랑하는 문화가 세계의 발전과정에 어떻게 영향을 미쳤는지를 알 수 있게 한다. 그런 게임을 끝마치게 되면 학생들은 자신들이 알아낸 사건에 대한 역사적 의미를 수업시간에 반영해야 한다. 특히 그들은 자신들이 2차 세계 대전과 같은 역사적 사건에 대해 책에서 읽고 비디오에서 본적이 사건들에서 무엇이 일어났는지를 관련시키려고 노력해야 한다. 역사가 전개되어 온 과정을 이런 식으로 들여다보는 것은 대부분 교과서 중심적이며 사실 중심적으로 접근하는 학교의 역사수업 시간에서는 부족한 것들이다. 시빌라이제이션(Civilization), 레일로드타이쿤(Railroad Tycoon), 더심스(The Sims)와 같은 체제-모델 게임(system-modeling game)이 학생들로 하여금 콘텐츠의 목적을 더욱 충족시키도록 할 수 있는 방법을 교사들이 이해하게 되면 그들은 학습기술을 학교의 일상활동에 적용하는데 기여할 수 있을 것이다.

또한 게임은 표준을 중심으로 하는 교과영역의 밖에서 학생들이 인간관계와 리더십의 능력을 개발하는 데 도움을 줄 수 있다. 월드오브워크래프트(World of Warcraft)와 같은 다중온라인 게임(MMOGs)은 전략, 논리, 자원분배를 수반하는 복잡한 문제를 참여자가 해결할 수 있게 한다. MMOGs에서 참여자는 사회집단과의 상호작용을 통하여 새로운 회원들을 모집하여 보유하고, 대규모 운동과 연결시키고 정치적 가치에 대한 결정한다. 스와트 4(SWAT 4)와 미국 육군의 풀스펙트럼워리어(Full Spectrum Warrior) 같은 게임은 참여자들에게 전술과 리더십의 기술을 개발할 수 있는 기회를 제공한다. 존 실리 브라운(John Seely Brown)과 더글러스 토머스(Douglas Thomas)가 비디오 게임은 차세대 기업 지도자들을 훈련하는 환경이 될 것이라고 주장하게 만든 이유가 바로 이것이다.[11]

기술이 학교교육에 영향을 줄 수 있는 방법에 대한 마지막 주장은 코스관리시스템(course management system)과 관계가 있다. 여러 대학에서는 블랙보드(Blackboard)와 디자이어 21런닝(Desire21 Learning) 같은 회사 시스템을 사용하여 토론방, 집합적인 프로젝트 개발공간, 온라인 전자책, 읽기자료 등에 온라인 액세스를 제공한다. 비록 기술적인 면에서 이런 시스템이 교사와 학생들이 개발한 콘텐츠로 구성되었을지라도 제공되는 커뮤니케이션 도구는 대안적인 토론 공간을 개설할 수 있다. 예를 들어 교사나 학생들은 토론방을 사용하여 어려운 독서과제를 해결하거나 집단적인 코스 프로젝트 설계에 참여할 수 있다. 더욱 중요한 것은 교실 토론의 참여를 힘들어 하는 학생들은 온라인 토론을 이용하여 교실 친구들과 상호작용을 하면서 서로에 대해서 잘 알아 갈 수 있다는 것이다. 코스관리시스템은 학교 밖에서 사용하는 통신기술을 일반적인 코스 콘텐츠와 통합한다. K-12 학교는 코스관리 도구를 더 늦게 도입했지만 인스턴트 메신저(인터넷상으로 서로 즉시 메시지 교환이 가능한 시스템)와 마이스페이스닷컴(MySpace.com)에 익숙한 K-12 학생들은 코스관리시스템이 어떻게 상호작용에 새로운 기회를 열 수 있는지 알게 될 것이다. 기본적인 K-12 과정에 코스관리 시스템을 사용하게 되면 기존 학교 프로그램의 중핵과 통신기술의 통합에 도움이 될 것이다.

디지털 세계의 평등에 관한 새로운 접근

교육정책의 진자가 창의성으로부터 학교교육의 표준화와 위험부담을 마비시키는 책무성의 방침을 강조하는 정책으로 흔들리고 있는 시점에서 학교는 학습기술력을 이용해야 하는 도전에 직면하고 있다. 연방과 주 정부가 결과의 평등을 이루기 위해서 추진한 학업부진아방지법(No Child Left Behind Act)의 정책은 교육실천 활동을 "당장 효과가 있는 것"을 폭넓게 수용하는 쪽으로 바뀌었다. 이것은 모든 학교에서 어떤 교사라도 비슷한 학습결과를 가져올 수 있다는 환원주의적인 교사 배제 교육과정(teacher-proof curricula)의 채택을 의미한다.

이런 정책의 단기적인 효과는 경제적으로 양 극단에 있는 공교육 가족들에게 나쁜 영향을 주었다. 표준화 교육과정은 부유한 가족들을 공교육에서 내몰았고 높은 중도 탈락률은 가난한 가족들을 압박하여 공교육의 대안을 찾게 만들었다. 홈스쿨링에서 가상 협약학교로, 협약학교에서 다시 학습센터에까지 기술을 중심으로 하는 학습장은 교육가족들로 하여금 종교적이거나 교육에 대한 이데올로기적 접근을 유지하기 위해서 공교육의 통제를 기피하게 만들었다. 학습기술은 주로 기회의 불평등을 확대하는 데 기여할 것으로 보인다. 학습기술이 공립학교의 제도적인 불평등을 해결하는 데 어떻게 사용될 수 있을까?

위에서 기술한 교육과정의 개념에 덧붙여 우리는 학습기술은 가난한 학교에 기술이 중재하는 새로운 교육경험을 제공하고 학생들이 학교에서 학습한 것을 추적하는 기술을 기반으로 하는 시스템을 개발함으로서 교육기회의 불평등을 해결할 수 있을 것으로 생각한다. 조나단 코졸(Jonathan Kozol)과 같은 작가는 화려한 도시에 살고 있음에도 불구하고 문밖을 벗어난 여행이라곤 거의 해본 적이 없는 도시 학생들이 얼마나 많은지 그리고 얼마나 많은 학생들이 교실을 지배했던 가난한 학비의 덫에 시달리게 되었는지를 암울한 그림으로 그려냈다.[12] 학습기술은 학생들의 문밖 여행을 제한하는 근본적인 경제적 고통을 해결할 수는 없으나 지역학교에 질 높은 학습경험을 제공할 수 있을 것이다.

예를 들어 대학 위원회의 대학선행학점취득제도는 "드물게 성공한" 매우 보기 어려운 교육혁신 중 하나이다. 전국의 고등학교 학생들은 인문학, 사회과학과 자연과학, 수학 기타 과목 등에서 대학선행학점취득제도를 선택했다. 이는 외부 평가자가 보편적 척도에 따라 평가함으로서 보편적인 결과를 보장할 수 있다. 그러나 교직원의 인력투입과 학생들의 관심 부족으로 많은 학교가 대학선행학점취득제도를 광범위하게 제공하기는 어려운 실정이다. 비디오 텔리컨퍼런싱(video teleconferencing)으로 인한 엄청난 비용절감은 도시와 농촌학교가 원격교육을 통한 대학선행학점취득제도의 액세스 공유를 쉽게 선택할 수 있게 했다. 플로리다의 가상학교와 같은 기관은 지방에 소재하는 학교가 개설할 수 없는 강좌를 공급해주는 중재자로 점점 더 활발한 활동을 하고 있다.[13]

가상적인 튜터링은 기술이 학교의 수업자료를 보충할 수 방법의 또 다른 사례이다. 학교에서 고전하는 학생들을 돕는 튜터링은 학업부진아방지법(No Child Left Behind Act)의 대표적 특징으로서 간혹 간과되거나 비판의 대상이 되기도 한다. 비판자들은 연방정부의 튜터링 요구는 학교교사와 동등한 자격기준을 갖추지 못한 튜터를 채용하는 민간기업에 수백만 달러를 자원하여 가르치려는 학교의 의지를 꺾어 놓았다고 주장한다.[14] 그럼에도 불구하고 정부가 요구하는 튜터링은 현재의 학습세계와 새로운 학습세계를 연결하는 다리가 될 수 있다. 특히 가상적인 튜터링은 학교에서 고전하는 학생들과 바깥 세계를 연결하는 중요한 통로를 제공해준다. 최근 타임지의 사설은 인도에 근거지를 둔 튜터비스타(TutorVista)와 같은 기업이 어떻게 문법에서 기하학까지 "모든 것"에 걸친 K-12 학교의 튜터링에서 높은 성과를 올릴 수 있는지를 상세하게 다루었다.[15] 기술 작업의 아웃소싱에 대해 현재 논의되는 모든 쟁점들은 확실히 여기에 해당한다고 볼 수 있다. 즉 커뮤니케이션 기술은 대륙 간의 연결을 깊게 하고 세계를 축소함으로서 교수-학습에 대한 개인의 욕구를 거의 대부분 충족할 수 있게 만들었다.

우리가 기술을 어떻게 이용하여 평등 문제를 해결할 것인지에 대한 문제는 제10장으로 돌아가서 다시 논의할 것이다. 분명히 기술은 교육평등의 문제를 악화시켰기 때문에 우리는 이 문제를 완화할 수 있는 방법에 대해 조심스럽게 생각할 필요가 있다.

C·H·A·P·T·E·R

09

신기술이 학교교육에 주는 의미

아동들은 기술에서 무엇을 배우고 있는가?

기술은 아동들의 학습과 사회생활을 어떻게 변화시키는가?

기술은 우리를 어떻게 할 것인가?

CHAPTER 9

신기술이 학교교육에 주는 의미

> 미래는 이미 여기에 와 있다. 그것은 불균등하게 배분되고 있을 뿐이다.
>
> -윌리엄 깁슨(William Gibson)[1]

이제 막 교육혁명의 결과를 체감하기 시작하고 있다. 기술 주도의 학습장이 도처에 생겨나면서 기술혁신은 공교육 체제 밖에서 예측불허의 영향을 미치고 있다. 우리는 제4장에서 미국 공립학교 교육혁명을 간단하게 살펴봄으로서 우리가 어떻게 "학습"을 형식적 학교교육과 동일시하게 되었는지를 알 수 있었다. 이제 기술은 이런 상식적인 정의를 해명하기 시작하고 있다.

존 헤이글(John Hagel)과 존 실리 브라운(John Seely Brown)은 성공적인 기업은 시장의 가장자리에서 일어나는 혁신을 배울 필요가 있다고 주장했다. 시장이 급격하게 변화하는 시기에 그들은 "만약 우리가 렌즈를 그것에 맞춰 조정하면 놀라운 일을 볼 수 있을 것이다. 즉 가장자리가 재정비되어 필경 핵심을 변화시킬 것이다."라고 말했다.[2] 가장자리가 학교교육의 핵심을 개혁하기 위해서 우리는 차세대 학습기술의 현명한 소비자와 생산자가 되어야 할 것이다.

만약 우리가 미래의 교육을 지도하려고 한다면, 우리들 중에서 현재 우리 생활에서 기술을 수용하지 않는 사람들도 내부로부터 신기술의 가능성을 이해해야 할 것이다. 돈 탭스코트(Don Tapscott)가 말한 것처럼 "역사상 최초로 아동들은 부모보다도 사회의 중요한 혁신에 대해 더욱 편안하고, 더 많이 알고, 더욱 잘 읽고 쓸 줄 안다 ……. 그들은 사회변혁의 세력이다."[3] 이 장에서 우리는 상당한 세대 차이를 어떻게 연결하여 새로운 학습기술을 기존의 교육체제에 통합할 것인지에 대해 교사와 학부모들에게 몇 가지 제안을 할 것이다.

아동들은 기술에서 무엇을 배우고 있는가?

기술을 중심으로 하는 학습환경의 출현은 교사와 학부모들에게 아이들이 가정과 학교 밖에서 어떻게(그리고 무엇을) 배울 것인지에 대해 관심을 가질 것을 요구한다. 신기술에 대한 인식 수준을 높이기 이전에 교사와 학부모들은 이런 기술에 몰입하게 될 때 학생들이 보여주는 광범위하고 새로운 능력을 인식할 수 있을 것이다.

기술 문해(technology literacy)의 격차는 가정에서부터 시작한다. 부모가 아동들에게 TV, 게임, 컴퓨터, 인스턴트 메시징, 휴대폰의 액세스를 제공하지만, 많은 사람들은 아이들이 어떻게 신기술을 사용하는지 정말 이해할 수 없다고 고백한다. 비디오 게임은 기술의 세대 차이를 가장 분명하게 보여주는 사례이다. 많은 부모들(그리고 학교 지도자들)은 비디오 게임의 "문제"를 중독과 "젊은이들의 부패"

라는 관점에 맞추어 넣는다. 그들은 아이들을 몰입하게 하는 많은 게임들은 폭력적이며 아이들은 운동은 하지 않고 무의미한 게임과 쓸데없는 이야기에 많은 시간을 낭비하는 것을 크게 걱정한다. 당연한 것이다.

한편 비디오 게임을 하는 아이들은 가상 세계에서 많은 부모들의 경험을 뛰어 넘는 정교한 문제해결과 커뮤니케이션 기술을 발달시킨다. 격차를 메우는 한 가지 방법은 자녀와의 독서개념을 자녀와의 게임개념으로 확장 · 발전시키는 것이다. 조정기를 들고 매든 2005 (Madden 2005)나 포케몬(Pokemon)을 실행해 보라. 즉 아이가 당신에게 게임 방법을 가르치게 하고, 게임의 목적과 전략에 대해 몇 가지 중요한 질문을 해보아라. 만약 아이가 휴대폰이나 컴퓨터로 인스턴트 메시징을 사용한다면 계정을 신청하여 그것을 통신 매체로 사용해 보라.

부모들이 실행할 수 있는 또 다른 처방법은 아동들과 깊은 관심을 나눌 수 있는 온라인 커뮤니티에 가입하는 것이다. 특이한 아이들은 공룡, 시, 스포츠, 그림, 천문, 말, 군사 역사, 기술 등에 열정을 가질 수 있다. 그들의 관심이 무엇이든지 이런 관심을 광범위하게 추구하면 훗날 매우 소중하게 사용될 전문지식을 개발할 수 있다. 또한 그것은 평생 동안 수많은 일을 수행하는 데 소중한 연구 능력을 발달시킬 수 있다. 우리는 부모들이 특별한 아이들이 열정을 쏟을 수 있는 그런 주제에 맞추어 다양한 연령의 아이들 모임을 만들 것으로 생각한다. 그렇게 되면 그들은 생각이 비슷한 아이들 집단과 자기 열정을 공유할 수 있게 될 것이다. 이것은 그들로 하여금 혼자서 학습할 수 있는 것보다 자기 열정에 대해서 더욱 깊이 학습할 수 있도록 하게 할 것이다. 종종 아이들은 자신의 열정을 공유할 수 있는 친구들을 가까이에서 찾을 수 없으나 인터넷의 확장으로 인해서 그들은 이웃과 학교를 넘어서 생각이 비슷한 친구들을 찾을 수 있게 될 것이다.

예를 들어 아이들은 세컨드라이프(Second Life)와 같은 다중사용자가상환경(MUVE)에서 공룡을 향한 열정을 실행할 수 있다. MUVE는 아동들이 텍스트 내용이나 그림 프로그램을 이용한 건물을 지을 수 있다. 우리가 제5장에서 어떤 학생이 시간을 내서 교육용 MUVE인 마이크로뮤즈(MicroMuse)에서 열대우림의 시뮬레이션을 만들었다고 말한 것처럼, 아이들은 이와 비슷하게 MUVE에서 여러 가지 전시장을 만들 수 있다. 즉 첫 번째 전시장은 다양한 공룡들을 부양하기 위한 구역을 영역별로 배치하여 동물원 지역에 거주하는 공룡, 식물군, 동물상을 생생하게 기록하는 공룡 동물원이 될 수 있다. 두 번째 것은 다양한 공룡이 살았던 시대, 멸종한 시대, 인간이 그곳에 도착한 시대 등을 보여주는 지구 역사의 연대표일 수 있다. 세 번째 것은 아동들이 공룡이 역사적으로 발견되었던 장소에 숨겨진 공룡의 뼈를 찾을 수 있는 시뮬레이션 세계일 수 있다. 또한 공룡이 멸종한 이유나 조류가 공룡에게서 유래했는지 등 여러 가지 이론에 대한 증거를 논의하는 토론장일 수 있다. 아동들은 읽기, 쓰기, 그리기, 기하학. 셈하기, 역사, 지리, 생물학, 화석학 등 모든 것을 자기 열정의 맥락 안에서 학습할 수 있다.

열정을 공유하는 아이들의 가상 공동체는 학교가 관여하지 않아도 성인들의 작은 도움만 있으면 아이들이 스스로 세울 수 있다. 만약 성인 멘토가 집단에 참여한다면 아마 그들은 자신들이 탐구하지 않았을 새로운 방향으로 아이들이 가도록 격려하면서 뒷자리나 지켜야 할 것이다. 온라인 커뮤니티는 아동들의 열정을 활용하기 때문에 그것은 자급자족적이 되어야 하고 커뮤니티는 아동들이 관심을 갖는 주제를 더욱 깊이 학습하도록 촉진해야 할 것이다. 만약 MUVE 공룡에 대한 당신 자녀의 학습이 그가 "진짜 직업"을 얻는 데 어떻게 도움이 되는지가 의심스러우면, 인터넷 게임 개발에 열정을 갖는 아이들로서 이미 우리가 알고 있는 캘리포니아의 11세 아동집단이 어떻게 인터넷에 자기들의 게임을 판매할 수 있는 회사를 세웠는지 그 사례를 생각해보아라. 사회는 그런 기업가적인 진취성뿐 아니라 전문분야에서 깊이 있는 지식과 기술을 중요시 한다.

교사와 학부모의 공통된 걱정은 아이들이 온라인에서 보내는 시간이 책을 읽는 시간보다 더 많다는 것이다. 문해 연구자들은 언어발달의 촉진을 위해서는 풍부하고 기능적인 어휘를 조기에 개발하는 것이 중요하다는 사실을 오랫동안 인정해 왔다. 항상 혼자서 읽는 것이 더 많은 어휘를 습득할 수 있는 꾸준하고 점진적인 방법이지만 당신이 읽는 것에 대해 풍부한 어휘를 구사하는 사람들과 이야기를 나누게 되면 발달을 크게 촉진시킬 수 있다. 언어 교육자인 제임스 폴 기(James Paul Gee)는 데이어스엑스(Deus Ex)와 같은 비디오 게임은 어휘 발달의 엔진을 제공할 수 있다고 주장했다.[4] 그러나 독서와 마찬가지로 게임 자체는 점진적으로 어휘를 획득하게 한다. 그렇지만 플레이어들이 큰 게임 커뮤니티에서 게임을 하게 되면 게임은 아동들이 유의미한 맥락에서 새로운 어휘의 자원을 개발할 기회를 가속화 시킬 것이다.

신기술이 정보를 발견하여 시각적 표상으로 해석하는 것처럼 그것이 더욱 수준 높은 문해능력의 향상에 얼마나 큰 영향을 미칠지는 예상이 쉽지 않을 것이다. 21세기 경제에서 학생들이 성공할 수 있도록 준비시키는 데 관심이 있는 정책 결정자들은 가상 환경의 항해를 통해서 개발된 능력이 실제로 작업장에서 어떻게 성과를 올릴지 알아야 하는 것은 당연할 것이다. 갓게임(Got Game)에서 존 백(John C. Beck)과 미첼 웨이드(Mitchel Wade)는 게이머 세대의 새로운 능력과 기질은 작업장을 변화시킬 것이라고 주장했다.[5] 게이머 세대는 시장분석과 사회적 · 경제적 모델링과 같은 현장의 가상적 측면과 작업 환경이 더욱 밀착하도록 촉진할 것이다. 예를 들어 게이머는 큰 결정을 하고, 자원을 조정하고, 게임을 기반으로 하는 시뮬레이션에서 복잡한 전략을 실험하는 등 풍부한 경험을 소유하고 있다. 또한 백(Beck)과 웨이드(Wade)는 게이머들이 다중 게임 기반 환경의 전역에 걸쳐 성공에 대한 보상에 얼마나 익숙하게 되었는지에 대해 언급했다. 이것은 성과별 보상 프로그램에 대한 기대를 형성하여 게이머들을 회사에 충성은 적게 하고 도전거리가 더 많은 직업으로 이동할 의도는 더 많이 갖게 할 것이다. 백(Beck)과 웨이드(Wade)의 연구는 미지의 영역을 지도로 만들려는 시도를 하고 있으나, 미래의 직업 세계는 부분적으로 현재의 게임 기술에 의해서 형성될 것이다.

기술은 아동들의 학습과 사회생활을 어떻게 변화시키는가?

기술을 통한 또래문화와 대중문화의 융합은 학교와 학부모에게 최대의 위협(그리고 기회)이 될 가능성이 있다. 제6장에서 논의한 것처럼 20세기 중엽에 고등학교가 부상하여 십대들 사이에서 활기찬 또래문화가 출현하는 토양을 제공했다. 1950년대 초에 광고업자들이 가처분이 있는 십대들을 중심으로 수익성이 좋은 시장을 육성하여 맞춤식 음악, 스타일, 스포츠, 십대 관객을 위한 영화에 초점을 맞춘 대중문화를 창조했다. 젊은이들의 대중문화 참여는 성인들이 조직해 놓은 학교교육의 사회적 경험에 강력한 대안을 만들어 냈다. 즉 1960대 무렵에 수백 만 명의 십대들은 공부보다 주로 친구들을 사귀기 위해서 학교에 갔다. 오락 기술은 대중문화의 발달을 촉진했다. 즉 레코드플레이어, 라디오, TV, 8트랙 카스테레오 등은 분명히 휴대폰, PC, 아이패드의 이전 것들이다. 신기술을 수용하는 청소년들(그리고 현재 청소년 이전)은 힙합 은어에서부터 인스턴트 메시징 방식에 이르기까지 새로운 은어를 개발함으로서 또래문화를 강화했다. 이는 알고 있는 사람끼리만 사용하기로 약속함으로서 기술을 더욱 매력적인 것으로 만들었다.

최근 미국의 또래문화 자체는 강력한 경제 엔진이 되어 전 세계에서 수천 개의 직업과 수백만 달러를 창출하고 있다. 실제로 음악, 스포츠, 스타일, 영화, 비디오 게임의 형태를 갖는 대중문화는 현재 미국의 주요 수출품 중 상당부분을 차지하고 있다. 미국 대중문화의 폭발은 예전에 지배적이었던 원료의 활용방식이 아닌 그 자체가 소중한 원자재인 인적자원을 결합하여 시장에 제공함으로서 재화와 용역을 생산하는 정보 경제(information economy)의 근본적인 징후를 나타낸다. 이런 점에서 대중문화 산업은 땅에서 파낸 자원이 아닌 매력적인 아이디어를 가지고 거대한 산업을 일으킴으로서 1980년대와 1990년대의 컴퓨터 붐을 예상했다고 볼 수 있다.

오락산업의 거물은 디지털 배분과 소유권의 문제를 둘러싸고 현재 인터넷 벼락부자들과 전쟁을 벌이고 있다. 그러나 누가 미디어를 통제할 것인지를 놓고 벌리는 전쟁은 새로운 오락형태에 참여하는 역할보다 중요하지 않을 것이다. 만약 대중문화가 전 세계에 실질적인 경제성장을 가져올 수 있다면 대중문화의 친숙성은 어떻게 기대했던 성과를 낼 것인가? 바꾸어 말하면 저녁에 TV를 시청하거나 닌텐도 게임을 하는 모든 사람들이 좋은 성과를 내게 될까?

스티븐 존슨(Steven Johnson)은 최근의 미디어 콘텐츠는 우리 코앞에서 참여적 미디어 문해권을 새로운 인지적인 요구형태로 발전시키고 있다고 주장했다.[6] 전통적인 이야기 방식을 무시하는 리얼리티 쇼는 참여자들이 이야기 곡선을 결정하게 함으로서 시작하지만 24와 로스트(Lost)와 같은 TV 쇼는 에피소드 전체에 걸쳐 전개되는 다양한 이야기 줄거리를 관련시킨다. 시청자들은 쇼를 그대로 따라서 웹 사이트를 만들 뿐 아니라 좋아하는 인물과 반전을 논의한다. 비디오 게임은 참여자들이 게임을 완성하기 위하여 수많은 과정이나 심지어 수백 시간 넘게 다양한 전략을 사용함으로서 복잡한 문제를 해결해야 하기 때문에 인지적인 복잡성의 순위에서 최상위에 있다. 정보 경제가 가상적 환경을 생산하는 쪽으로 계속 방향을 전환하기 때문에 새로운 미디어의 미묘한 차이를 느끼는 경험은 정보에 근거한 생산 뿐 아니라 정보에 밝은 소비를 유발할 것이다. 블로그는 분명히 기존 뉴스 네트워크에서 중요하게 취급되어 왔기 때문에 우리는 오락 산업이 참여적 미디어에 의해서 대변혁을 일으키거나 뉴미디어를 현재의 생산과 통제형태로 축소시키는 데 성공할지 여부는 지켜보아야 할 것이다.

기술은 우리를 어떻게 할 것인가?

우리는 기술 회의론자들에게 학교의 핵심 방침에서 일어나는 변화를 엉뚱한 곳에서 찾을지 모른다고 조언했다. 레리 쿠반(Larry Cuban) 등의 연구자는 교실에 미치는 기술혁신의 영향을 조사한 결과 아무 것도 얻어내지 못했다. 그 보다는 오히려 기술혁신은 교사는 전통적인 교실 업무를 계속 하도록 내버려 둔 채, 데이터 시스템을 처리하는 행정적인 업무와 게임을 하는 학생들 사이에서 일어나고 있다.

컴퓨팅으로 교실을 변화시키라는 압력은 아동, 가족, 중앙 부처 등, 교실 밖에서 각기 다른 형태로 나오고 있다. 신기술을 기존 제도의 보충용 정도로 사소하게 사용하는 일은 분명히 계속될 것이다. 즉 여전히 수없이 많은 수학숙제 웹 사이트가 있게 될 것이다. 그러나 주 정부의 돈을 협약학교에 쏟아 붓고 연방 정부의 돈을 튜터링 서비스에 쓸어 붓게 되면 학교는 점점 더 부족한 예산의 흐름을 새롭게 이용하기 위해서 새로운 방식의 업무수행에 도전할 수밖에 없게 될 것이다. 학교가 내적으로 변하든지 또는 대규모 공공-민간 교육 서비스의 네트워크의 일부분이 되든지 간에 우리는 기술력이 풍부한 새로운 교육 시스템에 학교가 마지못해 끌려갈 것으로 생각한다.

세계의 가난한 국가에 저비용, 튼튼한 컴퓨터를 보급함으로서 전체적인 면에서 새로운 세대의 아이들의 권한이 강화된다고 할지라도 새로운 시스템은 아마 불행하게도 기술 옹호론자들의 승리로 기록되지 않을 것이다. 학교에서 자연스런 변화가 일어날 것으로 예상하는 옹호론자들은 기존 학교교육의 구조를 연구하여 혁신의 기회가 무르익은 현재의 시스템에 대해 자신들의 입장을 밝히는 것이 당연할 것이다.

지금은 기술에 대한 비전을 가진 선구자들이 행동할 시점이다. 우리는 19세기 마지막 10년 동안에 일어났던 것과 동일한 무대에서 2차 교육혁명을 맞이하고 있다. 유치원, 고등학교, 학년별 교육과정, 교과서와 같은 초창기 시스템의 핵심 부분들은 이미 존재하고 있으며 새로운 시스템으로 통합되기 시작하고 있다. 그것은 교육행정과 심리학 연구 등 새로운 분야의 부상과 함께 이런 부분들을 "유일한 최상의 시스템"에 꼭 들어맞도록 하기 위해서 센트 루이스, 뉴욕, 보스턴과 같은 지역에서 지방 중심으로 강하게 추진되고 있다. 현재 우리는 가상 협약학교, 학습센터, 비디오 게임, 홈스쿨링 등 잠재적인 시스템의 새로운 요소들이 일으키는 비슷한 소용돌이에 직면해 있다. 우리는 새로운 시스템이 우리 사회의 중요한 교육목적을 확실하게 구현하게 만드는 혁신적인 교육자들의 강한 리더십을 필요로 한다.

C·H·A·P·T·E·R

10

기술 세계의 교육에 대한 재고

학습의 재고

동기의 재고

학습내용의 재고

직업의 재고

학습과 노동 간의 이행에 대한 재고

교육적 리더십의 재고

교육에 관한 정부 역할의 재고

미래에 대한 우리의 비전

CHAPTER 10

기술 세계의 교육에 대한 재고

우리는 새로운 교육의 비전을 주장했다. 만약 성공하려고 한다면 정치적 · 교육적 지도자들은 우리 사회의 변화를 세심하게 고려하고 우리가 제기한 문제를 해결하기 위해서 정부의 자원을 동원하여 우리 앞에 놓여 있는 위대한 가능성을 성취할 필요가 있을 것이다.

제2차 세계대전 이후 미국은 세계 자원의 몫을 지나치게 많이 향유해 왔다. 이런 풍요로움은 미국인들이 높은 생활수준을 유지함으로서 세계 지도자의 역할을 할 수 있게 만들었다. 토머스 프리드먼(Thomas Friedman)은 "세계는 평평하다(the world is flat)"는 저서에서 정보기술의 액세스가 글로벌 경쟁의 장을 평평하게 만들었다고 주장한다.[1] 이런 평평함은 전 세계의 수백 만 엔지니어, 기술자, 전문가들이 수많은 미국인들을 부자로 만들었던 직업을 추구할 수 있게 만들고 있다. 전 세계의 모든 국가들이 기대하는 미래의 번영은 경제발전을 촉진하기 위하여 자국의 교육 시스템을 어떻게 설계할 수 있는지에 달려 있다. 만약 미국이 글로벌 경제에서 성공적인 경쟁을 하려 한다면 미국이 기대하는 교육에 관한 수많은 가정들을 재고해 보아야 할 것이다.

경제적인 성공의 방책은 값비싼 비용을 요구한다. 미국이 그랬던 것처럼 부자 세대의 근원인 지식경제에 초점을 맞추고 있는 많은 국가들은 엘리트 계급에게 경제자원을 집중하는 경향이 있다. 많은 개발 도상 국가에서 부자와 빈자 간의 격차가 감소하기는커녕 더욱 증가하고 있기 때문에 국가가 엘리트층으로 하여금 수학, 과학, 기술 등의 직업에 종사하게 하는 데 교육정책의 초점을 맞추게 되면 그 격차는 더욱 확대될 것이다. 글로벌 경쟁의 불을 댕긴 것은 두보이스(W. E. DuBois)가 말한 "최상위 10%" 교육전략이었다. 이는 자원을 집중하여 가장 뛰어난 학생들을 세계적으로 경쟁력이 있는 직업에 종사하도록 촉진하는 것을 말한다. 게리 오필드(Gary Orfield)와 청메이 리(Chungmei Lee)와 같은 저술가는 학교와 공동체의 재분리, 바우처 정책, 협약학교는 이미 우리의 교육정책을 평등의 약속으로부터 멀어지게 하고 있다고 주장했다.[2]

기술적인 발달이 어떻게 우리로 하여금 평등의 목적과 글로벌 경쟁에서 균형을 유지하게 할 수 있을지는 아직 분명하지 않다. 우리가 이 책에서 주창하는 교육에 대한 재고는 사회의 모든 성원들이 새로운 교육자원에 액세스하여 모두가 이런 자원을 이용할 수 있도록 촉진하는 전략을 목적으로 정해야 한다는 것이다. 이것은 교육의 독자적인 재고가 아닌 사회, 교육, 학습의 상호작용으로서의 재고를 요구한다.

학습의 재고

우리는 학습은 학교에서 수업을 듣는 것이라는 관념 속에서 성장했다. 우리가 이 책을 통해서 주장한 것처럼 교육과 학교교육의 동일시 개념은 신기술이 학교 울타리 밖으로 학습을 밀어내기 시작하면서 서서히 해소되고 있다. 어떤 의미에서 학교교육과 학습의 결별은 우리들의 학습경험을 종종 부모들의 견실한 안내와 지도를 받았던 시대로 우리를 되돌려 놓는 것으로 볼 수 있다.

결국 대중들과 정치가들이 아이들이 무엇을 배우려고 하는지 또는 성인들이 무엇을 알지 못하는지에 대해 관심을 갖게 될 때, 그들의 자동적인 반응은 "우리가 어떻게 학교를 개선할 것인가?"일 것이다. 그 보다는 오히려 그들은 "우리는 어떻게 역사를 가르치는 게임을 개발할 수 있을까?", "우리는 어떻게 신기술 자원을 더 많은 사람들이 유용하게 사용하도록 만들 수 있을까?" 또는 어떤 도구가 사람들로 하여금 독자적으로 정보를 찾는데 도움을 줄 수 있을까?"라고 물어야 할 것이다. 현재 학교교육과 학습이 강하게 결합되어 있기 때문에 우리의 대화는 제도 안에서 대답할 것을 강요한다. 우리가 교육개선의 문제를 생각할 때 우리는 이런 광범위한 질문에 대답할 수 있는 방법을 아직 알지 못한다. 우리는 이 책이 이런 대화의 물꼬를 터 줄 것을 희망한다.

학습이 학교 밖으로 밀려나게 될 때, 학습의 개념이 넓어지기 때문에 우리는 교실에서 시작하여 다른 맥락으로 이동해가는 혼합된 경험을 더 많이 겪게 될 것이다. 교육은 현장학습, 또래와 상호작용, 컴퓨터 게임, 또는 심지어 기술적인 도구로 사람들을 가르칠 것을 강조하여 홈스쿨링의 길을 따르게 될 것이다. 예를 들어 학교에 자기 컴퓨터를 가져와서 그것을 네트워크에 연결하여 다른 사람들과 상호 멀티 플레이어 게임을 하기 원하는 몇 명의 학생들이 컴퓨터 프로그램을 가르치는 교사에게 접근해 왔다고 하자. 그들은 자신들만의 컴퓨터 게임을 개발할 수 있는 컴퓨터 클럽을 조직해 줄 것을 요청했다. 새로운 아이들이 클럽에 가입하게 되자, 최초의 집단은 스스로 학습한 것들을 신입회원들에게 가르쳐 주었다. 그 후에 교사가 인근 학교의 네트워크에 탑재할 과제를 연구하자, 아이들은 교사가 네트워크를 설계하고 실행하는 일을 도와서 다른 학교의 학생들이 자신들이 만든 새로운 네트워크에서 학습할 수 있는 환경을 구축했다. 이 모든 학습은 학교환경에서 일어나고 있었지만 "실제 학교" 학습이 아니었다. 전국의 기술 책임자들은 네트워크 디자인을 제공하고 유지하기 위해서 이처럼 학생들에게 의존하는 비슷한 모델을 가지고 실험하고 있다.

이 책에서 우리의 교육 비전은 평생학습의 개념에 입각하여 체계화 했다. 평생학습은 고도로 구조화된 학교교육 제도에서 서서히 물러나 다양하고 광범위한 학습경험의 소비자로서 행동할 것을 요구한다. 학습자는 학습장의 품질을 평가하는 능력과 안내와 조언을 제공하는 일종의 사회적 네트워크를 개발할 필요가 있을 것이다.

브리지드 배런(Brigid Barron)은 학생들이 스스로 컴퓨터 기술을 개발함으로서 학습환경의 현명한 소비자가 될 수 있는 좋은 학습방법의 사례를 소게하고 있다.[3] 예를 들어 캘리포니아에 사는 스테파니(Stephanie)라고 부르는 한 중학교 소녀는 중국 이민자의 딸이다. 그녀는 웹페이지를 만들기 위해서 지오시티스(GeoCities)를 사용하는 친구 모임에 가입했다. 그들은 스테파니에게 HTML의 사용법을 가르쳐 주었다. 그녀는 그리기를 좋아했기 때문에 그것에 푹 빠지게 되었다. 그리하여 7학년 때 그녀는 프로그래밍, 웹 디자인, 산업기술 과정의 수업을 들으면서 컴퓨터를 사용하여 디자인을 할 수 있었다. 8학년 때 그녀는 가족 웹페이지를 개발하기로 마음먹고 아버지가 새로운 사업에 사용할 웹페이지를 설계하는 작업을 거들어 주었다. 그녀는 여러 가지 방법으로 어머니에게 컴퓨터를 가르쳐 사용할 수 있게 했다. 그녀는 컴퓨터 아트에 대해 더욱 깊이 알기 위해서 온라인 디지털-아트 커뮤니티, 즉 장가(Xanga)에 숨어 들어가 눈에 띄지 않는 곳에서 컴퓨터 아트를 만드는 기법을 익히기 위해서 노력했다. 그녀는 예술가들이 작품을 만들기 위해 사용했던 원시 코드(source code; 프로그래언어로 작성된 머에 의해 프로그래밍원래의 프로그램)와 마감 작업을 연구 할 계획이다. 그녀는 디지털 시대의 전형적인 자기 주도 학습자이다.

최근 소셜 네트워킹의 폭발은 학교가 가르치고 지원하는 역할을 기술이 복제할 수 있는 방법을 시사한다. 이런 네트워크는 탁월한 전문가와 초보자 등 배경이 매우 다양한 모든 연령대의 사람들을 끌어들인다. 눈에 띄지 않는 곳에 숨어서 배우는 사람들도 있고 질문을 통해서 배우는 사람들도 있다. 네트워크 상에서 집단은 관심 있는 주제를 공동으로 연구하거나 그들이 중요하게 생각하는 문제를 놓고 토론할 수도 있다. 그러나 성공한 사이트들을 보면 유용한 정보를 제공하여 사용자의 관심을 안내하는 공통된 특성을 가지고 있는 것을 알 수 있다. 예를 들어 사용자 집단과 질병과 신체장애로 알려진 모든 것들이 탑재되어 있는 커뮤니티 사이트, 그것의 진단법을 알고 있는 전국의 의사들은 점점 증가하고 유능한 환자 집단으로부터 검사를 받는다. 이런 종류의 소셜 네트워크는 시, 화학, 디지털 그래픽, 판타지 스포츠 등 다양한 집단의 사람들이 특별한 관심을 가지고 있는 주제를 중심으로 여기저기서 생겨나고 있다. 홈워크닷컴(homwork.com), 튜터닷컴(turtor.com), 칼리지보드닷컴(collegeboard.com) 등과 같은 믿을 만한 정보 사이트는 이미 제도교육의 공통적인 요소인 학생지도부, 장학금 지원센터, 심지어 튜터링과 숙제 서비스까지 대체하고 있다.

학습에 관한 우리의 생각이 변하지 않는다면 어떤 일이 일어날 것인가? 만약 학교가 학습기술의 발달을 따라잡을 수 있을 만큼 빨리 변할 수 없다면 학습은 학교교육을 훨씬 앞설 것이다. 우리는 이런 일을 이미 미국의 밖에서 보아 왔다. 예를 들어 태국과 브라질의 젊은이들은 값싼 컴퓨터를 가지고 현재 선진국의 사람들이 이용하는 것과 동일한 학습자원에 액세스할 수 있다. 많은 사람들은 빈곤으로부터 탈출하기 위해서 이런 자원의 이용을 선택할 것이다. 어떤 점에서 그들은 21세기의 새로운 이민자가 될 수 있다. 새로운 국가로 이주하는 대신 그들은 정보 네트워크를 사용하여 자신들의 생각을 변화시킬 것이다. 그들은 사이버 공간에서 아이디어를 공유할 수 있는 비슷한 생각을 가진 영혼들을 찾을 수 있을 것이다. 영어는 그들의 공통 언어가 될 것이다. 그들은 그것을 웹에서 익힐 것이다.

학교의 연로한 세대들이 기존의 학습방법을 계속 강요하게 되면 기술은 학생들의 동기, 주의집중, 자원 등 교육 시스템의 밖에 있는 중요한 학습자원을 희생시키게 될 것이다. 교육과 학습의 동일성을 거듭 주장한다면 분명히 패배하는 전투가 될 것이다.

동기의 재고

현행 학교 시스템은 학생들이 내적 학습동기를 개발하는 데 그다지 도움을 주지 못한다. 많은 학생들이 경험하는 일탈은 이상적이라고 보기 어려운 교실 경험에 의해서 더욱 강화된다. 최근의 한 보고서에 의하면 고등학교 학생들의 50%가 매일 수업시간에 지루함을 느끼는 것으로 조사되었다. 또 다른 보고서는 캘리포니아 주의 9~10학년의 82%가 자신들의 학교경험을 "지루함과 시시함"[4]으로 보고하는 사실을 밝혀냈다. 이처럼 깊숙이 배어든 학습태도의 변화는 곧 교수-학습 과정은 물론 학교교육을 성공적으로 실현할 수 있는 보상 시스템의 변화를 의미할 것이다.

다행스럽게도 학습기술은 학생들의 학습동기를 개선하여 학습 콘텐츠를 활성화 시킬 수 있는 방법의 지침을 제시한다. 학습을 추구하는 세대들을 배출하기 위해서 학습자들에게 자기 학습에 대한 통제권을 더 많이 허용할 필요가 있다. 학습자 통제는 아이들에게 웹 액세스, 초보자용 읽기학습 기계, 필요시 도와주는 튜터링, 깊이있는 지식과 창조적인 능력을 증진시키는 컴퓨터를 기반으로 하는 게임과 같은 자기 학습을 지원해주는 도구를 제공함으로서 촉진될 수 있다.

또한 학습 사랑(love of learning)은 홈스쿨링의 부모들처럼 아이들이 특별한 관심을 갖는 주제를 깊이 탐구할 수 있게 함으로서 촉진될 수 있다. 커트 스콰이어(Kurt Squire)가 밝힌 것처럼 시빌라이제이션(Civilization)과 같이 실시간 전략 게임을 하는 아이들은 책에서부터 고대 문화를 조사하기 시작하기 때문에 중학교에서 좋은 성적을 낼 수 있다.[5] 비디오 게임은 많은 교사와 학교 지도자들이 두려워하는 것, 즉 학생들의 관심이 학교로부터 벗어나게 하는 것을 대체할 수 있다. 이는 비디오 게임이 전통적인 학교의 교육 내용을 더욱 재미있게 만드는 방법을 제공하여 학생들이 교실 수업에서 새로운 기회를 기대하도록 촉진할 수 있기 때문이다. 신기술이 아이들에게 자기 학습에 책임감을 갖도록 촉진시킬 수 있는 방법을 이해한다면 사회는 스스로 학습방법을 강구하는 세대들을 배출할 수 있을 것이다.

우리가 논의한 것처럼 학생들이 자기 학습을 더욱 통제하도록 장려하는 것은 학교가 실시하는 학습의 제도적인 통제에 역행할 수 있다. 자기 학습의 장려는 학교가 모든 학생들에게 동일한 것을 동일한 시간에 가르치도록 압박하는 현재의 정책 이념과 충돌한다. 심지어 보편적인 학교교육이 실시되기 전의 원룸학교조차 수업의 표준화를 강요하는 현재의 이런 정책에 저항했었다. 컴퓨터가 주변이 아닌 학교교육의 중심부분으로 통합되게 되면 학습자는 적절한 도움을 받는 가운데 상호 교환적이며 개별화된 수업을 추구할 수 있을 것이다. 이런 시스템은 학습자가 수행한 최근의 학습 이력을 반영하여 도전 수준을 정할 수 있다. 학생들이 컴퓨터가 제공하는 것 보다 더 많은 도움을 필요로 할 때 교사는 이를 도와 줄 수 있다. 그런 개별화 학습은 다른 사람들이 이해하는 것을 당신이 이해하지 못할 경우 당신에게 주어질 수 있는 좋지 않은 낙인을 제거해 줄 수 있을 것이다.

또한 기술은 디자인과 생산을 통해서 학습 사랑을 증진시키는 새로운 방법을 시사한다. 기술적 지식이 풍부한 컴퓨터 게임 개발자들은 게임 환경을 크게 변화시킬 수 있는 디자인 도구를 필수적인 것으로 만들게 되면 재게임의 가치와 그 게임에 대한 브랜드 충성심을 더욱 증가시킬 수 있는 방법을 오래전부터 알아 왔다. 학생들에게 완수해야 할 유의미한 과제를 주게 되면 그들이 현재의 작업을 수행하는 이유를 이해하는 데 도움이 된다. 학교에서 고전하며 지내는 학생들은 매든(Madden) 게임에서 요구하는 팀연봉 상한제에 맞추기 위해서 축구선수 명단을 수정하거나 유투부의 패러디를 편집하면서 수백 시간을 보낸다. 학생들은 복잡한 과제를 수행하는 고된 일이 갑자기 맥락화 되어 새로운 중요성을 갖게 되면 "정확하게 이해하기" 위해서 더 많은 시간을 자발적으로 낼 것이다. 하나의 집단으로서 우리는 학습환경이 모든 학습자들에게 긍정적인 동기를 경험할 수 있도록 재설계하기 위해서 신기술이 아이들과 성인들로 하여금 학습에 눈을 돌리게 할 수 있는 방법을 이해할 필요가 있다.

학습내용의 재고

물론 학습에 내적동기를 불어넣기 위해서 우리는 성공적인 학습과정에 주어지는 보상을 재고할 필요가 있을 것이다. 학교가 제공하는 프로그램과 지식사회의 성공적인 인생에 필요한 능력 간에는 불일치가 존재한다. 현대학교의 중핵 교육과정은 여전히 중세의 3학(trivium; 사소하다는 말에서 유래)과 4과에 뿌리를 두고 있다. 3학은 논리학, 문법, 수사학이며 4과는 산술, 기하, 음악, 천문학으로 구성된다. 이것은 학교와 대학의 교과목을 지배하는 교양의 기초를 형성한다. 수 세기에 걸쳐 역사, 지리, 과학 등의 교과목이 추가되었으나 교육과정의 기본 조직은 여전히 그 역사적 뿌리를 반영한다.

사회가 고민할 문제는 이것이 풍부한 기술 자원의 시대에 살아가도록 학생들을 준비시키기 위한 최상의 교육과정인지의 여부이다. 전통적인 교육과정의 주창자들은 글을 쓰고 생각하는 고전적인 훈련은 어느 때보다도 지금 더욱 필요하다고 주장한다. 반면 진보주의 교육자들은 새로운 시대에는 새로운 문해 능력과 수학적 추론 능력이 필요하다고 주장한다. 그러나 학교에서는 종종 교육내용을 거의 고전적 학문에서 가져와 조직하지만, 고전적 교육내용에서 엄격성과 맥락성을 제거함으로서 두 진영 간의 타협을 모색한다. 그러므로 기하학은 역사의식이 없이 소개되며 과학은 관찰과 실험으로 구성되는 방법 대신에 일련의 사실로서 학습한다. 우리는 현재 학교에서 일어나고 있는 것을 교육으로 생각하기 때문에 이런 교육과정의 타협안은 학습에서 무엇이 중요한 것인지에 대한 매우 협소하고 빈약한 관점을 제공한다.

신기술의 자원에는 중요한 학습내용에 명백한 영향을 주는 두 가지 영역이 있다. 즉 커뮤니케이션과 수학. 21세기 커뮤니케이션 방식에서 읽기와 쓰기와 같은 기본적인 문해 능력, 응용 생산, 프레젠테이션 능력간의 경계가 흐릿해지고 있다. 멀티미디어 문서 제작, 비디오 편집과 비평, 웹상의 정보와 자원 검색, 이미지와 그래픽의 이해는 모두 커뮤니케이션의 중요한 측면이다. 신기술은 기본 문해와 응용 문해 사이에서 변화를 꾀할 수 있는 흥미로운 방법을 제공한다. 예를 들어 월드오브워크래프트(World of Warcraft)나 리니지(Lineage)와 같은 다중온라인게임(MMOGs)의 참여자들은 협상, 거래, 동맹형성, 적군의 허를 찌르는 전략, 가장 효과적인 방법의 계산, 다양한 사람들 간의 커뮤니케이션 등과 같은 전반적으로 다양한 응용 문해 능력을 개발하기 위해서 기본적인 문해 능력을 사용한다. 이런 응용 문해 능력은 MMOGs에서 자연스럽게 발생하지만 그것을 전통적인 학교 환경에서 지속하기는 어렵다. 우리는 문해 능력의 개발을 아직까지 전통적인 학교교육과정과 직접적으로 관련지어 생각하기 때문에 게이머들을 이런 다중 게임을 하면서 시간을 낭비하는 것으로 평가한다.

수학적 관점에서 보면, 기술은 학생들이 학교에서 많은 시간을 보내면서 배우는 모든 알고리즘을 실행할 수 있다. 그와 동시에 수학적인 사고학습은 그 어느 때보다 더욱 중요해지고 있다. 그러므로 학생들은 컴퓨터 알고리즘을 모방하는 방법을 학습할 것이 아니라 실제-세계의 문제를 해결하기 위하여 수학적 도구를 이용하는 방법을 학습하는 것이 시간을 더욱 효과적으로 사용하는 것으로 볼 수 있다. 실제로 컴퓨터 도구를 적절하게 적용하는 방법을 학습하기 위해서는 알고리즘의 실행보다 훨씬 더 많은 사고를 요구한다. 그것은 수학을 가르치는 새로운 프로그램이 되어야 한다. 판타지 스포츠는 응용 수학 능력을 가르치는 좋은 사례를 보여준다. 출루율이나 득점 계산은 정교한 알고리즘 과정과는 관계가 없다. 그러나 가장 무심한 판타지 야구선수조차 어느 팀이나 어떤 선수가 승리할 수 있는 가장 좋은 기회를 가졌는지를 예상하는 예측 모델에 참여해야 한다. 환상적인 선수들이 자신들의 예측모델을 명료하게 만드는 것은 전국수학교사협의회와 같은 기관에서 상을 줄 정도로 뛰어난 수 감각과 평가능력의 개발에 전력을 다한 탁월한 연습의 결과이다.

기술이 학습에 미치는 미묘한 영향력은 웹상의 지식을 쉽게 이용할 수 있는 특성과 관계가 있다. 마치 정확한 의사의 진단처럼 사람들은 과거에 만족스런 결정을 얻기 위해서 많은 정보를 암기해야 했다. 그러나 지식의 액세스가 용이해지면서 사람들은 자신을 도와주는 외부 기억에 더욱 의존하게 되었다. 우리는 이런 현상을 의사가 사용하는 기술로 설명할 수 있다. 최근에 의사들의 진단을 도와주는 온라인 시스템이 개발되었다. 의사들이 일련의 증상에 관한 징후를 이 시스템에 제공하면 시스템은 의사가 고려할 필요가 있는 가능한 진단을 알려준다. 이처럼 의사는 모든 가능한 증상과 질병을 일일이 짝지어 가며 기억할 필요가 없다. 의사들은 진단을 내리기 위해서 여전히 자신의 경험과 환자와의 상호작용에서 얻은 개인적 지식을 적용해야 할 것이다. 이런 시스템은 기억이 받쳐줄 때 제 기능을 할 수 있다. 마찬가지로 웹은 하늘 아래 모든 주제에 대한 새로운 정보를 제공하는 거대한 기억 창고이며 기억은 더 이상 핵심 능력이 아니다. 그것은 웹 사이트가 지닌 신뢰성의 차이를 고려할 때 웹상에서 찾은 정보의 평가방법 뿐 아니라 원하는 정보의 검색방법을 아는 것이다. 말하자면 사람들은 더 많은 정보를 얻기보다 새로운 학습능력을 개발할 필요가 있다.

할렘 고등학교의 사례는 학생들이 알 필요가 있는 것을 새로운 방식으로 설명해주는 한 가지 방법이다.[6] 이 학교에서는 학생들이 5가지 마음의 습관(Habit of Mind)과 일치하는 반성적인 질문에 대답하는 문답식 학습을 강조한다. 즉 1) 우리는 어떤 관점에서 이것을 보고, 듣고, 읽고 있는가? 2) 우리는 우리가 아는 것을 어떻게 아는가? 그것의 증거는 무엇이며 얼마나 신뢰할 수 있는가? 3) 사물,

사건, 사람들은 어떻게 관련되는가? 원인과 결과는 무엇인가? 그것은 어떻게 잘 일치하는가? 4) 만약........이라면? 상황은 달라지는가? 대안은 무엇인가? 혹은 무엇이었는가? 5) 그래서 어떻다는 것인가? 왜 그것이 중요한가? 그것은 모두 무엇을 의미하는가? 누가 관심을 갖는가? 이런 질문은 학생들이 학교에서 수행하는 모든 것과 그들이 졸업 요건을 충족할 정도로 충분한 학습을 했는지를 결정하는 학생평가에서도 매우 중요하다. 이런 질문은 학교에서 가르치는 학습내용의 정의를 정보화 세계의 적응형 사고가 요구하는 사고방식과 행동의 유형까지 확대시킨다.

직업의 재고

전통적으로 교육의 목적은 학습자의 정치적 책임을 계몽을 하는데 있었다. 최근 미국의 교육 담론은 경제적 성공에 대비하는 직업준비로 급격히 전환했다. 그러나 판에 박힌 작업이 기술이나 해외인력으로 대치되면서 기존의 작업은 협력, 통신, 지식의 가공 능력을 강조한다. 경제적 관점에서 보면 교육이 디지털 시대에 학생들에게 비판적인 사고와 어려운 과제수행에 필요한 지식과 자원 검색법을 가르치는 것을 크게 강조하는 것은 매우 중요하다. 학생들이 실제-세계의 문제해결에 도전하여 유의미한 결과를 생산하려면 그들에게 훨씬 더 많은 서비스가 제공되어야 할 것이다. 따라서 그들은 사고하는 방법을 학습하게 되는 상당한 인센티브를 얻게 될 것이다.

또한 직업이동도 교육제도에 문제를 제기하여 학생들이 더욱 적응력을 갖도록 가르칠 것을 독려할 것이다. 우리가 학교에 가는 전통적인 미국인의 이야기는 자동차 수리공이나 의사 등 직업을 준비하기 위한 것이었다. 우리는 고등학교나 대학에 재학하는 동안 종종 직업을 정해놓은 후 그 직업에서 성공할 가능성이 높은 강좌를 수강할 것이다. 그러나 1980년~90년대에 들어서 평생고용에 대한 기업의 책임이 쇠퇴하게 되자, 경제 전반에 걸친 직업이동이 크게 증가하기 시작했다. 현재 신규 채용자의 50~60%가 1년 안에 이직하고 있으며 노동력의 10%가 매년 일터를 떠나고 있다.[7] 앞으로 사람들이 더욱 오래 살게 되기 때문에 많은 사람들이 70~80년대와 같은 어려움을 겪을 가능성이 더욱 높아지게 될 것이다. 다음 20년 동안 대부분의 미국인들은 연속적인 직업이동을 경험하게 될 것이다. 한 가지 사례를 들어보자. 한 저작가는 대학에서 회계학 학위를 취득한 후 월스트리트에서 감사관으로 그의 첫 직장생활을 시작했다. 감사관으로 몇 년을 보낸 뒤 그는 대학원에 들어가 컴퓨터 공학을 공부하여 10년 후 인지 심리학 박사학위를 취득했다. 그 후 그는 기업에 들어가 다양한 부문에서 연방정부의 연구를 수행했다. 대부분의 연구는 사람들이 컴퓨터를 사용하는 것과 관련된 것들이었다. 그의 연구를 살펴보면 처음에는 심리학 연구를 하다가 점점 교육용 컴퓨터 시스템 개발로 옮겨갔다. 약 20년간의 연구 후 그는 자신의 경력에는 결코 교육학 강좌를 수강한 적이 없었음에도 불구하고 노스웨스턴 대학교의 교육학과 교수로 채용되었다. 그리고 18년 동안 그는 노스웨스턴 대학에서 여러 가지 교육학 과목을 가르쳤다. 두 번째 저작자는 철학을 전공하는 대학원생으로 출발했다. 그는 작은 시카고 고등학교의 역사 교사로 취업했다. 몇 년 간 가르친 후 그는 학교 행정가가 되었다. 후에 그는 대학원으로 돌아가 교육학을 공부하기로 결심했다. 대학원에서 5년 이상을 보낸 후 더 큰 대학원의 교육학과 교수가 되었다. 그가 다음에 어떤 일을 하게 될지는 두고 보아야 할 것이다. 이런 이야기들은 학술적인 직업에 초점을 맞추었지만 특별한 것으로 볼 수 없다. 그런 직업의 방향전환은 점점 더 흔한 일이 되고 있다. 지식 사회에서 사람들의 운명은 그들을 둘러싼 변화하는 세계에 발맞추기 위해서 자신을 계속해서 재창조해야 할 것으로 보인다.

필경 사람들은 인생을 직업의 연속으로 보게 될 것이다. 그들은 이런 개념에 대처하기 위해서 "학습방법의 학습(learn how to learn)"이 얼마나 중요한지를 깨닫기 시작할 것이다. 그들은 최초에 결심한 직업이 평생 동안 헌신하게 될 일이 아니라는 사실도 알게 될 것이다. 아브너 아비터브(Avner Avituv)와 로버트 레먼(Robert Lerman)이 지적한 것처럼 "수백 만 명의 노동자들이 매달 한 고용주를 떠나 다른 고용주 밑에서 일하고 있다. 젊은이들이 안정된 직장에 들어가서 고용주와 장기적인 관계를 유지하기까지는 오랜 시간이 걸릴 것이다. 30세쯤 되면 대학에 진학하지 않았던 고졸자들은 이미 평균 8명의 고용주 밑에서 일했을 것이다. 모든 남성 고졸자의 거의 절반은 25~29세 사이에 적어도 한 번의 실업을 경험했을 것이다. 더구나 직업의 불안전성은 젊은이들 중에서 점점 더 증가하고 있다."[8]

최근 대졸자와 고졸자 간의 소득격차가 증가해 왔으며 이는 고등학교 학생의 90% 이상이 대학 진학을 계획하게 했다. 하지만 고등학교에서 평균 성적 C를 얻은 학생 중 14%만이 대학을 졸업하게 될 전망이다.[9] 그들은 고등학교를 졸업한 후 몇 년간 일하면서 지내다가 교육을 더 받기 위해서 대학으로 돌아갈 수 있을 것이다. 2차 세계대전 후 귀향한 제대군인들이 대학에서 성공한 사례는 대학에 가기 위한 기다림에서 얻은 뜻밖의 수확을 증언한다. 노먼 프레더릭슨(Norman Frederiksen)의 연구는 제대군인들이 비제대군인들보다 더 높은 수준의 성취를 나타낸 사실을 밝혀냈다.[10] 사람들이 미래에는 학습과 노동 간의 생활이 변화할 것이라는 사실을 이해한다면 고등학교 졸업 후 곧바로 대학에 진학하라는 압력의 상당 부분은 완화될 것이다. 일하기 위해 준비했던 30년의 기간은 15년이나 20년 정도로 단축될 것이다. 오히려 우리는 은퇴 시까지 한동안 학습하고, 한동안 일하면서 들고나는 과정을 반복하게 될 것이다.

물론 미래에도 일부 사람들은 평생 동안 배우나 자동차 수리공으로 남아 있겠지만 그들은 예외가 될 것이다. 표준형으로서 한 가지 직업만 생각하는 것은 사람들을 학교를 졸업하면 학습도 졸업한 것으로 생각하게 하여 열린 마음을 지속하지 못하고 자기 학습만 고집할 것이다. 이는 그들이 필연적인 직업의 변화를 겪게 될 때 그들의 적응을 더디게 할 것이다. 또한 부모들도 직업의 특성이 변화하는 방식을 이해하며 젊은이들에게 가장 알맞은 특별한 직업을 준비하도록 강요하는 일이 없어야 할 것이다. 한 집단으로서 우리는 사람들이 끊임없이 변화하는 환경에서 경험하게 될 잦은 직업이동이 원활하게 이루어질 수 있도록 지원하는 정책을 형성할 필요가 있다.

학습과 노동 간의 이행에 대한 재고

미국은 도제교육을 실시했던 다른 국가들과 비교하여 시민들의 성인기로의 이행을 적절하게 관리하지 못했다. 대학에 진학하지 않은 고졸자와 초반에 대학을 그만 둔 대학 중퇴자들은 아무런 준비도 없이 노동시장에 진입해야 했다. 미국 대학생의 약 30%만이 대학을 졸업하기 때문에 대다수의 학생들은 매우 힘든 이행 과정을 경험했다. 일반적으로 그들은 25~30세까지 이 직업에서 저 직업으로 표류해야 했다. 나이가 들면서 그들의 일부는 대학으로 돌아갔으나 그것은 이런 학생들을 더욱더 힘들게 만들었다. 이는 대학으로 돌아오는 나이든 학생들을 사회가 탐탁하게 여기지 않았기 때문이다. 직업에서 기술이 차지하는 중요성이 점점 증가하고 사람들이 평생 동안 몇 번씩이나 직장을 옮겨갈 가능성이 더욱더 높아지는 점을 고려하면 우리 사회가 학습과 직업 간의 이행을 지원하는 방법을 재고하는 것은 매우 가치있는 일일 것이다.

직업 이행은 대학졸업 무렵에 가장 활발하게 일어난다. 대학은 학생들이 재학 중 인턴으로서 그리고 졸업 시 구직을 돕기 위해서 학생지원센터를 운영한다. 이 센터에는 학생들이 원하는 분야의 고용주에 관한 광범위한 파일과 다양한 직종에서 일하는 동창회원들의 파일들이 비치되어 있어서 학생들의 직업선택을 안내할 수 있다. 다방면의 고용주들은 자신의 기업에 관심을 갖는 졸업자들을 채용하기 위해서 대학을 방문한다. 종종 대학생들은 여름 방학이나 남은 학기 중 마지막 한 학기 동안 졸업 직후 채용 가능성이 보이는 여러 기업에서 인턴으로 일하면서 고용주들과 유대를 강화한다. 대학 교수들은 학생들을 위해서 추천서를 써주며 그들을 채용할 가능성이 있는 기업에 직접 추천하기도 한다. 고등학교 직업센터와 교사들도 종종 이런 기능을 수행하지만 그것은 일시적이며 대개 부유한 지역에 집중되어 있다. 그러므로 효과적인 시스템은 적절하게 마련되어 있으나 그것은 오직 대졸자만 위한 것으로 밖에 볼 수 없다.

다양한 직업의 시대에는 학습에서 직업으로 그리고 직업에서 학습으로 이행하려는 사람들의 선택을 연결시켜 주는 자원이 필요하다. 미국이 성공적인 국가로 남기를 원한다면 시민들이 이런 어려운 이행 과정을 통과하도록 지원할 수 있는 새로운 방법을 창출할 필요가 있을 것이다.

우리는 미국이 기술과 직업교육의 대응방식을 변화시킬 것으로 믿는다. 예를 들어 학교는 고등학교에 진학하기보다 직업시장에 진출하기를 원하는 십대들을 지원하는 방안을 연구해야 한다. 십대들은 중학교에서 배운 기본 능력과 지식을 완전히 마스터한 후에 직업 선택을 해야 한다. 그러므로 고등학교에서는 십대들이 일할 수 있는 기본 능력을 갖추었는지를 점검하여 그들의 능력과 목적에 적합한 직업을 찾도록 도와주는 지원 부서를 설치해야 한다. 이런 부서는 대학의 학생지원센터처럼 채용 가능성 있는 직업파일을 구비해 두어야 할 필요가 있다. 이것은 학생들이 자신의 능력과 관심을 종합적으로 가정하여 평가하는데 도움이 될 수 있다. 또한 이런 부서는 교사의 추천서를 모아서 기업과 최초의 접촉을 시도할 수 있다. 간단히 말하면 그것은 대학의 취업지원센터와 동일한 다기능을 수행하지만 학생들의 나이가 아직 어린 탓에 더 많은 안내와 지도가 필요할 것이다. 연방정부가 이 분야의 예산을 조금이라도 마련한다면 학생들은 학습에서 직업으로의 이행을 보다 성공적으로 이행을 하는데 중요한 가치를 제공하게 될 것이다.

그런 부서에서는 유럽에서 널리 발견할 수 있는 도제교육 제도의 프로그램을 시행할 수 있다.[11] 이런 프로그램에 따르게 되면 일반적으로 청소년들은 작업장에서 1주일에 3일간 일하고 2일간은 학교에서 배우게 될 것이다. 이 프로그램은 학생들이 학교에서 배우는 것과 작업장에서 훈련받는 것의 통합을 시도하려고 한다. 현재 십대들이 뚜렷한 목적도 없이 여러 가지 일을 하는 것을 고려해보면 사회가 연방정부로 하여금 건실한 도제 시스템에 재정을 지원하도록 권고하게 하는 것은 당연한 일일 것이다. 또한 이런 부서는 직업에 종사하다가 전일제나 정시제로 공부하기 위해서 학교로 돌아오는 학생들을 지원해야 한다. 이런 부서는 학생들에게 고등학교나 지역사회 대학의 수업, 온라인 과정이나 지역 학습센터의 과정 등과 같은 강좌를 선택하도록 권고할 수 있을 것이다.

또한 그런 부서는 새로운 일을 시작하거나 더 많은 학습을 하기 위해서 학교로 돌아갈 것을 고려중인 성인들을 지원할 수 있다. 이런 상담부서는 주 정부가 모든 고등학교에서 설치·운영하든지 민간인이 운영할 수도 있다. 여기에는 훈련의 종류, 구직에 필요한 특별한 자격증, 그런 훈련을 받는데 유용한 교육적 자원 등을 조언해 주는 상담사를 배치해야한다. 그 밖에도 상담사들은 학생들이 찾는 실행 가능한 직업을 안내하기 위해서 성인들의 능력과 관심을 평가할 수 있어야 한다. 이어서 상담사들은 사람들의 교육적 배경을 감안한 정보를 가지고 지역에 소재하는 기업체와 접촉하여 학생들에게 맞는 직업을 구하도록 도움을 줄 수 있어야 한다. 이런 것들은 우리 사회를 가능한 한 생산적으로 만들기 위해서 사람들에게 제공할 필요가 있는 자원들이다.

우리의 입장은 적어도 정부는 고등학교 교육에 지출할 정도의 예산을 이런 학습자원에 지출해야 한다는 것이다. 1994년의 학교직업이행기회촉진법(School-to-Work Opportunity Act)처럼 학교에서 직업으로 이행하는 프로그램은 이런 유형의 서비스를 제도화 하는 훌륭한 출발점을 제공한다. 불행하게도 최근에는 이런 적절한 조치들이 예산삭감 등으로 인해서 매우 처참하게 되었다. 2006년에 부시 정부는 주 정부가 직업교육 재정교부금 11억 달러를 삭감할 것을 제안했다. 이런 이행 지원금의 삭감은 실행 가능한 경제자원의 연결을 절실히 필요로 하는 최악의 사회자본 소유자인 학생들로 하여금 스스로 자신의 연줄을 만들도록 했다. 거기에는 대안이 너무 많아서 대부분의 사람들을 당황하게 만들 수 있다. 그래서 그들은 현명한 결정을 내리기 위한 상담이 필요하다. 사람들이 학습 할 수 있는 모든 것을 학습해서 자신들에게 적합한 일자리를 찾는다면 우리 모두는 그것으로부터 이익을 얻게 될 것이다.

교육 리더십의 재고

우리는 새로운 유형의 교육 리더십, 즉 새로운 호러스 만(Horace mann)을 요구하는 교육의 변혁기를 맞고 있다. 우리는 교육의 새로운 교육자원이 모든 사람들에게 공정하게 분배될 수 있는 교육비전을 요구한다. 현재 그것은 대다수의 사람들을 도외시 한 채 엘리트층에게만 분배되고 있는 실정이다. 차세대 교육 지도자들은 정치적이며 기술적인 도전에 대응할 수 있어야 한다. 견고하게 잘 정비된 제도를 변화시키려는 도전은 호러스 만(Horace mann), 학부모, 교사, 정책 형성자, 지역 공동체가 대응했던 그런 것과는 크게 다른 것이다. 그들은 모두 현 제도를 보존해야 할 확고한 이유를 가지고 있었다.

사회적 평등을 증진하기 위해서 학교를 이용할 것을 강조하는 시민권과 학교교육의 핵심 방침을 정보기술에 개방할 것을 강조하는 기술과 같은 변화의 세력들은 큰 영향력을 가지고 있는 보수 세력들을 불쾌하게 압박한다. 진정한 변화에 영향을 줄 수 있는 지도자는 시스템을 움직이는 균형점이 어디에 있는지를 알고 변화에 필요한 능력과 자원을 통합하는 조직 능력을 갖출 필요가 있다.

모든 학생들의 손안에서 효과적인 컴퓨팅을 할 수 있는 한 가지 가능성은 값싼 도구로서 컴퓨터를 판매하는 것이다. 그런 기계는 비엘리트들로 하여금 수많은 교육자원에 액세스할 수 있게 한다. 아동 1인당 1대의 컴퓨터(One Laptop Per Child)와[12] 같은 프로그램은 가난한 사람들이 어디에 살든지 그들에게 손을 뻗칠 수 있으나 현재는 제3세계 국가들만을 대상으로 실시하고 하고 있다. 그러나 우리는 날로 증가하는 불평등의 문제를 해결하기 위해서 더욱 넓은 시야에서 생각할 필요가 있다. 학습맥락을 어떻게 변화시킬 필요가 있는지에 대해서 아무런 고려도 하지 않는 채 단순히 교실과 학교에 기술을 투입한다면 실패의 가능성만 높일 것이다. 1990년대 중반에 수업의 만병통치약으로서 교실에 컴퓨터를 투입한 것은 매우 심각하며 비효과적이었다는 반발 때문에 학교는 여전히 신기술의 수용을 망설이고 있다.[13] 지도자들은 자신들의 공동체에 적절한 기대를 설정하기 위해서 신기술의 한계를 이해해야 한다. 그들은 학교와 세계 도처에 이미 일관성 없이 배치된 도구들을 체계적으로 정비할 방법을 생각할 필요가 있다.

미래에도 교육 지도자들은 현재의 학교개혁보다 더 많은 것을 필요로 할 것이다. 우리는 가족들이 이런 도구를 집안으로 들여오고 공동체에 컴퓨터 시스템이 완비된 학습센터를 구축하여 어려운 사람의 손길이 미칠 수 있도록 지원함으로서 비학교 자원(nonschool resource)을 학습환경으로 통합할 수 있는 방법을 생각해 볼 필요가 있다. 우리는 아주 어린 아이들의 읽기 학습에 사용할 수 있는 건전하고 풍성한 언어 자원을 공급할 필요가 있다. 현재 그런 컴퓨터 프로그램이 나와 있다. 예를 들어 아이는 스크린에 나타난 낱말이나 행을 손으로 가리키면 소리 내서 읽어주는 닥터 수스(Dr. Seuss)의 이야기를 들을 수 있다. 아이가 낱말을 보고 듣는 대응 관계를 알게 되면 그들은 자기가 좋아하는 이야기를 스스로 이해하게 될 것이다. 이런 기계는 다양한 장르와 주제를 다루는 최상의 아동문학이 수반되어야 한다. 또한 그것은 어린 아이에게 기본적인 수 연산을 가르치는 수학 게임을 수반해야 한다. 종종 바쁜 부모는 아이들에게 책을 읽어 줄 시간이 없기 때문에 모든 어린 아이들은 그런 기계를 소유해야 한다. 그것은 많은 아이들이 직면하고 있는 불평등을 해결하기 시작할 것이다.

초등학교는 문제가 있는 학생들을 돕기 위해서 여러 가지 기술기반의 보충 서비스를 제공해야 한다. 그런 서비스는 학업부진아방지법(No Child Left Behind Act)에서 예견한 것으로서 현재 특수교육과 학생 서비스 프로그램으로 확대되었다. 만약 아동이 교과 즉 쓰기, 수학, 기하학 중에서 어느 한 과목에 어려움을 겪는다면 첫 번째 조치는 학생들의 학습욕구에 부합하는 자원과 연결할 수 있는 맞춤식 진단과정을 아동에게 제공하는 것이다. 기술은 컴퓨터를 기반으로 하는 학습 프로그램이나 온라인 튜터링 액세스와 같은 매우 폭넓고 다양한 자원을 제공한다. 기술은 학생들이 학교뿐 아니라 가정에서 가족과 함께 프로그램을 이용할 수 있게 한다. 프로그램이 완전히 성공하지 못할 경우에는 아이들에게 학업부진아방지법(No Child Left Behind Act)에서 예견한 것과 같은 전문가의 튜터링을 제공할 수 있을 것이다. 그러나 사람이 가르치는 튜터링은 비용이 많이 드는 선택으로서 대부분의 경우 필수적인 것은 아니다.

8학년 이후 아이들은 자신과 부모의 선택에 따라 각각 다양한 교육의 길을 가게 될 것이다. 예를 들어 오클랜드(Oakland)와 캘리포니아(California)와 같은 도시에서 볼 수 있는 것처럼, 전통적인 대안으로서 학생들은 가정이나 학습센터에서 온라인 강좌를 수강하거나, 도제교육 프로그램에 들어가거나, 지역사회 대학에 등록하거나 직업학원에 출석할 수 있는데 이는 고등학교의 대안이라 할 수 있다. 아이들은 한동안은 직장에서 일하고 준비가 되면 나중에 더 많은 공부를 하기 위해서 학교로 돌아갈 수도 있다. 학생들에게 그런 선택권을 주게 되면 그들은 고등학교는 그들 스스로의 길을 갈 수 있을 만큼 충분히 성장할 때까지 참아내야만 하는 감옥이라는 생각을 덜하게 될 것이다.

사람들이 14세나 그 이상이 되면, 비록 나이가 들었을지라도, 그들은 개인 학습 상담사에게 액세스하여 자신들이 선택할 수 있는 교육에 대한 조언을 들을 수 있어야 한다. 세상에서 성공하는데 학습이 더욱 중요하게 되면 사람들은 자신의 학습 경력과 인생의 특성에 대해 알고 있는 누군가로부터 개별적인 도움을 받을 필요가 있다. 그러므로 기술은 상담사가 학습자를 안내할 때 사용할 수 있는 조언의 범위를 크게 확장시킨다. 상담사는 직업선택의 초기 단계와 발달의 전 과정을 통하여 초심자를 안내하는 온라인 자원을 이용하여 지도할 수 있다.

14세가 되어 학습 상담사를 처음 방문하는 것은 모든 사람들에게 자유롭고 일상적인 것이 되어야 한다. 학습 상담사는 의사와 마찬가지로 일정한 훈련을 받은 후 주 정부에서 면허를 얻어야 한다. 그것의 목적은 각 개인의 관심, 욕구, 능력을 고려하는 학습계획의 개발에 있으며 이는 사람들이 직업을 바꾸어 더 많은 지식과 책임을 획득한지 수년 동안 적용될 것이다. 학습계획에는 온라인 강좌 수강, 전문훈련을 위한 학습센터 등록, 특정 분야의 전문 자격증 취득, 도제교육 프로그램 참여 또는 특수 기술을 향상시키기 위한 컴퓨터 기반 튜터 학습 등이 있을 수 있다. 어떤 경우에도 학습자는 학습의 진행과정을 평가하고 계획을 수정하기 위해서 정기적으로 자신의 상담사에게 상담을 받아야 한다.

이런 사례는 교육 지도자들이 내부에서부터 변화하고 있는 학교와 학습자를 학교의 외부 자원과 연결할 수 있는 방안에 대해 어떻게 생각할 필요가 있는지를 잘 보여준다. 기술을 광의적으로 생각해보면 평등에 대한 우리의 신념을 부활하여 우리 사회의 비엘리트들에게 이용 가능한 자원을 확대하여 지원하는 일이 가능할 것이다. 우리의 주장은 지도자들이 고려해야 할 문제에 많은 시사를 제공한다. 사회는 교육과 학교교육을 동일시하기 때문에 우리는 현재 소수자와 비엘리트들을 지원할 가능성이 높은 자원들을 제도적으로 외면하고 하고 있다.

사회는 교육개혁을 전 연령대가 아닌 오직 젊은이들에게만 적용하는 것으로 생각하는 경향이 있다. 광의의 교육관을 갖게 되면 우리는

40대, 50대, 60대의 사람들에게도 교육자원을 제공할 수 있는 방안에 대해 생각하기 시작할 것이다.

우리는 교육을 학교에 고정시키지 않을 것이다. 그것은 과거에 우리들에게 크게 기여했으나 현재는 21세기 사회를 극복하려는 19세기의 발명품에 불과할 뿐이다. 지금은 제2의 호러스 만(Horace mann)이 걸어 나와 새로운 교육 시스템으로 국가를 지도할 시점이다. 우리의 새로운 지도자들은 최근에 사용 가능하게 된 신기술의 행동 유도성을 반드시 이해하여 수평선 위로 떠오르는 문제와 기술을 주시해야 할 것이다. 그들은 학습은 유치원에서 시작해서 고등학교나 대학 졸업장으로 끝나지 않는다는 사실을 이해할 필요가 있다. 즉 우리는 일관성을 갖춘 평생학습 시스템을 설계할 필요가 있다.

교육에 관한 정부 역할의 재고

역사적으로 도시와 주 정부가 미국 교육의 책임을 맡아왔으며 연방정부는 보충적인 역할만 수행했다. 연방정부는 국가 경쟁력을 높이기 위하여 수학과 과학의 교육과정을 개발하거나 아동의 대평등(greater equity)을 보장하기 위한 자원을 제공함으로서 가난한 아이들을 지원하는 것과 같은 몇 가지 프로그램을 실행해 왔다. 그러나 교사 봉급, 교육과정 자료, 행정적인 비용은 지방재정에서 지출했다. 최근 연방정부가 주 정부와 도시에 기준을 부과하자 많은 사람들은 이것은 주 정부의 권한을 침해하는 것으로 간주했다. 주 정부는 자기 권한을 보호하기 위해서 노력할 것이기 때문에 이것은 학습부진아방지법에 대한 반발을 불러일으키고 있다.

우리가 지적한 것처럼 최근에 개발된 기술 자원은 교육 시스템에 새로운 불평등을 초래했다. 부유한 부모들은 아이들을 위한 튜터링, 컴퓨터, 웹 액세스를 구입하고 있다. 이는 상대적으로 가난한 아이들을 어느 때보다도 더욱 뒤처지게 만들 수 있다. 주 정부는 단순히 이런 불균형을 바로잡을 수 있는 자원만 부족한 것이 아니다. 주 정부는 교육재정을 대부분 재산세에서 충당하고 있는데 날이 갈수록 자녀를 갖는 가정이 더욱 적어지는 사실은 교육에 필요한 재산세의 인상을 더욱더 어렵게 만들고 있다. 최근 학생 1인당 교육비 지출은 급격히 증가하는 추세에 있다.

연방정부는 주 정부의 권한을 침해하지 않고서도 모든 시민들의 교육기회를 평등화하기 위한 조치를 취할 수 있다. 그것은 어린 아이들에게 읽기를 가르치는 튼튼한 기계와 나이 많은 아이들이 웹에 액세스할 수 있는 저렴한 컴퓨터를 제공할 수 있다. 그것은 이런 서비스를 구매할 여유가 없는 아이들에게 교육상담과 튜터링을 제공할 수 있다. 그것은 현재 많은 청소년들이 보여주는 것처럼 목적 없이 방황하도록 그들을 방치하기보다 그들이 성인기로 이행하도록 돕는 도제교육 프로그램을 운영할 수 있다. 그것은 사람들이 전직을 시도할 때 추가적인 훈련비용을 지급할 수 있다. 이런 것들은 모두 어떤 면에서도 주 정부의 권한을 침해하지 않는 보충적인 서비스들이다.

또한 기술이 풍부한 세계에서 새로운 교육비전을 수립하기 위해서 주 정부가 수행해야 할 중요하고 새로운 역할이 있다. 만약 우리 사회가 교육이 추구하는 새로운 대안을 지원하려 한다면 주 정부는 아이들이 16세가 될 때가지 종합학교에 의무적으로 다녀야 하는 강제 규정을 재고할 필요가 있다. 만약 우리가 십대들이 고등학교에 다니는 대신에 다른 선택을 찾게 하려고 한다면 주 정부는 학교 대신에 수용할 수 있는 대안이 무엇인지, 학생들이 각각 대안을 찾기 전에 충족해야 할 요구가 무엇인지를 구체화할 필요가 있다.

예를 들어 주 정부는 학생들이 전일제 직업이나 고등학교의 대안으로서 어떤 다른 선택을 을 찾기 전에 8학년 정도의 수준에서 요구하는 읽기와 수학 능력을 증명하는 것과 같은 일련의 특정 자격증을 요구하는 강제조치를 취할 수 있다. 또한 주 정부는 십대들의 직업을 수행하는 실태를 조사하여 십대들이 주말 반에 출석하여 자신의 직장에서 학습한 것을 토론하게 할 수 있다. 만약 십대들이 학습할 경험으로서 직업이 적합하지 않다면 진로 상담사가 그들에게 더욱 가치있는 새로운 직업을 찾도록 지원할 수 있다. 만약 학생들이 학습센터에서 온라인 강좌를 수강하거나 도제교육 프로그램에 참여하고 있다면 주 정부는 비슷한 방법으로 그들의 진전 정도를 평가할 수 있을 것이다. 주 정부는 여전히 십대들을 책임지지만 동시에 그들에게 자기 교육을 추구하는 자유를 더 많이 허용해야 할 것이다.

우리는 정부가 취할 수 있는 책임의 사례를 개괄적으로 제시했기 때문에 이런 것들을 구체적인 것으로 보기 어려울 것이다. 정부는 학생들이 일종의 감옥으로 생각하는 고등학교에 학생들을 붙잡아두는 통제를 완화함과 동시에 학생들에게 길잡이를 제시해 주어야 한다. 정부가 학습자로 하여금 자기 학습을 추구할 수 있는 더 많은 책임을 부여하는 하는 것은 매우 현명한 일일 것이나 동시에 정부가 모든 시민들에게 교육자원의 평등한 액세스를 제공할 책임에 소홀하지 것도 중요한 일이다.

미래에 대한 우리의 비전

교육이 더욱 사유화되고 상업화되면 우리는 모든 사람들이 훌륭한 교육을 받을 수 있는 평등한 기회가 보장되는 사회를 주창한 토머스 제퍼슨(Thomas Jefferson)과 호러스 만(Horace mann)의 비전을 잃어버릴 위험이 있다. 교육이 모든 사람들에게 엘리트의 일원이 될 수 있는 길을 제공할 수 있다고 예언한 호러스 만(Horace mann)의 주장은 옳았다고 할 수 있다. 오늘날 보편적인 학교교육은 우리 사회의 중산층을 형성하는 기초가 되었다. 그러나 기술, 민영화의 엄습과 소득 불평등의 증대는 이런 비전을 크게 후퇴시키고 있다.

학교교육의 중요한 결과를 경제적인 성공에서 찾는 것은 도덕적 · 정치적인 교육의 목적을 주변으로 몰아낼 위험이 있다. 여러 가지 측면에서 교육은 미국 시민의 종교다. 우리는 우리 국가의 평등, 기회, 민주주의의 이상을 실현하기 위해서 교육을 이용한다. 한 집단으로서 우리는 기회의 평등에 대한 국가의 약속과 경제적 경쟁의 엔진으로서 학교를 이용할 필요성을 어떻게 조화시킬 것인지를 이해할 필요가 있다.

최근 교육재단(Education Trust)의 조사에 따르면 오늘날 미국의 젊은이들은 고등학교를 졸업한 그들의 부모보다 교육을 덜 받을 것으로 예상되는 유일한 산업화 국가이다.[14] 교육을 걱정하는 우리는 우리 아이들이 기술이 넘치는 사회에서 생존할 수 있도록 그들이 받을 수 있는 최상의 교육을 보장해 주어야 한다. 우리는 이 일을 위해서 우리가 할 수 있는 모든 일을 다 해야 한다. 설령 우리에게 아이가 없다고 하더라도 이런 흐름에 관심을 가져야 한다. 우리 모두는 차세대에 의지하여 사회 안전과 국민건강보험과 같은 사회복지를 부양받을 수 있다. 우리 사회가 미국의 미래와 우리의 개인적인 미래의 복지를 위해서 차세대의 교육에 투자하는 것은 매우 중요한 일이다. 우리 모두는 더욱 평등한 교육 시스템을 향하여 전력을 다할 의무가 있다.

기술은 미국의 평등과 경제발전의 담론에서 무슨 역할을 할까? 19세기에 미국은 산업혁명의 와중에서 아이들을 양육하고 교육하려는 도시 가족들의 욕구를 해결하는 동시에 시민권에 대한 국가의 약속을 제도화하기 위하여 공교육 시스템을 발전시켰다. 우리 세대는 비슷하지만 전혀 새로운 방식의 도전에 직면해 있다. 우리는 점진적인 변화에 적응하도록 설계된 성숙하고 안정적인 교육 시스템으로 대응하고 있으나 급진적인 변화를 받아들이기에는 역부족인 실정이다. 기술변화의 속도는 기본 방침에 적응하는 학교 시스템의 능력을 능가하고 있다. 학교는 핵심 방침은 손도 대지 않는 배타적인 혁신 시스템의 여백에서 학습기술만 만지작거리고 있다. 19세기에 구축되었던 학습과 학교교육의 동일시는 학교 밖의 새로운 교수-학습 형태가 출현하게 되면서 큰 위협을 받고 있다.

우리는 교육이 평등과 경제발전을 동시에 포용하기 위해서 우리 지도자들이 그들의 전통적인 교육방침을 새로운 정보 기술력을 수용하여 확대할 것으로 믿는다. 이것은 학교가 학습과정의 통제를 일부 완화할 것을 요구하겠지만 또다시 학습을 개선하는 최신의 도구로서 공교육 제도의 손안에서(액세스할 수 있는 가족과 학습자의 손과는 반대되는 것으로서) 사용되게 될 것이다 학부모와 시민들은 이처럼 매우 광범위한 교육개혁관을 추진할 필요가 있다. 학교 지도자들과 교사들은 학습기술이 얼마나 효과적이며 그것이 교사와 학습자의 기본적인 상호작용을 어떻게 변화시키게 될지를 이해할 필요가 있다. 기술 지도자들은 마법의 선물을 가져오는 사명가가 아니라 새로운 학습기회를 창조하는 협력자로서 교육자들과 협력하여 일할 필요가 있다. 그런 생각을 급진적으로 변화시키기 위해서는 일치된 노력이 요구될 것이다. 만약 우리 사회에 더 넓은 시각이 나타난다면 모든 사람들이 새로운 교육자원을 이용할 수 있게 하는 정치적 변화를 주도하는 지도자가 출현할 것이다. 이런 새로운 지도자들은 신기술이 갖는 행동 유도성을 이해하여 모든 사람들이 새로운 자원을 이용할 수 있는 교육비전을 제시해야 할 것이다. 우리는 이런 지도자들이 지금 이 책을 읽고 그것이 그들로 하여금 우리 앞에 놓여 있는 교육혁명에 대응하는 행동을 취하도록 안내할 수 있게 되기를 희망한다.

후 주

Perface

1. De Todqueville, 2003

Chapter 1

1. Zuboff, 1988.
2. 1979년과 1993년 사이에 대졸과 비대졸 남성 간의 임금 격차는 약 5,000달러에서 10,000달러로 그리고 동 기간 동안에 대졸과 비대졸 여성 간의 임금 격차는 약 4,000달러에서 10,000달러 이상으로 증가한 것으로 나타났다. 국세 조사국에 의하면 대졸과 비대졸 남성 간의 임금 격차는 1990년과 2004년 사이에 약 13,000달러에서 21,000달러로 그리고 동 기간 동안에 대졸과 비대졸 여성 간의 임금 격차는 약 10,000달러에서 16,000달러로 증가한 것으로 나타났다. Murnane & Levy, 1996. 참고 사이트 http:// www.infoplease.com/ipa/A0883617.html.
3. 이는 실번 학습센터와 카프란사의 폭발적인 성장에 의해서 증명되었다. 참고 사이트 http://en.wikipedia.org/wiki/Sylvan_Learningandhttp://en.wikipedia.org/wiki/Kaplan,_Inc.

Chapter 2

1. Brown, 2007
2. Ito, 2008; Knobel, 2008; Leander & Boldt, 2008.
3. 대부분의 미국 성인들은 달의 위상은 지구의 그림자 때문에 변한다고 생각한다. 실제로 달의 위상은 지구에서 보이는 것처럼 태양과 달 사이의 공간관계에 의해서 변한다. 달이 지구 주위를 돌면서 달이 태양 쪽을 향하게 될 때 우리는 신월을 보며 달이 태양의 반대편에 있을 때 만월을 보게 된다. 마찬가지로 대부분의 미국 성인들은 계절은 태양이 지구를 비추는 빛의 각도에 의해서 변하는 것으로 생각한다. 지구는 자전축이 23.5도 기울어져 있기 때문에 태양과의 거리가 가까워지기도 하고 멀어지기도 한다. 따라서 태양과의 거리가 가까워 졌을 때는 여름이 되고 멀어진 경우는 겨울이 된다. Sadle, .1987.

4. Packer, 1997.
5. Satllard & Cocker, 2001.
6. Daiute, 1985.
7. See, for example, Black, 2008; Ito et al., 2008.
8. Gee, 2003.
9. Anderson, Boyle, & Reiser, 1985; Koedinger & Anderson. 1998.
10. Lesgold et al., 1992.
11. Collins, 1991.
12. Brown, 1985.
13. Schank et al., 1994.
14. Biologica 버전은 처음에는 GenScope로 불렀으며 유전학의 교수효과에 대한 실험 평가를 게재한 논문에서 시스템을 다루었다. Horwitz & Christie, 2000; Hickey et al., 2003.
15. Dede et al., 2004.
16. See, 2003; Squire, 2006; Squire & Klopfer, 2007.
17. Steinkuehler, 2008; Steinkuehler, 2006.
18. Csikszentmihalyi, 1990.
19. Olson, 1994; Eisenstein, 1979; Ong, 1982; Postman, 1982.
20. Eisenstein, 1979.
21. Jenkins, 2008.
22. Tyner, 1994.
23. Norman, 1983.
24. Collins, Neville, & Bielaczyc. 2000.
25. Schon, 1983.
26. Collins & Brown, 1988.
27. White & Frederiksen, 1998; White & Frederiksen, 2005.
28. Papert, 1980.

Chaper 3

1. D. Dwyer, 1995. Personal communication.
2. 인용문 1~6은 Dave Thornburg(1992)의 Edutrends 2010에서 인용했다. 인용문 7은 교사에게서, 인용문 8은 학생과학경진대회의 심사위원에게서 인용했다.
3. Cuban, 1986.
4. Cuban, 2001.
5. Powell, Farrar, & Cohen, 1985.
6. Callahan, 1962; Metz, 1990; Tyack, 1974.
7. Cuban, 1984.
8. David, 1995. Personal communication.
9. Cohen, 1988a.
10. Cohen, 1988b.
11. Shulman, 1986.
12. "But Some Buts Are Being Voiced,"는 피츠버그 카네기 도서관의 펜실베이니아 관에 소장된 "Pittsburgh Television-WQEDWQEX 1950s"파일 중 날짜가 찍히지 않은 교육발전 기금 보고서 초록에서 발췌한 것으로 Levin & Hines(2003)에서 인용했다.
13. Powell, Farrar, & Cohen, 1985.
14. Russell & Haney, 1997.
15. Norris & Soloway, 2003.
16. Carroll et al., 2005.
17. Black America Study, 2008. 참고 사이트 http://blackamericastudy.com/summary/.
18. Cohen, 1988a
19. Postman, 1995.
20. Powell, Farrar, & Cohen. 1985.
21. Dwyer, Ringstaff, & Sandholtz, 1990.
22. Rosenbaum, 1989; Rosenbaum, 2001.
23. Cohen, 1988a.
24. Postman, 1982.
25. Roberts, Foehr, & Rideout, 2005.
26. Fullilove & Treisman, 1990.

Chapter 4

1. Cremin, 1977, p.12.
2. Cremin, 1977, pp.13-14.
3. Ong. 1982.
4. Latour, 1986.
5. Eisenstein, 1979.
6. Carlton, 1965, p.9.
7. Carlton, 1965, p.12.
8. Vinovskis, 1995, p.7.
9. Vinovskis, 1995, p.9.
10. Franklin's Proposals Relating to the Education of Youth in Pensilvania, 1749 (University of Pennsylvania). 참고 사이트 http://www.archives.upenn.edu/primdocs/1749proposals.html.
11. Cremin, 1977, pp.28-29.
12. Cremin, 1951, p.29.
13. The Northwest Ordinance (1787). 참고 사이트 http://usinfo.state.gov/usa/infousa/facts/democra/5.htm.
14. Cremin, 1951, p.29.
15. Cremin, 1980, p.108.
16. Cremin, 1977, pp.42-43.
17. Tyack, 1974, p.30.
18. Carlton, 1965.
19. Carlton, 1965, p.45.
20. Vinovskis, 1995, p.10.
21. Vinovskis, 1995, p.10.
22. Olson, 1982.
23. Tyack, 1974, p.33.
24. Tyack, 1974, pp.44-45.
25. Tyack, 1974, p.38.
26. Tyack, 1974, p.19.
27. Farnham-Diggory, 1990.
28. Tyack & Cuban, 1995, p.91.

29. Callahan, 1962, p.129.
30. Tyack, 1972, pp.44-45.
31. Cubberley, 1916, p.338.
32. Quoted in Lagemann, 2000, p.59 (from Joncich, 1968, p.3).
33. Tyack & Cuban, 1995, p.85.
34. Tyack & Cuban, 1995, p.86.
35. Olson, 1982.
36. Powell, Farrar, & Cohen, 1985
37. 2007년 국립교육통계 센터(NCES)가 실시한 범죄 지표 조사. 참고 사이트 http://nces.ed.gov/programs/crimeindicators/crimeindicators/crimeindicators/.
38. 2003년 국립교육통계 센터(NCES)가 실시한 홈스쿨링 조사. 참고 사이트 http://nces.ed.gov/pubs2006/homecshool/.
39. 국립교육통계 센터(NCES)의 홈스쿨링에 대한 조사는 홈스쿨링의 지속적인 증가와 홈스쿨링의 동인으로서 종교가 수행하는 역할을 규명했다.
40. 국립교육통계 센터(NCES)에 의하면 사립학교에 다니는 학생들은 1993년과 2003년 사이에 9.1%에서 10.8%로 약 1.7% 증가했다. 참고 사이트 http://nces.ed.gov/fastfacts/display/asp?id=6.

Chapter 5

1. NCES, 2006.
2. NCES, 2003.
3. Farris, 1997.
4. Farris, 1997.
5. Holt, 1981.
6. Stevens, 2001.
7. Guterson, 1992.
8. Saulny, 2006.
9. Hirsch, 1987.
10. Wiggenhorn, 1990.
11. Wiggenhorn, 1990.

12. 액센추어(Accenture)는 공식적으로 앤더슨 컨설팅(Andersen Consulting)으로 부르기 때문에 아서 앤더슨 회계회사(accounting firm Arthur Andersen)와 혼동해서는 안 된다. 아서 앤더슨은 엔론 사건으로 문을 닫았으며 엔론이 문을 닫기 수년 전에 앤더슨 컨설팅으로부터 분리되었다. 현재 액션추어는 성업 중이다.
13. Campbell & Monson, 1994.
14. Nosakowski, 1994.
15. Brown & Duguid, 2000.
16. Maeroff, 2003.
17. Maeroff, 2003.
18. Maeroff, 2003.
19. 개방대학에 대한 설명은 http://en.wikipedia.org/wiki/open_University에서 찾을 수 있다.
20. Lewis, 2001.
21. Postman, 1982, 1985.
22. Papert, 1993.
23. Gee, 2003.
24. Squire, 2004.
25. Bruckman, 2002.
26. Castronova, 2002.
27. Brown & Thomas, 2006.
28. http://cisco.netacad.net/public/academy/ 참고.
29. Levander, 2001.

Chapter 6

1. Rodriguez, 1982.
2. SCANS Commission, 1991.
3. Cuban, 1984.
4. Frederiksen, 1984.
5. Coleman, 1961.
6. Eckert, 1989.
7. Delpit, 1988, p.289.
8. Ferguson, 2002.

Chapter 7

1. Brooks, 2004.
2. Carnoy & Levin, 1985, p.2.
3. Murnane & Levy, 1996.
4. Kraut et al., 1998.
5. Putnam, 2000.
6. Davies & Aurini, 2006.
7. Lave, 1988.

Chapter 8

1. Hanushek & Raymond, 2005. 참고.
2. Jones, Jones, & Hargrove, 2003, or Amrein & Berliner, 2003. 참고
3. Orfield et al., 2004.
4. Wald & Losen, 2005.
5. Florida, 2004.
6. Roberts, Foehr, & Rideout, 2005.
7. SCANS Commission, 1991.
8. Mislevy et al., 2002.
9. Joseph, 2004.
10. Shaffer, 2004, 2006.
11. Brown & Thomas, 2006.
12. Kozol, 2005.
13. American Youth Policy Forum, 2002. 참고.
14. Neill et al., 2004.
15. Cole, 2006.

Chapter 9

1. Gibson, 1999.
2. Hagel & Brown, 2005, p.11.
3. Tapscott, 1998, pp.1-2.
4. Gee, 2003, Ch.4.
5. Beck & Wade, 2004.
6. Johnson, 2005.

Chapter 10

1. Friedman, 2006.
2. Orfield & Lee, 2007.
3. Barron, 2006.
4. Yazzie-Mintz, 2006; Hart, 2006.
5. Squire, 2004.
6. Darling-Hammond, Ancess, & Falk, 1995.
7. Henkoff, 1996; Feller & Walz, 1996.
8. Avituv & Lerman, 2004.
9. Rosenbaum, 2001.
10. Frederiksen, 1950.
11. Hamilton, 1990; Olson, 1997.
12. http://laptop.org/en/vision/index.shtml. 참고.
13. Cuban, 2001. 참고
14. Germeraad, 2008.

참고문헌

American Youth Policy Forum.(2002). *Florida Virtual School: The future of learning?* Available at http://www.aypf.org/forumbriefs/2002/fb101802.htm

Amrein, A. L., & Berliner, D. C.(2002). High-stakes tesing, uncertainty, and student learning. *Education Policy Analysis Archives, 10*(18). Available at http://epaa.asu.edu/epaa/v10n18/

Anderson, J. R., Boyle, C. F., & Reiser, B. J.(1985). Intelligent tutoring systems. Science, 228, 456-468.

Avituv, A., & Lerman, R. I.(2004). *Job turnover, wage rates, and marriage stability: How are they related.* New York: Urban Institute. Available at http://www.urban.org/publications/411148.html

Barron, B.(2006). Interest and self-sustained learning as catalysts of development: A learning ecologies perspective. *Human Development,* 49(4), 193-224.

Beck, J. C., & Wade, M.(2004). *Got game: How the gamer generation is shaping business forever.* Cambridge, MA: Harvard Business School Press.

Black, R. W.(2008). *Adolescents and online fan fiction.* NewYork: Peter Lang.

Brooks, D.(2004) *On Paradise Drive: How we live now (and always have) in the future tense.* New York: Simon & Schuster.

Brown, J. S.(1985, Spring). Idea amplifiers: New kinds of electronic learning environments. *Educational Horizons,* 108-112.

Brown, J. S.(2007). Innovation and Technology: Interview. *Wired Magazine.* Available at http://johnseelybrown.com/wiredint.html

Brown, J. S., & Duguid, P.(2000). T*he Social life of information.* Cambridge, MA: Harvard Business School Press.

Brown, J. S., & Thomas, D.(2006, April). You play *Warcraft?* You're hired! *Wired Magazine,* 14(04). Available at http://wiredmag.com

Bruckman, A.(2002). Co-evolution of technological design and pedagogy in and online learning community. In S. Barab and J. Gray, Eds., *Designing virtual communities in the service of learning.* New York: Cambridge University Press.

Callahan, R. E. (1962). *Education and the cult of efficiency.* Chicago: University of Chicago Press.

Campbell, R., & Monson, D.(1994). Building a goal-based scenario learning environment. *Educational Technology,* 34(9), 9-14.

Carlton, F. T.(1965). *Economic influences upon educational progress in the United States, 1820-1850.* Richmond, VA: William Byrd Press (originally published in 1908 by the University of Wisconsin).

Carnoy, M., & Levin, H. (1985). *Schooling and work in the democratic state.* Stanford, CA:Stanford University Press.

Carroll, A. E., Rivara, F.P., Ebel, B., Wimmerman, F.J., & Christakis, D.A. (2005). Household computer and Internet aeecss: The digital divide in a pediatric clinic population. *AMIA Annual Symposium Proceedings,* 111-115. Available at http://www.pubmedcentral.nih.gov/articlerender.fcgi?artid=1560660

Castronova, E.(2002). *Virtual worlds: A first-hand account of market and cociety on the Cyberian frontier.* CES info Working Paper 618. Available at http://papers.ssrn.com/sol3/papers.cfm?abstract_id=294828

Cohen, D. K. (1988a). Educational technology and school organization. In R. S. Nicherson P. Zodhiates(Eds.), *Technology and education: Looking toward 2020.* Mahwah, NJ: Lawrence Erlbaum Associates.

Cohen, D. K. (1988b). Teaching Practice: Plus ça change.... In P. Jackson(Ed.), *Contributing to educational change: Perspectives on research and practice* (pp. 27-84). Berkeley, CA: McCutchan.

Cole, W.(2006, August 13). Outsourcing your homework. *Time*. Available at http://www.time.com/time/magazine/article/0,9171,1226166,00.html

Coleman, J. S.(1961). *The adolescent society*. New York: Free Press.

Collins, A.(1991). Cognitive apprenticeship an instructional technology. In L. Idol & B. F. Jones(Eds.), *Educational values and cognitive instruction: Implications for reform*(pp.119-136). Hillsdale, NJ: Lawrence Erlbaum Associates.

Collins, A., & Brown, J. S.(1988). The computer as a tool for learning through reflection. In H. Mandl and Lesgold(Eds.), *Learning issues for intelligent tutoring systems*(pp.1-18). New York: Springer-Verlag.

Collins, A., Neville, P., & Bielaczyc, K.(2000). The role of different media in designing learning environments. *International Journal of Artificial Intelligence in Education,* 11, 144-162.

Cremin, L. A.(1951). *The American common school: An historic conception*. New York: Bureau of Publications, Teachers College, Columbia University.

Cremin, L. A.(1977). *Traditions of American education*. New York: Basic Books.

Cremin, L. A.(1980). *American education: The national experience 1783-1876*. New York: Harper & Row.

Csikszentmihalyi, M.(1990). *Flow: The psychology of optimal experience*. New York: Harper & Row.

Cuban, L.(1984). *How teachers taught*. New York: Longman.

Cuban, L.(1986). *Teachers and machines*. New York: Teachers College Press.

Cuban, L.(2001). *Oversold and undersued: Computers in the classroom*. Cambridge, MA: Harvard University Press.

Cubberley, E.(1916). *Public school administration*. Boston: Houghton Mifflin.

Daiute, C.(1985). *Writing and computers*. Reading, MA: Addison-Wesley.

Darling-Hammond, L., Ancess, J., & Falk, B.(1995). *Authentic assessment in action: Studies of schools and students at work.* New York: Teachers College Press.

Davies, S., & Aurini, J.(2006). The franchising of private tutoring: A view from Canada. *Phi Delta Kappan,* 88(2), 123-128.

Dede, c., Nelson, B., Ketelhut, D., Clarke, J., & Bowman, C.(2004). Design-based research strategies for studying situated learning in a multi-user virtual environment. *Proceedings of the 2004 International Conference on Learning Sciences,* PP. 158-165. Mahwah, NJ: Lawrence Erlbaum Associates.

Delpit, L.(1988). The silenced dialogue: Power and pedagogy in educating other people's children. *Harvard Education Review,* 58(5), 280-298.

de Tocqueville, A.(2003). *Democracy in America and two essays on America*(G.E. Becan, trans.). London: Penguin.

Dwyer, D. C., Ringstaff, c., & Sandholtz, J.(1990). *The evolution of teachers' instructional beliefs and practices in high-access-totechnology classrooms.* Paper presented at the annual meeting of the American Educational Research Association, Boston.

Eckert, P.(1989). *Jocks and burnouts: Social categories and identity in high school.* New York: Teachers College Press.

Eisenstein, E. L.(1979). *The printing press as an agent of change.* Cambridge, UK: Cambridge University Press.

Farnham-Diggory, S.(1990). *Schooling: The developing child.* Cambridge, MA: Harvard University Press.

Farris, M.(1997). *The future of home schooling.* Washington, DC: Regnery.

Feller, R., and Walz, G., (Eds.). (1996). *Career transitions in turbulent times: Exploring work, learning, and careers.* Greensboro, NC: ERIC Clearinghouse on Counseling and Student Services,(ED 398 519).

Ferguson, R. F.(2002). What doesn't meet the eye: *Understanding and addressing racial dispartities in high-achieving suburban schools.* Special Edition Policy Issues Report. Oak Brook, IL: North Central Regional Educational Laboratory.

Florida, R.(2004). *The rise of the creative class: And how it's transforming work, leisure, community and everyday life.* New York: Basic Books.

Frederiksen, N.(1950). *Adjustment to college: A study of 10,000 veteran and nonveteran students in sixteen American colleges.* Princeton, NJ: Educational Testing Service.

Frederiksen, N.(1984). The real test bias. *American Psychologist,* 39(3), 193-202.

Friedman, T.L.(2006). *The world is flat: A brief history of the twenty-first century.* New York: farrar, Straus, and Giroux.

Fullilove, R. E., & Treisman, P.U.(1990). Mathematics achievement among African American undergraduates at the University of California, Berkeley: An evaluation of the mathematics workshop program. *The Journal of Negro Education,* 59(3), 463-478.

Gee, J.P.(2003). *What video games have to teach us about learning and literacy.* New York: Palgrave Macmillan.

Germeraad, S.(2008). *"Counting on graduation": Most states are setting how expectations for the improvement of high school graduation rates.* Washington, DC: Educaton Trust. Available at http://www2.3etrust.org/Edtrust/Press+Room/countingongrad.htm

Gibson, W.(1999). National Public Radio Interview. Talk of the Nation. November 30, 1999. Available at http://www.npr.org/templates/story.php&storyID=1067220

Guterson, D.(1992). *Family matters: Why home schooling makes sense.* San Diego, CA: Harcourt Brace.

Hagel, J., & Brown, J. S.(2005). *The only sustainable edge: Why business strategy depens on productive friction and dynamic specialization.* Cambridge, MA: Harvard Business School Press.

Hamilton, S. F.(1990). *Apprenticeship for adulthood: Preparing youth for the future.* New York: Free Press.

Hanushek, E. A., & Raymond, M. E.(2005). Does school accountability lead to improved student performance? *Journal of Policy Analysis and Management,* 24(2), 297-327.

Hart, P. D.(2006). *Report findings based on a survey among California ninth and tenth graders.* Washington, DC: Peter D. Hart Fesearch Associates. Available at http://www.connectedcalifornia.org/downloads/irvine_poll.pdf

Henkoff, R.(1996, January 15). So you want to change your job. *Fortune,* 133(1), 52-56.

Hichey, D. T., Kindfeld, A.C., Horwitz, P., & Christie, M.A.(2003). Integrating instruction assessment, and evaluation in a technology-supported genetics environment. *American Eduational Research Journal,* 40(2), 495-538.

Hirsch, E. D., Jr.(1987). *Cultural literacy: What every American needs to know.* New York: Houghton-Mifflin.

Holt, J.(1981). *Teach your own.* New York: Delacorte Press.

Horwitz, P., & Christie, M.(2002). Computer based manipulatives for teaching scientific reasoning: An example. In M.J.Jacobson & R.B. Kozma (Eds.), *Learning the sciences of the twenty-first century: Theory research and design of advanced technology learning environments.* Mahwah, NJ: Lawrence Erlbaum Associates.

Ito, M.(2008). *Introduction. In K. Varnelis (Eds.), Networked publics.* Cambridge, MA: MIT Press. Available at http://www.itofisher.com/mito/publications/

Ito, M., Horst, H., Gittanti, M., Boyd, D., Herr-Stephenson, B., Lange, P. G., Pascoe, C. J., & Robinson, L.(2008). *Living and learning with new media: Summary of findings from the Digital Youth Project.* Chicago: MacArthur Foundation Digital Media and Learning Project.

Jenkins, H.(2008). *Convergence culture: Where old and new media collide.* New York: NYU Press.

Johnson, S. B.(2005). *Everything bad is good for you: How today's popular culture is catually making us smater.* New York: Fiverhead Press.

Joncich, G.(1968). *The sane positivist: A biography of Edward L. Thorndike.* Middletown, CT: Wesleyan University Press.

Jones, G., Jones, B., & Hargrove, Tracy.(2003). *The unintended consequences of high stakes testing.* Lanham, MD: Rowman & Littlefield.

Joseph, D.(2004). The practice of design-based research: Uncovering the interplay between design, research, and the real-world context. *Educational Psychologist,* 36(4), 235-242.

Koedinger, K. R., & Anderson, J. R.(1998). Illustrating principled design: The early evolution of a cognitive tutor for algebra symbolization. *Interactive Learning Environments,* 5(2), 161-180.

Kozol, J.(2005). *The shame of a nation: The restoration of apartheid schooling in America*(pp.39ff). New York: Three Rivers Press.

Knobel, M.(2008). *Studying animé music video remix as a new literacy.* Paper presented at the Annual Meeting of the American Educational Research Association, New York.

Kraut, R. E., Patterson, M., Lundmark, V., Kiesler, S., Mukophadhyay, T., & Scherlis, W.(1998). Internet paradox: A social technology that reduces social involvement and psychological well-being. *American Psychologist,* 53(9), 1017-1032.

Lagemann. E. L.(2000). *An elusive science: The troubling history of educational research.* Chicago: University of Chicago Press.

Latour, B.(1986). Visualization and cognition: Thinking with eyes and hands. In *knowledge and society: Studies in the sociology of culture past and present* (Vol.6) (pp. 1-40). New York: JAI Press.

Lave, J.(1988). The culture of acquisition and the practice of understanding (Report No. IRL88-0007). Palo Alto, CA: Institute for Research on Learning.

Leander, K., & Boldt, G.(2008). *New literacies in old literacyskins.* Paper presented at the Annual Meeting of the American Educational Research Association, New York.

Lesgold, A., Lajoie, S., Bunzo, M., & Eggan, G.(1992). Sherlock: A coached practice environment for an electronics troubleshooting job. In J. Larkin, R. Chabay, & C. Scheftic(Eds.), *Computer assisted instruction and intelligent tutoring systems*(pp.201-255). Hillsdale, NJ: Lawrence Erlbaum Associates.

Levander, M.(2001, June 4). Where does fantasy end? Why all of South Korea is obsessed with an online game where ordinary folks can be arms dealers, murderers...and elves. *Time,* 152(22). Available at http://www.time.com/time/interactive/entertainment/gangs_np.html

Levin, R. A., & Hines, L. M.(2003). Educational television, Fred Rogers, and the history of education. *History of Education Quarterly,* 43(2) 262-275.

Lewis, M.(2001). Next: *The future just happened.* New York: W.W. Norton.

Maeroff, G. I.(2003). *A classroom of one: How online learning is changing our schools and colleges.* New York: Palgrave Macmillan.

Metz, M. H.(1990). Real school: A universal drama and disparate experience. In D. Mitchell & P. Goertz(Eds.), *Education politics for the mew century: The twentieth anniversary yearbook of the politics of Education Association.* Philadelphia: Falmer Press.

Mislevy, R., Steinberg, L., Breyer, F., & Almond, R.L.(2002). Making sense of data from complex assessments. *Applied Measurement in Education,* 15(2) 363-389.

Murnanem R. J., & Levy, F.(1996). *Teaching the new basic skills.* New York: Free Press.

National Center for Education Statistics.(2003). *Overview of public elementary & Secondary school & districts:* 2001-02. Washington, DC: U.S. Government. Available at http://nces.ed.gov/pubs2003/overview03/tables/table_9.asp

National Center for Education Statistics.(2006). *Homeschooling in the United States: 2003.* Washington DC: U. S. Government. Available at http://nces.ed.gov/pubsearch/pubsinfo.asp?pubid=2006041

Neil, M., Guisbond, L., Schaeffer, B., Madison, J., & Legeros, L.(2004). *Failing our children: How "No Child Left Behind" undermines quality and equity in education and an accountability model that supports school improvement.* Cambrige, MA: Rair Test. Available at http://www.fairtest.org/files/chapter%20three%20%20final%20color.pdf

Norman, D. A.(1988). *The design of everyday things.* New York: Currency/Doubleday.

Norris, C., & Soloway, E.(2003). The viable alternative: Handhelds. *School Administrator,* 60(4), 26-28.

Nowakowski, A.(1994). Reengineering education at Andersen Consulting. *Educational Technology,* 34(9), 3-8.

Olson, D. R.(1994). *The world on paper: The conceptual and cognitive implecations of writing and reading.* Cambridge, UK: Cambridge University Press.

Olson, L.(1997). *The rise and decline of nations.* New Haven. CT: Yale University Press.

Ong, W.J.(1982). *Orality and literacy: The technologizing of the word.* London: Routledge.

Orfield, G., & Lee, C.(2007, August 29). *Historic reversals, accelerating resegregation, and the need for new integration strategies.* Los Angeles: UCLA Civil Rights Project/Proyecto Derechos Civiles.

Orfield, G., Losen, D. J., Wald, J., & Swanson, C.(2004, February). *Losing our future: How minority youth are being left behind by the graduation rate crisis.* Cambridge, MA: The Civil Right Project at Harvard University. Available at http://www.citilrightsproject.harvard.edu/research/dropouts/dropouts_gen. php

Packer, A(1997). Mathematical competencies that emplouers expect. In L. A. Steen(Ed.), *Why numbers count: Quantitative literacy for tomorrow's America*(pp.137-154). New York: College Entrance Examination Board.

Papert, S.(1980). *Mindstorms: Children, computers, and powerful ideas.* New York: New York: Basic Books.

Papert, S.(1993). *The Children's machine: Rethinking school in the age of the computer.* New York: Basic Books.

Postman, N.(1982). *The disappearance of childhood.* New York: Delacorte.

Postman, N.(1985). *Amusing ourselves to death: Public discourse in the age of show business.* New York: Viking Penguin.

Postman, N.(1995, October 9). Virtual students, digital classroom. Nation, 377-382.

Powell, A. G., Farrar, E., & Cohen, D. K.(1985). *The shopping mall high school: Winners and losers in the educational marketplace.* Boston: Houghton Mifflin.

Putnam, R. D.(2000). *Bowling alone: The collapse and revival of American community.* New York: Simon & Schuster.

Roberts, D. F., Roehr, U. G., & Rideout, V.(2005). *Generation M: Media in the lives of 8-18 year-olds.* Menlo Park, CA: The Henry J. Kaiser Family Foundation. Available at http://www.kff.org/entmedia/entmedia030905nr.cfm

Rodriguez, R.(1982). *Hunger of memory: The education of Richard Rodriguez.* New York: Bantam Books.

Rosenbaum, J. E.(1989, Winter). What if good jobs depended on good grades? *American Educator,* 13(3), 10-15, 40-42.

Rosenbaum, J. E.(2001). *Beyond college for all: Career paths for the forgotten half.* New York: Russell Sage.

Russell, M., & Haney, W.(1997). Testing writing on computers: An experiment comparing student performance on tests conducted via computer and via paper-and-pencil. *Education Policy Analysis Archives,* 5(3). Available at http://epaa.asu.edu/epaa/v5n3.html

Sadler, P. M.(1987). Misconceptions in astronomy. In J. Novak(Ed.), *Misconceptions and educational strategies in science and mathematics*(pp.422-437). Ithaca, NY: Cornell University Press.

Saulny, S.(June 5, 2006). The gilded age of home schooling. *New York times.*

SCANS Commision.(1991). *What work requires of schools: A SCANS Report for America 2000.* Washington, DC: The Secretary's Commission on Achieving Necessary Skills, U. S. Department of Labor.

Schank, R. C., Fano, A., Bell, B., & Jona, M. (1994). The design of goal-based scenarios. *Journal of the Learning Sciences,* 3(4), 305-346.

Schön, D. A.(1983). *The reflective practitioner: How professionals think in action.* New York: Basic Books.

Shaffer, D. W.(2004). Pedagogical praxis: *s as models for post industrial education. Teachers College Record, 106(7)*, 1401-1421.

Shaffer, D. W.(2006). *How computer games help children learn.* New York: Palgrave.

Shulman. L.(1986). Those who understand: Knowledge growth in teaching. *Educational Researcher,* February 1986. pp.4-14.

Squire, K. D.(2004). Sid Meier's *Civilization III. Simulations and Gaming,* 35(1), 135-140.

Squire, K.(2006). From content to context: Videogames as designed experience. *Educational Researcher,* 35(1), 19-29.

Squire, K., & Klopfer, E.(2007). Augmented reality simulations on handheld computers. *Journal of the Learning Sciences,* 16(3), 371-413.

Stallard, C. H., & Cpcker, J. S.(2001). *The promise of technology in schools: The next 20 years.* Lanham, MD: Scarecrow Press.

Steinkuehler, C.(2006). Virtual worlds, learning, & the new pop cosmopolitanism. *Teachers College Record,* 12(84).

Steinkuehler, C.(2008). Massively multi player online games as an educational technology: An outline for research. *Educational Technology,* 48(1), 10-21.

Stevens, M. L.(2001). *Kingdom of children: Culture and controversy in the home schooling movement.* Princeton, NJ: Prinston University Press.

Tapscott, D.(1998). *Growing up digital: The rise of the net generation.* New York: McGraw-Hill.

Thornburg, D. D.(1992). *Edutrends 2010: Restructuring, technology, and the future of education.* San Carlos, CA: Starsong Publications.

Tyack, D. B.(1974). *The one best system: A history of American urban education.* Harvard University Press.

Tyack, D., & Cuban, L.(1995). *Tinkering toward utopia: A century of public school reform.* Cambridge, MA: Harvard University Press.

Tyner, K.(1994). *Access in a digital age.* San Francisco: Strategies for Media Literacy.

Vinovskis, M. A.(1995). *Education, society, and economic opportunity: A historical perspective on persistent issues.* New Haven: Yale University Press.

Wald, J., & Losen, D.(2005, February). *Confronting the graduation rate crisis in the south.* Cambridge, MA: The Civil Rights Project at Harvard University. Available at http://www.civilrightsproject.harvard.edu/research/dropouts/dropouts_gen.php

White, B. Y., & Frederiksen, J. R.(1998). Inquiry, modeling, and metacognition: Making science accessible to all students. *Cognition and Instruction,* 16(1), 2-118.

White, B. Y., & Frederiksen, J. R.(2005). A theoretical framework and approach for fostering metacognitive development. *Educational Psychologist,* 40(4), 211-223.

Wiggenhorn, W.(1990). Motorola U: When training becomes and education. *Harvard Business Review,* July-August, 71-83.

Yazzie-Mintz, E.(2006). *Voices of students on engagement: A report on the 2006 high school survey of student engagement.* Available at http://ceep.indiana.edu/hssse/pdf/HSSSE_2006_Report.pdf

Zuboff, S.(1988). *In the age of the smart machine: The future of work and power.* New York: Basic Books.

색 인

【인명색인】

【 내용색인 】

(ㅈ)

【저자소개】

앨런 콜린스(Allen Collins)

미국 노스웨스턴 대학교의 명예교수로서 교육과 사회정책을 가르치고 있다. 그는 미국교육아카데미의 회원이며 미국인공지능협회, 인지과학협회, 미국교육연구협회, 그리고 미국과학진흥협회의 특별회원이다. 그는 인지과학 학술지의 창간 편집장과 인지과학협회의 초대 회장을 지냈다. 그는 30년 동안 교수와 학습의 연구에 매진했으며 그와 관련된 방대한 저서를 냈다. 그는 추론과 지능 튜터링 시스템에 대한 인공지능 분야와 상황학습, 문답교수법, 디자인 연구, 인지적 도제에 관한 교육 분야의 탁월한 연구를 통해서 심리학계에 매우 널리 알려져 있다. 1991년에서 1994년까지 미국 교육부 산하 교육기술센터의 공동 센터장으로 일했다. 최근에는 프랑스 심리학자들에 의해서 심리학 분야에 가장 큰 영향을 끼친 37인의 생존 학자 중 한 명으로 선정되었다.

리처드 할버슨(Richard Halverson)

미국 노스웨스턴 대학교에서 철학박사 학위를 받았으며 위스콘신-메디슨 대학에서 교육 리더십과 정책분석을 가르치고 있다. 할버슨은 데이터에 의한 의사결정, 도심학교 리더십, 그리고 교사평가와 같은 수업 리더십의 전문성에 관한 연구로 미국 전역에서 크게 인정받았다. 할버슨은 고등학교 교사, 학교기술 전문가, 교육과정 책임자, 그리고 학교 행정가로 일한 경력을 가지고 있다. 그는 최첨단 학습기술이 학교 안팎의 학습을 재구축할 수 있는 방법을 연구하는 집단으로서 국제적으로 잘 알려져 있는 위스콘신-메디슨 대학의“게임, 학습과 사회”의 공동 창설자이다.

【옮긴이 소개】

황기우

옮긴이 황기우는 고려대학교 대학원에서 교육학 박사 학위를 받았으며 고려대학교 교육문제연구소 연구교수를 거쳐 현재 총신대학교 기독교 교육과 교수로 재직하고 있다. 그는 주로 교사문화, 교사 리더십, 학교 개혁과 관련된 연구 분야에서 활발한 활동을 펼치고 있다. 주요 번역서로는 『교사의 권력』, 『21세기 교사의 역할』, 『영감을 주는 교사』, 『교사 리더십』 등이 있다.

저자와의 협의하에 인지 생략

2차 교육혁명

2012년 8월 25일 인쇄
2012년 8월 30일 발행

옮긴이 황 기 우
발행자 박 준 식

발행처 도서출판 원미사
서울 성북구 장위 2동 65-192호 우남빌딩 202호
전화 : 02) 919-9630, 942-1276
등록 : 1994년 1월 18일(제6-192호)
E-mail : wonmisa9630@daum.net

잘못된 책은 교환해 드립니다. **정가 16,000원**

ISBN : 978-89-5544-176-5